**우리는 왜
매번 경제위기를
겪어야 하는가?**

미 연방준비은행을 폐지하라

우리는 왜
END THE FED
매번 경제위기를
중앙은행에 대한 불편한 진실
겪어야 하는가?

론 폴 지음 | 서병한, 전계운 옮김

베스트셀러 《정치적 불편함을 무릅쓴 미국 역사의 해석》 저자
탐 우즈의 강력한 추천!

《뉴욕타임스》
선정
베스트셀러

자신의 이름을
쓸 줄 아는
사람이라면,
반드시 읽어야 할 책
《뉴아메리칸》

미국 전역
900개 대학의
젊은 대학생들을
열광하게 만든
바로 그 책!

바른북스

목차

옮긴이의 말

우리가 왜 관심을 가져야 할까?	18
연준의 기원과 성격	32
나의 지적 영향들	54
중앙은행과 전쟁	92
금 위원회	104
그린스펀과의 대화	116
버냉키와의 대화	132
의회의 통화정책에 대한 관심	156
현재의 위기	168
왜 연준은 폐지되어야 하는가?	190
철학적인 이유	200
헌법적인 이유	218
경제적인 이유	236
자유주의적인 이유	254
출구	264

읽어볼 만한 것들

*To the young people who powered my presidential campaign
and who are heart of the anti-Fed movement.*

In your hand is the hope of a free and prosperous society.

내 대통령 선거 운동에 동력이 되어준
반(反)연준 운동의 핵심인 젊은이들에게

여러분들의 손에 자유롭고 번영하는 사회의 희망이 달려 있다.

〈우리는 왜 경제위기를 겪어야만 하는가〉
(END THE FED)와 론 폴을 향한 찬사들

"시의적절한 책이다… 폴 박사가 사람들에게 정치에 대한 열정을 불어넣는 모습을 보면 흥분되거나 고무되지 않을 수 없다."

- 마켓워치(Marketwatch.com)

"연준이 경기변동을 완화하고 끊임없이 번영을 창출하려고 하는 반복적인 시도가 심각하고 파괴적인 결과를 초래했다는 점을 정확하게 강조하고 있다… 역사는 연준과 그의 잘못된 정책에 대해 폴이 옳았다고 평가할 것이다."

- 포보스 잡지의 스티브 포보스(Steve Forbes)

"우리나라의 중앙은행에 반대하는 주장을 펼치는 사례다. 이 시점에서 우리가 귀를 기울여 들어야 하는 사례이기도 하다. 그는 우리의 관심이 절실히 필요한 문제를 대중의 주목으로 이끄는 데 성공했다."

- 휴먼 이벤트 온라인(Human Events Online)

"이보다 비밀 내부거래와 월가의 특전(特典)에 대한 메인스트리트의 분노를 잘 포착해낸 이가 없다."

- 뉴스위크(Newsweek)

"535명의 정치 깡패 중에서 예외인 사람"

- 전(前) 재무장관 윌리엄 시몬(William Simon)

"매섭다… 폴의 주장 중 많은 부분이 정말 사실처럼 들리고 있다."

– 블룸버그(Bloomberg.com)

"현 금융시스템을 강력하게 고발하고 있고…감동적인 마무리로 끝맺음을 하고 있다…자유, 자본주의, 미국인들의 챔피언으로서 그의 유산에 걸맞은 최고의 업적이다.

-월드넷 데일리(WorldNetDaily.com)

"경제가 왜 이 지경에 이르렀는지 또 무엇을 해야만 하는지 알기 쉽게 설명하고 있다. 모든 사람들은 이 책을 읽어야 할 필요가 있다."

-새기노 뉴스(Saginaw News(MI))

"불건전한 화폐와 정부의 확장 같은 위험한 망상이 어떻게 조금씩 당연한 통념이 되었는지에 대해 분명하게 쓰여진 입문서다. 건강하세요. 폴 박사, 주류를 향한 당신의 여정이 이제 막 시작되었습니다."

-세이프 헤이븐(SafeHaven.com)

"폴은 진정한 미국의 혁명가다."

-토론토 글로벌 메일(Toronto Globe and Mail)

감사의 말

먼저 사랑과 지지로 내가 하는 모든 일이 가능하게 해준
아내 캐롤에게 감사한다.
그리고 오스트리아 경제학파의 위대한 스승들인
루트비히 폰 미제스(Ludwig von Mises),
머레이 N. 라스바드(Murray N. Rothbard),
프리드리히 하이에크(F.A Hayek),
헨리 해즐릿(Henry Hazlitt),
한스 센홀즈(Hans F. Sennholz)가 없었다면
이 책은 존재하지 않았을 것이다.

또 실질적으로 가장 많이 도움을 준 내 편집인인
벤 그린버그(Ben Greenberg)에게도 감사한다.

옮긴이의 말

역자는 1990년대 초이래 중앙은행 이코노미스트로 근무하면서 여러 논문을 통해 정부 및 중앙은행이 재정 및 통화정책을 정상적으로 운영하고 시장경제를 창달함으로써 건전한 경제성장이 이루어지고 국민후생이 증대될 수 있다고 역설하여 왔다. 불행하게도 이러한 고언은 허공의 메아리일 뿐, 우리나라는 1997년에 'IMF위기'를 맞이하였다.

2000년 말 정부는 공식적으로 "우리나라가 IMF위기에서 완전히 벗어났다."고 발표했다. 하지만 필자는 1999년 말 〈한국경제의 진정한 개혁과제에 대한 고언〉을 통하여 대마불사(too big to fail) 은행 및 대기업 등이 정부의 지시에 따라 준재정적 기능을 수행하면서 누적된 채무는 잠재적 공적채무[숨겨진 재정적자]로 간주할 수 있는데 'IMF위기'에 직면하여 정부가 이를 국채 등 명시적 공적채무로 전환[돌려막기]했을 뿐, 기초경제여건(fundamental)은 위기 전과 전혀 다를 바가 없거나 오히려 더욱 악화되었다고 주장하였다. 한편 정부가 재정건전성을 확립하지 않고 시장[국민들의 자발적인 거래행위]에 직접 개입하여 임금, 금리, 환율 등의 가격을 왜곡시키며, 중앙은행을 통하여 정책금융을 지원하고 외환시장에 개입하는 등 준재정적 기능을 계속 수행함으로 인해 물가(경기)안정이 이룩될 수 없을 뿐만 아니라, 반시장적인 각종 규제가 철폐되지 않는다면 머지않아 제2의, 제3의 경제위기가 초래될 수밖에 없다고 강조하였다. 비유하면, 일본이나 캘리포니아와 같은 지진대 지역 사람들은 지진이 언제, 어디서, 어떤 강도로 일어날지 정확히 예측할 수는 없다. 하지만 대규모 지진이 언제고 반드시 발생할 것이라는 리스크를 예상하고 건물이 지진을 견딜 수 있도록 설계하는 등 충분한 대비책을 세운다. 절망스럽게도 2008년에 또다시 경제위기에 직면하게 되었다. 과거의 잘못에서 교훈을 얻지 못하고 전철을 그대로 답습하고 있다. 역사는 반복된다고 했던가? 경제학은 침울한 학문(dismal science)이라고 했던가?

역자는 《End The Fed》(Ron Paul, Grand Central Publishing, 2009)를 미국의 금융위기로 촉발된 세계 경제위기가 한창 진행 중이던 2010년 하반기에 처음 접했다. 경제위기의 근본원인은 정부가 이런저런 이유로 재정을 방만하게 운용하고 중앙은행이 그것을 뒷받침하는 불환통화(fiat money)를 발행하는 것이라고 주장하고 있다. 일부 개인이 아닌, 한 나라 전체의 경제위기는 동서고금을 막론하고 국가가 능력 이상의 과다한 빚을 통해 지출하기 때문에 초래된다는 것이다. 개인이 자기 소득 이상으로 빚을 내어 돈을 쓰면 파산하는 것과 마찬가지다. 그러나 국가는 아무 근거 없이 허공(무)에서[단지 중앙은행 컴퓨터 장부상에 숫자를 기록해] 화폐를 창출함으로써 돈을 쓸 수 있다는 점에서 개인과 다르다. 한편 최근에는 금융위기에 직면하여 극히 낮은 금리[제로 금리] 및 양적 완화 정책을 통하여 채권 및 부동산 등의 자산가격이 크게 상승하고 부자 자산가의 불로소득이 증가함에 따라 소득불평등이 더욱 심화되었다. 그 결과 국민들이 정부(공공기관)를 믿지 않는 신뢰의 위기를 맞이하고 있다. 국민들이 정부를 신뢰하지 않으면 어떤 정책도 효과적일 수 없으며 정책당국의 의도와는 반대의 결과가 초래될 수 있다. 공자는 민무신불립(民無信不立), 즉 국민의 믿음이 없으면 나라가 똑바로 설 수 없다고 역설하였다.

이러한 설명은 미제스, 하이에크 등 오스트리아 경제학파뿐만 아니라, 최근의 주류 거시경제이론인 재정적 물가이론(Fiscal Theory of the Price Level)에서도 제시되고 있다. 정부가 미래세대로 부담을 전가하는 부채를 통하여 복지와 국방(butter and gun) 등에 방만하게 지출하는 여러 사례들을 보여주고, 경제 및 정치위기를 방지하기 위해서는 중앙은행의 불환통화제도를 폐지하거나 개혁해야 할 이유를 철학적, 헌법적, 경제적 측면에서 명백히 밝히고 있다.

이와 같이 경제위기는 근본적으로 정부의 재정 및 통화정책의 실패에서 초래되지만 정책당국은 시장에서 국민들이 살기 위해 '죽을 둥 살 둥' 노력하는 국민들의 경제행위를 희생양으로 내세우면서 그 책임을 다른 데로 돌린다. 어불성설이요 적반하장이다. 부동산 투기꾼(?)과 기업 및 금융가들의 탐욕(?)은 위기의 원인이 아니라 잘못된 재정 및 통화정책으로 인해 초래된 결과(증상)일 뿐이다. 빚(마약 또는 알코올)에 중독되어 위기가 발생할 때마다 중독자에게 빚을 더욱 증가시킬 뿐 아니라 불합리하고 반시장적인 규제를 새로 도입하는 등 규제만능주의로 국민의 자유를 억압하고 시장을 왜곡시킴으로써 장기적으로 문제를 더욱 악화시켜왔다. 일반 대중들은 경제위기의 근본원인이 그들에게 직접적으로 단기적으로 영향을 미치지 않고 간접적으로 장기적으로 서서히 영향을 미치기 때문에 곧바로 와닿지 않고 정부가 둘러대는 변명처럼 원인의 결과로 나타나는 증상을 경제위기의 이유로 혼동하게 된다. 국민이 민주시민으로서 우리들의 생명과 재산, 자유를 위태롭게 하는 경제위기의 근본원인과 경제위기를 방지하고 극복하는 올바른 길을 정확히 이해하는 것이 무엇보다도 중요하다.

《우리는 왜 매번 경제위기를 겪어야 하는가?》 원제목《End The Fed》(미국 연방준비은행을 폐지하라)가 세상에 빛을 보기까지는 상당히 오랜 시간이 걸렸다. 2009년에 출간된 이 책은 2007년 서브프라임 모기지 사태로 촉발된 금융위기와 맞물려 큰 관심을 받게 되었다. 특히, 이 사태로 인해 집과 직장을 잃게 된 중산층과 젊은 대학생들이 이 책을 읽고 저자인 론 폴 의원에게 열광하기 시작했다. 그들은 거의 모든 유형의 경제적 위기의 원인이 중앙은행에서부터 시작되었다는 진실을 알게 되었기 때문이다. 대학생들은 "연준을 폐지하라!"라고 외치기 시작했다. 그리고 이는 2008년~2012년 론 폴 대선 캠프의 핵심적인 정치적, 철학적, 도덕적인 구호가 되었다. 이렇게 사회전반에 걸쳐 반향이 컸던 저서임에도 금융위기로부터 10년이 넘는 세월 동안 한국에서 잘 알려지지 않은 것이 안타까웠다. 우리나라에서 자유주의의 확산에 힘쓰고 있는 전계운 대표가 자유주의 운동(Libertarian Movement)의 일환으로 이 책의 한국어판을 출판을 권유해왔다. 그는 저작권 문제를 해결하기 위해 미제스 연구소(Mises Institute) 대표인 제프 다이스트(Jeff Deist) 씨를 통해 론 폴(Ron Paul) 의원으로부터 출판허가를 받았다. 그의 노고가 없었다면 이 책은 출간될 수 없었을 것이다.

《우리는 왜 매번 경제위기를 겪어야 하는가?》의 출간이 다소 늦은 감은 없지 않지만 시의적절하며 그 의미가 매우 크다. 정책당국을 비롯하여 많은 국민들이 경제위기와 우리 사회의 총체적 난국의 근본원인을 올바르게 인식하고 국가위기를 극복하는 데 조금이라도 도움이 되기를 바라는 마음 간절하다. 난세(亂世)에 근심과 걱정을 읊은 詩 한 수를 인용하면서 역자의 서문을 끝맺고자 한다.

하느님의 분노[시경 소아편 소민(詩經 小雅編 小旻)]

하느님의 분노가 이 땅에 내렸도다
잘못된 나쁜 정치 어느 날에 그치려나
좋은 일 안 따르고 나쁜 일만 계속하네
돌아가는 꼴을 보니 가슴이 다 터진다.

어울렸다 헐뜯었다 서글프기 짝이 없다
훌륭한 정책들은 모두들 등 돌리고
잘못된 정책들만 골라가며 시행하네
돌아가는 꼴을 보니 어찌 될지 모르겠네.

거북이도 싫었는지 바른 점괘 안 나오네
사공이 많은 배가 산으로 올라가니
말들만 무성하고 책임질 이 하나 없네
제 길 찾아간다는 건 애당초 무리로다.

슬프도다, 나라 정치 왜 이렇게 잘못되나
선민들은 안 본받고 대도에서 벗어났네
시원찮은 말만 듣고 말다툼만 계속하네
길손에게 물어가며 집을 짓는 얼간이들

나라가 흔들려도 옳고 그른 의견 있고
백성들이 흩어져도 지혜 있고 슬기 있어
저 흐르는 샘물처럼 신중한 사람 있고
다스리는 이 있으니 패망하지는 않을 거야.

맨손으로 범 못 잡고 맨발로 강 못 건너
하나만 아는 것들 다른 것은 알지 못해
전전긍긍 조심하자 절벽 위를 걸어가듯
살얼음을 밟고 가듯

- 이기동 〈시경강설〉

1부

우리가 왜 관심을 가져야 할까?

　모든 사람들은 '돈'을 중요하게 생각하고 대부분의 사람들이 돈을 더 많이 갖고 싶어 한다. 우리는 돈의 본질과 기능은 별로 생각하지 않고 돈을 사용한다. 어디서 돈이 나오는지, 누가 돈을 관리하는지, 돈이 가치를 지니는 이유는 무엇인지, 때로는 왜 그 가치를 잃게 되는지를 묻는 사람은 거의 없다.

　마찬가지로 대부분의 사람들은 연방준비은행—미국의 달러를 관리하는 미국 중앙은행, 이하에서는 연준이라고 부름—에 대하여 이 기관 없다면 미국이 제 역할을 할 수 없다고 생각하여 연준을 필수 기관으로 여기고 연준에 대해 아무런 의문을 갖지 않는다. 그러나 오늘날 우리가 당면하고 있는 위기 상황에서 돈(통화)과 관련된 근본적인 문제와 통화관리자로서 연준의 막중한 책임을 고려하지 않고서는 경제위기의 문제를 제대로 다룰 수 없다. 통화와 연준의 역할을 고려하지 않고 경제위기를 논의하는 것은 무책임하고 아무 소용이 없다.

　연준이 무엇이며 어떤 역할을 하는가? 이 질문들에 대한 답을 얻기 위해서는 경제 관련 도서와 연준에서 발행한 팸플릿을 읽거나 혹은 대학에서 경제학 강의를 듣는 것이 좋다. 심지어 연준의 웹사이트에 있는 홍보자료들을 참고할 수 있다.[1] 이를 통해 연준이 물가 및 경기 안정을 도모하며, 금융 시스템을 유지하고 규제하는 등의 역할을 수행한다고 배울 것이다. 물론, 연준 대변인은 연준이 이러한 역할을 잘 수행하고 있다고 주장한다.

필자는 이에 대하여 절대 동의할 수 없다. 오직 연준만이 아무런 근거 없이 허공(無)에서 화폐를 만들어 낼 수 있는 권한을 갖고 있다. 때로는 막대한 양의 새로운 화폐를 발행하고 때로는 보다 적은 양의 화폐를 발행한다. 화폐는 다양한 형태를 취하며 다양한 방법으로 경제 시스템에 유입된다. 이는 연준의 공개시장조작, 지급준비율변경, 금리조정 등의 통화정책 수단을 통하여 이루어진다.

상업적 거래가 이루어질 때 돈은 재화 및 서비스가 흐르는 방향과 반대 방향으로 흐르고, 돈의 질(質)에 따라 모든 문명의 흥망성쇠가 결정되었다. 우리는 지금 아주 비밀스럽고 무서운 권력(힘)에 대하여 이야기하고 있다. 그것은 환상—오해 또는 착각—이 지속되는 한 진짜처럼 여겨지는 환상을 만들어 내는 힘이다. 이것이 바로 연준 권한의 핵심이다.

오바마(Barack Obama) 대통령은 붕괴한 경제 붐에 대해 "그것의 상당한 부분은 처음부터 환상이었음을 이해하는 것이 중요하다."[2]라고 했다. 정말로 옳은 말이다. 그러나 이러한 환상의 근본 원인과 그것을 어떻게 다루어야 할지를 생각해 보자. 물론 모든 사람들이 이런 환상을 만드는 권한을 본능적으로 반대하지 않으며 심지어 많은 사람들은 그것을 환영하기까지 한다.

---

1) http://www.newyorkfed.org/publications.
2) 오바마 대통령의 인터뷰 〈대 공황 이후(After the Great Recession)〉, 《New York Times Magazine》, 2009. 4. 28.

모든 것이 신기루—연준에 의해 부(富)처럼 보이게 만들어진 환상—일 뿐인데도 그들은 그저 '모든 것이 좋았던' 시절로 다시 돌아가고 싶어 한다.

돈이 부족하다고 여겨질 때 돈을 충분히 공급하면 모든 사회문제가 해결될 것이라고 흔히 생각한다. 심각한 경제위기에 처한 오늘날에도 정부와 연준은 아주 이상하게 대응하고 있다. 이자율을 제로(0) 수준으로 떨어뜨리고 수조 달러를 경제에 퍼부었지만 어떤 문제도 해결될 것이라는 징후가 없다. 정책당국이 장기적으로 문제를 더욱 악화시키고 있을 뿐이라는 사실은 의식하지 않는다.

경제 붐(호황)과 붕괴(불황)는 오랫동안 지속되어 왔다. 경기가 변동할 때 복잡한 통화 시스템을 잘 아는 사람들은 큰 이득을 얻게 되지만, 그것을 잘 모르는 순진한 사람들은 큰 고통을 겪게 된다. 통화 시스템이 어떻게 작동하는지를 이해함으로써만 이러한 문제를 고칠 수 있을 뿐 아니라 극심한 불황에서 희생자가 되는 것을 방지할 수가 있다.

우리는 항상 돈이란 무엇이며 어떤 방식으로 몇몇 소수에 의해 조작되는지 지대한 관심을 가져야 한다. 돈은 생존을 위해 매우 중요할 뿐만 아니라 자유사회를 유지하는 데 필수적이다. 건전한 경제는 돈의 질(質)에 의해 좌우되며 건전한 경제 없이는 정치권력을 견제할 수 없다. 건전한 돈은 불필요한 전쟁을 방지하는 데 필수적이다. 번영과 평화는 장기적으로 건전한 돈(sound money)이 없이는 불가능하다. 돈을 이해하기 위해서는 '도대체 중앙은행이 무엇인가?'를 이해해야 한다. 연준은 미국의 중앙은행으로 특권층의 이익을 위해 미국의 돈과 신용을 계속 조작하는 기관이다.

이 책은 왜 중앙은행(연준)이 폐지되어야 하는지를 설명한다. 이 주제에 대하여 필자는 30년 이상 연구해왔는데 진지하게 관심을 기울이는 사람이 거의 없었다. 경제위기는 모든 것을 바꾸어 놓았다. 오늘날에는 연준을 폐지하고자 하는 사회 운동이 커지고 있고 심지어 정치적인 운동도 커지고 있는 중이다.

사실상 '연준을 없애라'(End the Fed)는 이 책의 제목은 필자가 만든 것이 아니라 미국 전역의 집회에서 외치고 있는 슬로건으로부터 나온 것이다. 나는 이 구호를 디어본(Dearborn)에서 열린 공화당 예비선거 토론회가 끝난 이후인 2007년 10월 미시간 대학교에서 처음 들었다. 그날 저녁은 답답한 저녁이었다. 토론회에서 모든 상대 후보들이 경제나 부시 행정부 정책이 전혀 문제가 없다고 부인했기 때문이다. 하지만 그 후 나는 앤 아버(Ann Arbor) 광장(미시간 대학 소재지)에서 4,000명이 넘는 학생들 앞에서 연설을 할 수 있었다.

후보자 연설에 그렇게 많은 인파가 몰린 것은 매우 드문 일이었다. 굉장히 우호적인 청중들이었고, 정부 지출과 재정적자, 전쟁과 외교 정책에 대한 내 견해에 박수갈채를 보냈다. 그런데 내가 통화 정책을 언급하자 학생들이 환호하기 시작했다. 한 무리가 "연준을 없애자! 연준을 없애자!"라고 외쳤고 모든 청중들이 그 외침에 합세하였다. 많은 이들이 불타는 달러 지폐를 들어 올렸는데 마치 "연준이 미국인과 우리의 미래, 그리고 세계에 충분히 많은 피해를 입혔으니 당신들의 시간은 끝났다."라고 말하는 듯했다.

그리고 2008년 9월 미니애폴리스(Minneapolis)에서 열린 나의 대응 집회에서 내가 연준 문제를 언급하기도 전에 12,000명의 청중들이 그 구호를 외치기 시작했다. 나는 웃으며 "잠깐만 기다려보세요!"라고 말했지만 청중들은 멈추지 않았다. 돈과 그것의 질(質) 그리고 돈의 미래는 분명히 우리 시대의 문제이기 때문이다.

건전한 통화를 주장하는 것에 대하여 나는 항상 낙관적이었지만, 연준을 반대하는 주장이 내 생전에 이렇게 대중적인 저항운동으로 실현될 줄은 전혀 생각하지 못했다. 연준의 권한과 비밀, 그리고 연준의 운영에 항의하기 위해 미국 전역에서 사람들이 연준 빌딩으로 모여들어 이같이 위대한 슬로건을 외치고 있다. 그들의 목표는 개혁이 아닌 혁명, 즉 연준을 종식시키는 것이다.

나는 굉장히 기쁘다. 여러분들도 기뻐해야만 한다. 연준의 폐지는 미국의 번영과 자유를 회복하고 미래를 약속하기 위하여 취해야 할 가장 중요한 조치이기 때문이다. 어떤 사람들은 연준 폐지의 주장이 놀랍고 급진적이며 심지어 위험하기까지 하다고 생각할 수도 있다. 사실상 이러한 우려는 미국 역사에 깊은 뿌리를 두고 있다. 19세기에 국립은행 시스템을 채택하고 화폐 및 신용을 완전히 비밀리에 운영하는 정부나 정부 관련 기관이 국립은행을 중앙집권화하려는 시도에 반대하는 항의가 많이 있었다.

누군가는 이를 포퓰리즘적인 운동이라고 말할 수 있을 것이다. 또한, 누군가는 연준의 전신인 미국은행(Bank of the United States)을 강력히 반대했던 제퍼슨(Thomas Jefferson)과 지폐는 항상 전제(독재)주의를 낳는다는 이유로 자유의 적으로 간주했던 페인(Thomas Pane)이 환호할 만한 자유주의적(Libertarian)인 운동이라고 말할 수 있을 것이다.

미국 혁명을 촉발시킨 팸플릿 〈상식〉(Common Sense)에서 페인은 "지폐나 다른 종류의 종이를 법화—강제적인 지급수단—로 만드는 권한을 어떤 의회가 갖는다고 상정하는 것은 가장 주제넘게 독단적인 권력을 가지려는 시도다. 공화제 정부에서는 그런 권력이 있을 수 없다(의회가 그런 권한을 갖는다면 국민들이 자유를 누릴 수 없고 재산을 안전하게 지킬 수 없다)."고 말했다.[3] 이처럼 19세기에 전제적인 중앙은행에 반대했던 위대한 사람들이 있었고, 모든 대통령 선거에서 화폐를 발행하는 국립은행이 있어야 하는지 여부가 쟁점이 되었었다.

실제로, 화폐 독점에 대한 반대는 14세기로 거슬러 올라가 인플레이션의 위험성에 대해 생각했던 초기의 경제학자들의 연구에 뿌리를 두고 있다.[4] 이러한 운동은 20세기의 위대한 경제학자와 철학자들의 연구에서도 인정받았다. 예를 들어 노벨 경제학상 수상자인 하이에크(F. A. Hayek)는 "중앙은행이 지배자들과 그들이 편애하는 사람들을 위해서 한 것 말고는 좋은 일을 해본 적이 있었는지 의심스럽다."면서 "화폐는 정치인들의 정략적인 편의주의에 맡기기에는 너무 위험한 도구다."라고 결론을 내렸다.[5]

연준의 권한과 비밀을 종식시키는 것이 주요 목적이며 대세가 되어야 한다. 연준의 폐지는 오늘날 가장 어려운 문제를 정면으로 다루는 일이다. 연준이 폐지되면 달러의 하락 행진이 끝날 것이다. 더 이상 정부는 끝없는 전쟁의 비용을 충당할 수 있는 수단을 갖지 못할 것이다. 정부가 시민의 자유를 침해하는 것이 억제될 것이며, 미래 세대가 갚아야 할 채무가 무한히 축

---

3) The Complete Writings of Thomas Paine, Philip Foner(ed.) (New York: Cita-del Press, 1945), pp. 405 이하.
4) Jorg Guido Hulsmann, The Ethics of Money Production (Auburn AL: Mises Institute, 2008).
5) F. A. Hayek, Choice in Currency (London: Institute of Economic Affairs, 1976), p.16.

적되지 않고, 시민을 예종자의 국가로 몰아넣는 복지국가의 방만한 확대가 멈추어질 것이다.

연준이 종식되어 화폐 독점의 문제가 해결되면 많은 다른 문제들은 저절로 해결될 수 있다. 우선 정부가 무한히 확대할 수 있는 금융사기를 더 이상 이용할 수 없게 된다. 이는 헌법적인 정부(consitutional government)를 회복하는 첫걸음이다. 연준이 없다면 국가도 자신의 수입 내에서 운영해야 한다. 연방정부가 현재의 모든 주 정부와 같이 여전히 방대하게 개입할 것이지만 국내적으로나 국제적으로 위법적인 제국은 종식되어야 할 것이다.

경기변동과 인플레이션이 초래되지 않고 번영이 이룩될 뿐만 아니라, 위기 시에 정부와 은행이 부정하게 협력하여 공공정책을 운용할 수 없다.

연준을 폐지하면 은행 시스템을 확고한 금융기반 위에 올려놓을 수 있다. 은행산업이 "너무 커서 파산할 수 없다."(too big to fail: TBTF)는 은행의 모럴해저드 없이 번영할 것이다. 은행이 대출을 할 때 위험을 보다 현실적으로 고려할 것이며 은행의 자본이 정치적으로 우선시되는 부문에 사용되는 위험에 처하지 않을 것이다. 또한, 은행들이 부를 안전하게 지키는 은행의 가장 중요한 기능에서 서로 경쟁하게 되므로 은행예금이 지금보다 훨씬 더 안전할 것이다.

연준이 종식되면 또한 통화조작에 의한 정치(선거) 사이클이 초래되지 않는다. 어떤 대통령도 더 이상 중앙은행에 기대어 선거 전에 경제를 인위적으로 부양시키고 집권 후에 경기침체에 직면하게 할 수 없다.

국가의 부가 더 이상 은행 카르텔과 워싱턴의 유력한 정치인들에게 봉사하는 소수의 임명된 변덕스러운 관료들에 의해 지배되지 않는다.

연준을 끝장내는 것이야말로 이 나라의 경제와 정치적인 생명을 정상으로 되돌릴 수 있는 유일한 방법이다. 그러나 이 방법이 의회에서 정치적인 이견과 투쟁이 사라짐을 의미하는 것이 아니다. 유토피아로 인도하는 마법의 비책이 아니다. 그러나 의회에서의 이견과 토론이 무제한적인 화폐발행을 통한 환상의 세계가 아니라 실제의 현실 세계에서 이루어질 수 있음을 의미한다.

지금이 연준을 폐지할 때다. 2008년 경제위기가 초래된 이래 연준의 활동이 극도로 위험해졌다. 연준이 모든 권한을 사용하여 전례 없는 대규모 본원통화(현금+지불준비금)를 발행함으로써 무(無)에서 수조 달러의 새로운 통화를 만들어냈다. 2008년 4월부터 2009년 4월까지 본원통화가 8,560억 달러에서 1,749조 달러로 믿을 수 없을 정도로 급증했다. 새로운 부가 창조되었는가? 새로운 산출물이 생산되었는가? 결코 그렇지 않다. 벤 버냉키가 화폐 인쇄기를 열심히 돌렸을[연준, 정부 및 은행시스템의 컴퓨터 장부상의 숫자를 조작했을] 뿐이다. 만일 여러분이나 내가 이와 비슷한 일을 했다면 화폐위조범이 되어 종신형에 처했을 것이다. 사기꾼과 협잡꾼이 되어 모든 사람들로부터 경멸과 혐오를 받을 것이다. 그러나 연준이 이런 일을 하면—과학적으로 그럴듯하게 포장하여— 완전히 합법적이고 책임 있는 통화정책을 수행한 것으로 간주된다.

이 새로운 화폐는 은행 금고의 준비금(리저브)으로 대출과 차입의 원천이 된다. 안전한 대출 환경이 조성되면 아무도 여태껏 경험하지 못한 악성 인플레이션이 초래될 것이다.

세인트루이스 연준의 조정 본원통화

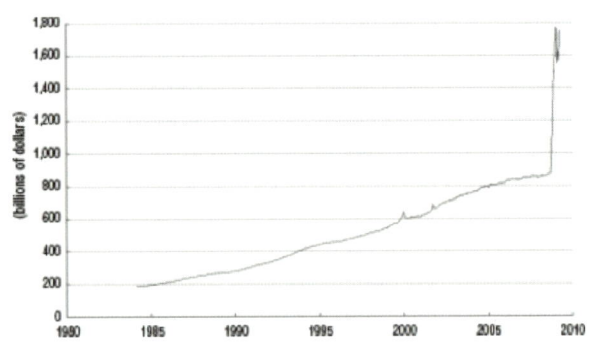

Source: Federal Reserve Bank of St. Louis: 2009

1차 대전과 2차 대전 사이에 중앙은행이 발행한 화폐가 거의 가치가 없어 땔감으로 사용된 독일 바이마르 공화국의 사례가 미국에서는 발생하지 않을 것으로 생각하는 사람들이 있다.

미국인들은 그런 재앙을 자신들이 겪지 않을 것이라고 생각하지만 그렇지 않다.

나쁜 경제정책은 문명을 파괴한다. 나쁜 통화정책은 어떤 정책보다 더 위험하다. 나는 수십 년 동안 의회 금융위원회에서 연준 관리들과 논쟁했을 뿐 아니라 연준 의장과 사적으로 점심식사를 하며 토론을 하고 진정한 경제 서적을 평생 읽으면서 우리의 자유가 위험에 처해 있음을 깊이 깨달았다. 연준이 책임 있는 통화정책을 수행하리라고 전혀 기대할 수 없다.

우리는 정부의 통화 권력을 없앨 필요가 있다. 은행산업은 복지수표(모럴해저드)를 끝낼 필요가 있다. 달러의 건전성은 달러를 무한히 발행하여 달러의 가치를 제로로 만들 수 있는 인쇄기로부터 해방시킬 수 있느냐에 달려 있다.

연준이 수조 달러를 새로 만들어 의회의 감시를 받지 않고 정치적으로 결정되는 특정 부문에 제공한다는 사실에 우리는 모두 크게 놀란다. 정부가 하는 일에 나는 면역이 되어 충격을 받지 않는다고 생각했지만 2008~2009년 연준이 취한 조치는 한계를 넘어 용인할 수 없는 일이었다. 연준은 수조 달러를 새로 만들어 뿌렸을 뿐만 아니라 그런 조치에 대해 설명하기를 거부했다. 이는 연준 관리들이 얼마나 뻔뻔스럽고 의회가 얼마나 법의 준수와 국민을 보호하는 책임에 관심이 없는지를 보여준다.

2002년 11월 21일 벤 버냉키가 자신의 견해를 자세히 피력했는데, 이는 전혀 놀라운 일이 아니다.[6]

미국 정부는 화폐 인쇄기(또는 오늘날 전자식 장비와 비슷한 것)를 통해 사실상 비용을 들이지 않고 원하는 대로 많은 양의 달러를 생산해낼 수 있다. 유통되는 미국 달러의 양을 늘리거나 확실히 그렇게 할 수 있다고 위협하는 것만으로 재화와 서비스로 나타낸 달러의 가치를 하락시킬 수 있는데 이는 해당 재화와 서비스의 달러 가격을 인상하는 것이나 마찬가지다. 우리는 이에 대해 종이 화폐 시스템하에서 정부가 마음먹기만 하면 언제

---

6) Remarks by Governor Ben S. Bernanke before the National Economists Club (Washington, D.C. 2002. 9. 21).

나 지출을 늘리고 인플레이션을 일으킬 수 있다는 결론을 갖고 있다.

 연준 의장이 연준의 권한에 대해 이처럼 솔직하게 설명한 경우가 없었다. 그는 확실하게 자신이 연준을 비난하는 것이 아니라고 설명하였다. 그는 연준의 존재를 믿고 있다. 18세기에 화폐주의자 존로(John Law)가 기발한 방법으로 미시시피 버블(Mississippi Bubble)을 야기했던 것처럼 버냉키는 번영을 이룩할 수 있는 마술을 발견했다고 믿고 있다.[7]

 일반 대중들이 통화 시스템의 개혁을 요구할 만큼 높은 관심을 갖는 일은 상상하기 어렵지만, 지금 우리는 그런 기회를 맞이하고 있다.
 연준은 도전을 받아야 하며 궁극적으로 폐지되어야 한다. 정부가 화폐 독점을 갖는 한 신뢰를 받을 수 없다. 사회의 어떤 기관도 그렇게 막대한 권한을 가져서는 안 된다. 사실상, 나는 이 투쟁에서 자유마저도 위태롭다고 생각한다.

---

7) Doug French, Early Speculative Bubbles and Increases in the Supply of Money (Auburn, AL: Misses Institute, 2009).

2부

연준의 기원과 성격

 대부분의 사람들은 국가의 돈을 통제하는 이상한 기관에 대해 깊이 생각해 본 적이 없다. 그저 이 기관을 항상 존재해왔던 것처럼 받아들이고 있는데 이는 사실과 거리가 멀다. 워싱턴에 방문하는 사람들은 1937년에 문을 연 웅장한 외관을 지닌 연준 본부를 볼 수 있다. 이 통화 기관의 위압적인 외형과 꺼림칙한 구조는 미국 수도의 연방 대법원과 비슷하게 생겼다.

 사람들은 연준이 국가 통화공급을 관리하는 중요한 일을 하고 있다는 것을 알고 있다. 그리고 연준 의장이 의회에서 증언을 하고, 복잡한 데이터를 인용하고, 경제 동향을 예측하고, 이에 이의를 제기하는 사람들에게 겁박하는 것을 듣는다. 연준 관리들이 발표하는 사실로부터 아무도 연준이 잘못 운영되고 있다고 의심하지 않을 것이다. 연준 의장은 항상 우주의 창조자처럼 모든 것을 완벽하게 알고 있는 척한다.

 그러나 우리가 연준 내부에서 일어나고 있는 일에 대하여 정말로 얼마나 알고 있을까? 새로운 라운드의 구제금융이 이루어질 때 저널리스트들조차도 그 돈이 어디서 나와서 어디로 가는지 정확히 파악할 수 없다. 1913년 설립된 이래 비밀과 내부거래는 연준이 업무를 수행하는 방식의 일부가 되었다.

 연준 의장이 행하는 선전 활동(the public relations)의 일부는 연준이 사회에 꼭 필요한 기관이라는 것을 암시하도록 고안되었다. 사실상 연준은 소득세와 새로운 정부기관들이 많이 만들어진, 이른바 진보주의 시대라고 부르는 시기에 설립되었다. 이 시기는 카르텔을 형성하는 방법으로 기업이 이익은 보호하고 손실은 사회화 하는[대중들에게 전가시키는] 사상에 미쳐있던 시기였다.

대형은행도 예외가 아니었다. 대형은행들이 위기에 처할 때 구제를 받을 수 있는 국가적인 최종대부자(Lender of Last Resort)가 없다는 것이 그들에게는 매우 불행한 일이었다. 구제해주는 메커니즘이 없어 대형은행들은 도산하거나 자력으로 위기를 헤쳐 나가야 했다. 더욱이 남북전쟁 이후 미국 대통령들이 금본위제를 시행함에 따라 대형은행들이 신용을 무한히 확대할 수 없게 되었다. 금본위제는 이러한 방식으로 규제자와 같은 역할을 하였다. 결국, 은행도 모든 다른 기업처럼 운영할 수밖에 없었다. 은행들은 일정 수준까지 신용을 확대하고 위험한 대출을 할 수 있었지만 파산에 직면할 때는 기댈 곳이 없었다. 대출을 줄이고 극히 어려운 재정난을 해결해야만 했다. 위험을 감수하는 것은 인간의 의사결정을 규제하는 좋은 메커니즘(수단)으로 대출 규율의 문화를 만들었다.

당시의 전문 용어로 은행 시스템이 '탄력성'(elasticity)이 부족했다. 다시 말해, 은행들이 원하는 대로 신용 및 통화를 확대할 수 없었다. 신용을 무한히 증가시킬 수 없었으며 구제해줄 중앙기관에 의존할 수 없었다. 이러한 이슈는 20세기에 들어서면서 농민들의 채무부담을 덜어주기 위한 수단으로 "은화의 자유주조(Free Silver)"라는 슬로건으로 내세우기도 한 인플레이션을 선호했던 정치운동과 잘 부합된다. 이처럼 인플레이션을 선호하는 운동이 포퓰리즘적인 선전을 통하여 유행함에 따라 많은 사람들이 탄력적인 통화가 대중에게 도움이 될 것이라고 믿기 시작했다. 그들은 금본위제를 대형 은행이 신용을 긴축적으로 유지하기 위해 선호하는 시스템으로 인식하였다. 오늘날까지도 많은 경제평론가는 연준과 대형은행이 자신들에게 유리하도록 신용을 타이트하게 유지한다고 잘못 알고 있다.

심지어 연준조차도 인플레이션을 억제하는 것이 연준의 업무라고 주장한다. 이는 마치 담배산업이 금연시키기 위해 노력한다고 주장하거나, 자동차 산업이 교통 혼잡을 통제하기 위해 노력한다고 주장하는 것과 같다. 연준은 인플레이션을 만드는 것을 목적으로 한다. 연준이 **인플레이션의 효과**, 즉 물가상승을 방지하려고 노력할 수 있다. 그러나 과거의 인플레이션 정의―신용과 통화공급의 인위적인 확대―에 따르면 연준이 존재하는 이유는 낮은 인플레이션이 아니라 더 높은 인플레이션을 창출하는 것이다.

대형은행이 바라는 것은 여타 대기업이 바라는 것과 마찬가지로 이익은 사유화하고 손실은 사회화하는 것이다. 사유화되는 이익은 호황기에 성공적인 대출활동을 통하여 나온다. 그러나 호황이 불황으로 바뀌면 손실은 제3자의 납세자들이 부담하게 되고 사적 손실에는 영향을 미치지 않는다. 손실을 충당하기 위해서는 은행들의 요구를 충족하기 위해 통화공급의 확대를 필요로 한다. 이러한 통화량은 모든 산업이 충분히 획득하여 만족할 수 있는 수준이다. 그러나 이것은 바로 자유 시장에서 부정하는 것이다.

자유 시장은 이익의 기회를 제공할 뿐만 아니라 손실을 초래할 수도 있다. 이러한 자유 시장에 대해 은행산업은 항상 어려움을 겪는다. 이익의 기회를 제공해 주는 것은 좋아하지만 손실을 초래하는 것은 좋아하지 않는다. 이것이 역사적으로 화폐와 은행을 계속 중앙집권화해온 이유다. 화폐와 은행을 중앙집권화하면 탄력적인 통화 시스템을 통해 대안적인 조세 수익을 얻을 수 있는 정부와 건전한 통화 시스템에서 가장 크게 손실을 입을 수 있는 대형은행이 이익을 얻는다. 따라서 정부와 대형은행들의 연합이 통화 및 신용의 중앙집권화를 지지하는 근간을 이룬다.

은행의 역사를 살펴보면 권한의 중앙집권화 노력은 수세기를 거슬러 올라간다. 금융불안정 및 경제위기가 초래될 때마다 손실을 사회적으로 부담시킨다. 그러나 일반 납세자들은 금융불안정의 근본적인 원인이 정말로 무엇인지 묻는 일은 거의 없다. 스페인 경제학자인 데 소토(Jesús Huerta de Soto)가 2006년에 발표한 기념비적인 연구에서 그 답을 발견할 수 있다.[8] 그는 오늘날 현금처럼 사용되고 있는 은행의 예금통화가 투기적 사업에 대출되고 다시 예치되는 '부분지급준비금제도'(Fractional Reserve System)를 금융불안정의 원천으로 간주한다. 부분지급준비금제도는 예금자들이 모든 예금을 동시에 인출하지 않을 경우에만 작동된다. 예금자들이 모든 예금을 동시에 인출하려고 하면 은행은 파산하거나 예금 지급을 중지해야 한다. 어떤 개별은행이 유동성 부족에 직면할 경우 유동성을 제공해줄 수 있는 다른 은행에 도움을 요청할 수 있다. 그러나 은행산업 전체가 유동성 부족에 직면할 경우에는 정부에 도움을 구해야 한다.

---

8) Jesus Huerta de Soto, Money, Bank Credit, Economic Cycles (Auburn, AL: Mises Institute, 2006).

문제의 핵심은 은행의 두 가지 다른 기능을 혼합한 것에 있다. 첫째 기능은 은행의 가장 전통적 기능인 보관(예치) 서비스이다. 은행은 사람들의 돈을 안전하게 예치해주고 수표 및 ATM 이용, 기록보유, 온라인 지급수단 등과 같은 서비스를 제공한다. 이러한 은행의 보관 서비스에 대하여는 그 비용이 어떤 다른 방법에 의해 충당되지 않으면 소비자가 지불해야 한다. 은행이 제공하는 또 다른 기능은 대출 서비스이다. 상업적 사업 및 부동산 등에 투자하여 수익을 추구하고 그에 따른 투자리스크를 감수하는 것이다. 이러한 모험적 사업에 투자하는 사람은 투자가 성공을 거두지 못하면 돈을 잃을 수 있다는 것을 알고 위험을 감수하면서 수익을 기대한다.

부분지급준비금제도는 이들 두 가지 기능을 혼합하여 예금을 대출의 원천으로 삼는다. 은행이 수표를 발행할 수 있는 요구불예금 형태로 예금된 돈을 대출하고 대출된 돈은 다시 요구불예금으로 예치된다. 이 돈은 또다시 대출되고 예금되며 각 예금자는 대출된 돈을 공식적인 금융기록에 포함되어 있는 자산으로 간주한다. 이러한 방식으로 부분지급준비금제도는 초기의 예금을 기초로 새로운 돈을 계속 창출한다. 지급준비율과 은행 관행에 따라 이 같은 '통화승수(money multiplier)'에 의해 초기의 1,000달러가 10,000달러 예금으로 증가하게 된다.[9] 연준은 이러한 부분 지급준비금제도를 통하여 은행 시스템을 새로운 돈을 경제 전반에 투입하는 엔진으로 사용한다. 더 많은 대출을 부추기를 바라면서 은행들의 대차대조표에 리저브(준비금)를 증가시킨다.

---

9) 이러한 과정은 Murray N. Rothbard, The Mystery of Banking (Auburn, AL: Mises Institute, 2009, 1983)에 잘 설명되어 있다. 연준의 웹사이트에는 좀 다른 각도로 기술되어 있다.

예금자의 입장에서 볼 때 이러한 시스템은 반드시 환상을 만들어낸다. 일반적으로 은행 고객은 자신의 예금이 확실히 안전하게 보관되어 있고 원할 때는 언제나 인출할 수 있으며 정상적인 금리를 얻을 수 있다고 믿는다. 그러나 진정한 자유 시장에서는 상충관계가 존재하는 경향이 있다. 은행에 돈을 보관하는 서비스를 받거나, 아니면 돈을 빌려주어 투자 수익을 기대하는 것 둘 중 한 가지만 선택할 수 있지 두 가지 모두를 동시에 향유할 수는 없다. 그러나 연준은 끝없는 구제금융과 화폐발행을 암묵적으로 약속하여 부분지급준비금제도를 뒷받침함으로써 이러한 환상을 계속 유지하려고 한다.

정부가 보증하는 부분지급준비금제도하에서도 예금인출 사태가 발생하여 모든 예금자들이 동시에 예금인출을 요구할 경우에는 은행 시스템이 붕괴한다. 영화 〈멋진 인생〉(It's a Wonderful Life)의 한 장면을 떠올려보라. 현대 은행법과 개혁의 모든 역사는 이처럼 물이 새는 배의 구멍들을 정교하게 때우려는 시도로 볼 수 있다. 근본적으로 불안정한 시스템을 유지하기 위하여 예금보험제도를 도입하고, '대마불사'(Too big to fail)원칙을 수립하고, 긴급구제금융 계획을 마련할 뿐 아니라 그 밖의 모든 노력을 기울여왔다.

내가 묘사한 것은 수백 가지의 과정을 압축시킨 설명이다. 이러한 사실은 통화공급이 무한히 탄력적으로 이루어지며, 은행제도가 정부입법을 통해 절대 파산하지 않게 보장되도록 계속 추진됐다는 것을 잘 보여준다. 그러므로 현대 통화 및 은행 시스템은 자유 시장체제가 아니라 반쯤은 사회주의화되어 정부에 의해 뒷받침되고 있다. 자유 시장에서는 결코 지금처럼 유지될 수 없는 시스템이다. 이것이 문제의 핵심이다.

특히 연준의 역사와 관련해서 은행의 부분지급준비금제도는 이미 19세기에 확립된 관행이므로 연준이 설립되기 훨씬 이전부터 살펴보아야 한다. 때때로 반복되는 불안정의 원천을 설명하기 위해 아주 먼 길을 가야 하는 이유다.

이 이야기는 1775년 대륙 의회가 "조금도 가치가 없다(not worth a continental)."고 말했던 콘티넨탈 지폐(Continental Currency)를 발행하면서 시작되었다고 말할 수 있다. 이 지폐는 재앙적인 수준으로까지 증가하여 정부의 물가통제가 인플레이션을 억제하는 데 거의 효과가 없었다. 이것이 미국 역사상 최초의 하이퍼인플레이션(hyperinflation)이다. 이에 따라 경화(hard money)학파가 등장하여 이후 수 세대 동안 중앙은행과 지폐를 반대하여 왔다. 또한, 헌법에서 지폐를 금지하고 금과 은만을 화폐로 허용한 이유다.

1791년 미국제1은행(First Bank of United States)이 인가를 받고 1792년 의회에서 달러—1400년대 독일의 주화 '탈러'(thaler)가 달러의 기원—를 국가통화로 규정하는 주화법(Coinage Act)이 통과되었다. 다행히 초기의 중앙은행 인가는 갱신되지 않고 1811년에 시효가 소멸되었다.

1812년 영국과 미국 사이에 전쟁이 일어나 정부가 전쟁비용을 화폐발행을 통하여 충당함으로써 예금지급이 중지되고 인플레이션이 초래되었다. 전시의 인플레이션은 예상할 수 있지만 1816년 의회가 정상상태로 돌아가도록 허용하는 대신 미국제2은행(Second Bank of United States)을 인가하였다. 미국제2은행이 더 큰 경기확장을 조장하며 호황과 불황(boom-bust) 사이클을 만들었다.

19세기 미국의 은행 이론가 콘디 라겟(Condy Raguet)은 다음과 같이 설명하고 있다.[10]

그 시기의 사건을 기억하는 사람들은 당시에 대중들이 지나친 관용을 보인 것을 잊지 못할 것이다. 영국과 전쟁이 계속되는 동안 대중들은 국가의 특수한 상황으로 인해 그들에게 가해지는 사회의 제재가 불가피하다고 믿었다. 그러나 1815년 초 평화가 회복되자마자 정부는 모든 약속을 저버렸다. 정부가 약속을 지키기 위해 대출감축 계획을 분명히 보여주지 않고 아무런 제한을 받지 않는 동안 화폐를 비정상적으로 마구 발행하였다. 이에 따라 콘티넨탈 달러의 가치가 폭락해 투기와 지급능력을 초과하는 거래가 모든 재앙적인 형태로 만연하고 국가가 비참한 상태로 추락하여 10년 후에도 회복되지 못했다.

결국, 1819년에 공황이 일어나면서 피할 수 없는 침체기가 찾아왔다. 그러나 이 공황은 평화롭게 끝났다. 이는 정확히 말하자면 공황을 끝내기 위해 아무것도 하지 않았기 때문이다. 토머스 제퍼슨은 어쨌든 공황은 처음부터 완전히 인위적으로 만들어진 부를 깨끗이 일소하는 것일 뿐이라고 지적하였다. 오늘날 1819년의 공황은 역사책의 주석에서나 볼 수 있을 뿐이다.[11]

---

10) Condy Raguet, A Treatise on Currency and Banking (New York: Kelley Reprints, 1967, 1840), p. 156.

11) Murray N. Rothbard, The Panic of 1819 (Auburn, AL: Mises Institute, 2008).

정치적으로 큰 혼란을 겪고 연방정부의 예금을 제2은행에서 인출하도록 한 잭슨(Andrew Jackson) 대통령의 행정명령이 공표된 후 1836년 제2은행이 폐쇄되었다.

남북전쟁은 또다시 인플레이션을 통한 재원조달을 유발하였다. 마침내 전시의 통화가 완전히 사라지고 전후에 또 다른 디플레이션이 초래되었다. 이에 따라 불완전하지만 견고한 금본위제도를 확립할 환경이 마련되었다. 은행들은 부분지급준비금제도가 허용되고 경쟁을 억제하기 위해 점점 더 많은 규제에 의존하기 시작했는데 이러한 문제에 연준이 대응하였다.

1907년의 은행공황이 연준을 설립하게 된 표면적인 이유였다. 그러나 앞에서 언급했듯이 이미 오래전부터 연준 설립이 추진되었다. 쿤 로브(Kuhn, Loeb & Co.) 투자은행의 수장이었던 제이콥 쉬프(Jacob Schiff)는 1906년에 유럽식 중앙은행 설립을 추진하기 위해 연설을 했는데 "앞으로 일어날 위기를 예방하기 위해 국가는 돈이 필요하다."고 했다. 1906년 쉬프는 동료인 폴 워버그(Paul Moritz Warburg) 그리고 전국 도시은행 뉴욕지점(National City Bank of New York)의 밴드립(Frank A. Vanderlip)과 함께 위원회를 만들어 '정부의 관리하에 중앙은행의 화폐발행'을 요구하는 보고서를 뉴욕 상공회의소에 전달했다. 그들은 다른 기관들과 협력하여 이 요구안을 추진하기 시작했고, 미국은행협회와 정부의 주요 인사들을 설득하였다.[12]

---

12) 연준 설립의 자세한 내용은 William Greider, Secrets of the Temple (New York: Simon &Schuster, 1987), pp. 276~289; Murray N. Rothbard, A History of Money and Banking in the United States: The Colonial Era to World War II (Auburn, AL: Mises Institute, 2002), pp. 162~183; and James Livingston, Origins of the Federal Reserve System: Money, Class, and Corporate Capitalism, 1890~1913 (Ithaca, NY: Cornell University Press, 1986). 등에 보고되어 있다.

준비 작업이 이루어진 후 1907년의 위기 분위기는 연준 설립을 유도하는 여건을 조성하는 데 크게 도움이 되었다. 1907년의 불황은 단순한 경기침체에 지나지 않았지만 많은 은행들이 정화지급을 중단하였다. 즉, 위기가 끝날 때까지 예금자들에게 금(正貨) 지급을 중지시켰다. 이에 따라 모든 예금을 일반적으로 보증하는 방향으로 의견의 일치가 이루어졌다.

이 사건과 미국 역사상의 다른 모든 은행의 공황에서 배울 수 있는 점은 위기는 항상 더 강력한 중앙집권으로 이어진다는 점이다. 자유와 국가가 혼합된 체제는 불안정한 체제이며 이 내부 모순들은 자유시장을 지향하는 것이 아니라 국가주의(statism)[국가를 항상 최우선 순위로 놓고 모든 권력을 정부에 집중시키는 정치 체제]를 통해 해결하려는 경향으로 기울어진다. 주요 경제학자들이—그들의 고전적인 뿌리를— 오랫동안 잊어버리고 탄력적인 통화공급에 의한 새로운 마법을 목격하면서 학문적 견해가 중앙은행을 선호하는 방향으로 기울어진 것은 놀라운 일이 아니다.

1908년 의회에서 은행개혁에 관하여 전반적으로 조사하기 위해 국가통화위원회(National Monetary Committee: NMC)가 만들어졌다. 이 위원회는 주로 뉴욕 퍼스트내셔널 은행(First National Bank of New York), 쿤 로브(Kuhn, Loeb), 뱅커스 트러스트 컴퍼니(Bankers Trust Company), 시카고 콘티넨탈 내셔널 은행(Continental National Bank of Chicago) 등 대형은행들과 가까운 인사들로 구성되었다. NMC는 유럽을 시찰하고 미국으로 돌아와 계속 선전하였다.

1909년 월스트리트 저널에서 중앙은행의 필요성에 관하여 14편의 시리즈를 연재하고 있는 동안 태프트(William Howard Taft) 대통령은 이미 중앙은행의 설립을 승인하였다. NMC 수석대변인 코난트(Charles A. Conant)는 서명도 하지 않은 시리즈를 연재했다. 이 시리즈는 탄력적인 통화를 크게 옹호하는 한편, 파산 은행을 적극적으로 구제할 뿐 아니라 할인율 및 금 유출입 조작을 포함하여 중앙은행이 수행할 수 있는 몇 가지 기능을 추가하였다. 그 후 일련의 대중연설, 팸플릿 발행, 학자들의 성명, 정치연설, 투자은행그룹의 보도자료(대언론성명) 등이 뒤따랐다.

1910년 11월 연준법의 초안을 만들 절호의 기회가 찾아왔다. 모건(J. P. Morgan)이 공동으로 소유하고 있는 지킬섬 클럽(Jekyll Island Club)이라고 부르는 조지아(Georgia) 해안 휴양지에서 비밀회의가 소집되었다. 언론은 그것을 오리 사냥 여행이라고 보도했다. 그 회의에 참석한 인사들은 비밀을 유지하기 위해 아주 면밀한 조치를 취하였다. 그러나 역사는 누가 참석했는지 정확히 기록하고 있다: 록펠러(John D. Rockefeller)의 측근 의원 앨드리치(Nelson Aldrich), 모건(J. P. Morgan)의 수석파트너 데이비슨(Henry Davison), 독일계 망명자이자 중앙은행 옹호자인 폴 워버그(Paul Warburg), 내셔널시티은행(National City Bank) 부회장 밴드립(Frank Vanderlip), 그리고 NMC 위원이며 재무부 차관인 앤드루(A. Piatt Andrew).

우리는 2명의 록펠러 인사, 2명의 모건 인사, 1명의 쿤 로브 인사, 그리고 1명의 경제학자로 구성된 비밀 회의에서 연준의 본질을 발견할 수 있다. 그 본질은 강력한 정부 관료와 강력한 은행가들이 협력하여 국가의 통화 시스템을 자신들의 이익에 맞도록 조작하고, 이를 경제학자들이 과학적으로 그럴듯하게 정당화한 것이다. 이는 그 이후로도 거의 변함이 없이 이어져 왔다.

그들은 일주일 내내 비밀리에 작업하였다. 연준의 구조는 이 모임에서 제안되었다. 유럽식의 중앙은행과 비슷하지만 그 구조가 12개 지역 회원은행들로 분산되었기 때문에 실제로 이루어지고 있는 중앙집권화를 숨길 수 있었다. 1911년 모든 계획이 NMC에 제시되었다. 그리고 신문사설, 가짜(관제) 시민단체, 무역기관 등의 지지를 통하여 연준 설립의 선전이 대대적으로 이루어졌다. 그다음 연준법에서 공화당의 당파적인 요소를 제거하여 그것을 초당파적인 것으로 보이게 만들어 연준법이 통과되었다.

연준법(Federal Reserve Act)의 본질은 처음 제정된 내용에서 거의 바뀌지 않았다. 정부는 의회 투표를 통하여 대형은행들의 카르텔을 합법화하고 그들이 원하는 대로 통화공급을 증가시킬 수 있게 허용하였다. 이에 따라 대형은행들과 금융 시스템이 과도한 신용과 불량 대출을 제공하여 유동성 부족이 초래될 경우, 정부가 그들에게 유동성을 공급해줌으로써 그들 자신은 과도한 신용제공 및 불량대출의 결과에 영향을 받지 않는다.

센홀즈(Hans Sennholz)는 연준 설립을 두고 "의회가 저지른 가장 비극적인 실수다. 연준법이 통과되던 날 옛 미국은 죽었고 새로운 시대가 시작되었다. 앞으로 수십 년 동안 전례가 없는 경제 불안을 초래하거나 이에 큰 원인이 될 새로운 기관이 탄생한 것이다."라고 했다.[13] 연준은 부자와 권력자들에게 특혜를 주는 일종의 금융 사회주의(financial socialism)다. 연준의 변명은 예나 지금이나 똑같다. 연준은 인플레이션과 시장의 극심한 변동으로부터 통화 및 금융 시스템을 보호한다고 주장한다. 경기가 과열되면 인플레이션

---

13) Hans F. Sennholz, Money and Freedom (Grove City, PA: Libertarian Press), p. 21.

을 억제하고 경기가 둔화되면 지출을 촉진함으로써 경제안정을 도모한다는 것이다.

1914년 통화감독청(Comptroller of Currency)의 성명서는 연준이 "절대적으로 안전한 유통수단을 제공하며 우리를 최상의 세계로 인도할 것이다."라고 발표했다. 나아가 "연준법이 시행되면 이 나라가 1873, 1893년 그리고 1907년에 경험했던 금융과 상업의 불경기나 '공황' 같은 것이 가져온 불행과 혼란은 수학적으로 불가능할 것으로 보인다."라고 기대하였다.[14] 그리고 통화감독청의 또 하나의 놀라운 약속이 있다.[15]

"새 연준법의 조항에 따르면 효율적이고 정직하게 감독받는 은행은 사실상 파산이 불가능하고 회원은행을 계속 면밀하게 감시할 수 있게 된다. 특정한 개별은행에 대해서는 더욱 철저하고 완벽하게 감시할 수 있는 기회가 주어지게 된다. 이러한 사실들은 은행의 부정직하고 무능력한 경영으로 인한 위험을 최소화하게 된다. 앞으로 전국적인 대형은행[주정부의 허가를 받는 주법은행과는 달리 연방정부의 허가를 받는 은행]의 파산사태가 실질적으로 없어질 수 있기를 기대한다."

---

14) Elgin Groseclose, America's Money Machine: The Story of the Federal Reserve (Westport, CT: Arlington House, 1966), p. 85.
15) 위의 책 p. 86.

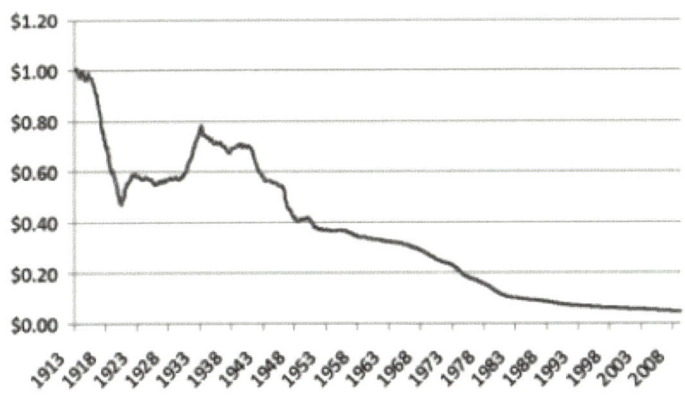

미국 달러의 구매력

1913년 1월=$1.00

실제로 현실은 완전히 다르게 나타났다. 1913년 연준이 설립된 이래 달러의 가치가 급격히 떨어졌다. 1913년 1달러로 살 수 있던 상품 및 서비스의 가격이 지금은 대략 21달러에 달한다.[16] 달러의 구매력을 기준으로 달러의 가치가 1913년의 0.05달러 이하로 하락하였다. 이는 정부와 은행카르텔이 계속 인플레이션적인 정책을 추구하여 대중들로부터 1달러당 0.95달러를 훔쳐간 것으로 볼 수 있다. 중앙은행이 관리하는 본원통화의 경우에도 마찬가지로 적용된다. 그러나 금은 그렇지 않다. 미국경제연구소(American Institute for Economic Research)의 자료는 1913년을 기준으로 금과 세계 주요 통화의 가치가 어떻게 변동하였는지를 개략적으로 보여준다.[17]

---

16) 세인트 루이스 연준 통계
17) 이 차트는 온라인에서 http//www.aier.org/images/stories/research/ch_p5.pdf.에서 볼 수 있음.

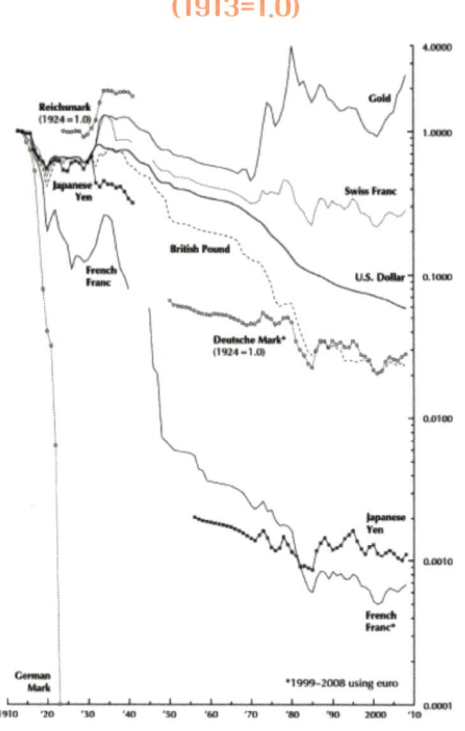

주: 미국GDP 디플레이터와 미국 달러 환율기준 구매력.

한편 국립경제연구소(National Bureau of Economic Research: NBER)의 경기변동 자료에 따르면 20세기 경기불황은 1918~1919, 1920~1921, 1923~1924, 1926~1927, 1929~1933, 1937~1938, 1945, 1948~1949, 1953~1954, 1957~1958, 1960~1961, 1969~1970, 1973~1975, 1980, 1981~1982,

1990~1991, 2001, 그리고 2007년에 시작된 끝이 보이지 않는 현재의 공황이다. 수학적으로 불가능한 것이 정말로 맞는가!

　전부는 아니지만 연준이 지킨 큰 약속 중 하나는 은행이 예전처럼 파산하지 않을 것이란 약속이다. 그런데 이것이 과연 바람직한 것인지 생각해봐야 한다. 기업의 도산을 금지하는 법이 있다면 어떻게 되겠는가? 만일 기업파산이 허용되지 않는다면 기업으로 하여금 건전성과 생산성을 통하여 공익에 기여하도록 유인할 수 없다. 자본주의 경제는 파산할 수 있기 때문에 규율이 생기고 소비자에게 봉사하게 된다. 실패의 가능성은 경쟁 시장의 필수조건이며 실패를 방지하는 약속은 비효율성과 무능만을 조장할 뿐이다. 다시 말하자면, 은행의 파산은 다른 일반기업의 파산과 마찬가지로 유감스러워할 일이 아니다. 파산은 자유 기업체제의 정상적인 현상이다.

　예금자들은 어떤가? 자유 경쟁체제에서 예금이 안전하지 않은 것은 아니다. 예금이 약속한 대로 지급되지 않으면 사기방지법에 의해 처리될 것이다. 안전하지 않은 예금은 위험한 투자처럼 은행에 빌려주는 것으로 간주할 수 있다. 소비자들은 그들의 돈을 관리하는 기관을 더욱 엄격히 감시할 것이며 무능한 기관을 찾아내지 못하는 워싱턴의 규제자들을 믿지 않을 것이다.

　지금 자유 시장 은행 시스템이 어떻게 작동하는지를 설명하는 것이 아니다. 자유 시장경제에서 어떤 기업도 파산으로부터 절대적으로 보호될 수 없다는 기본원리를 강조하는 것일 뿐이다. 기업들은 계속적인 시행착오의 과정을 통하여 효율성과 건전성의 목표를 달성할 수 있다. 소련의 경우를 생각해보라. 내가 아는 한 어떤 기업도 소비에트[계획경제] 체제하에서 파산하지는 않았지만 사회는 전반적으로 더욱 가난해졌다. 은행산업에 적용된 계획경제 체제를 생각하면 연준을 파악할 수 있다.

연준의 설립과 그 영향의 역사를 이해하면 연준의 수수께끼를 어느 정도 해소시키는 데 도움이 된다. 어떤 이들은 연준이 납세자들의 비용으로 자신의 배를 채우는 사기업에 불과하다고 주장한다. 연준이 정부가 더 이상 우리에게 세금을 부과할 수 없게 되었을 때 정부 재원을 충당해주는 정부기관이라고 주장하는 이들도 있다. 어느 쪽도 옳지 않다. 사실상 연준은 민관복합기관으로 대형은행의 소유주인 정부의 허가를 받아 관리자를 임명하는 연합체이다. 어떤 면에서는 정부와 기업 양쪽의 나쁜 점만 결합한 기관이다. 이 점은 미국의 번영에 지독하게 해로운 영향을 주어왔다.

윌리엄 그레이더(William Greider)는 연준 설립으로 "자유방임주의(laissez-faire)의 종말을 고하기 시작했다."라고 피력하였다.[18] 정확히 맞는 말이다. 연준이 설립된 후 정치적인 목적을 위하여 통화 시스템을 공적으로 관리하게 되었다.

시간이 흐름에 따라 연준은 통화공급을 더욱 재량적으로 증가시킬 수 있게 되었다. 지금은 연준이 원하면 무엇이든지 매입하여 자산으로 기록할 수 있다. 연준은 국공채 등의 채무를 매입할 때 새로 만든 통화로 산다. 그리고 지급준비율을 낮게 유지함으로써 은행이 예금보다 더 많은 대출을 할 수 있으며 대출을 통해 새로 창출되는 예금은 더욱더 많은 대출을 위한 재원으로 사용할 수 있다. 또한, 연준이 원하는 대로 목표 연방기금금리

---

18) William Greider, Secrets of the Temple, p. 280.

(federal funds rate)를 결정함으로써 경제 전반의 금리에 영향을 미칠 수 있다. 이와 같이 연준은 통화 시장과 여타 시장에 개입한다.

연준을 설립한 사람들조차도 예상치 못했던 많은 결과들이 초래되었다. 경기변동의 문제를 신용이 감소하는 불황 국면으로 간주하면 연준이 경기변동을 완화하는 데 도움이 될 것으로 생각했을지도 모른다. 신용이 감소할 때 예금을 증가시키기 위해 연준은 단순히 통화를 더 많이 발행함으로써 유동성을 제공할 수 있다. 그러나 경기변동의 문제를 통화 및 신용이 풍부하고 지속될 수 없는 사업을 지원하기 위해 대출이 급증하는 호황 국면이 시작되는 것으로 간주하면 문제는 달라진다.

루트비히 폰 미제스(Ludwig von Mises)는 1912년 《화폐와 신용이론》[19]을 발간했는데 유럽 전역에서 널리 호평을 받았다. 이 책에서 중앙은행을 설립하면 경기변동을 완화하기보다는 악화시킬 것이라고 경고하였다. 그 이유는 다음과 같다. 중앙은행은 회원은행에 대출할 때 적용하는 이자율을 재량적으로 낮출 수 있다. 그리고 정부채무(공채)를 매입하여 중앙은행 대차대조표의 자산으로 추가할 수 있다. 또한, 회원은행의 대출에 대하여 지급준비율을 낮출 수도 있다. 그러나 이러한 모든 일을 할 때 중앙은행은 은행산업이 투자자들에게 보내는 신호를 조작한다. 기업들은 속아 넘어가 장기 대출을 받게 되고 지속할 수 없는 프로젝트를 시작하게 된다. 새로운 돈을 많이 가진 투자자들이 주식에 투자하거나 주택을 구입함으로써 일반대중들 사이

---

19) Ludwig von Mises, The Theory of Money and Credit (New Haven, CT: Yale University Press, 1953).

에 사고파는 열기가 확산되고 과열된다.

문제는 이런 모든 활동이 환상적인 부(소득), 즉 가짜 호황을 만든다는 것이다. 낮은 이자율이 실질 저축에 기인한다면 은행 시스템은 장기 투자의 재원을 충당하기 위해 현재 소비가 희생된다는 신호를 보낸다. 이와는 달리 중앙은행이 재량적으로 이자율을 인하하면 저축이 없는데도 있는 것처럼 느끼게 된다. 생산되는 상품들이 팔리지 않기 때문에 불황이 초래되지 않을 수 없으며 현실이 파도처럼 밀려온다. 기업이 파산하고 가계는 담보물의 소유권을 상실히며 사람들은 주식이나 지난날 유행했던 투자에서 손을 떼게 된다.

가짜 돈으로 가짜 호황을 만드는 것은 역사적으로 잘 알려져 있다. 18세기 말 토마스 페인은 화폐가 국가를 '주식투기꾼'의 나라로 전락시킬 위험이 있다는 것을 목격하였다. 사실상 이러한 현상은 돈이 지폐(paper)가 아닌 경우에도 발생할 수 있다. 유명한 사례인 네덜란드 황금기의 튤립 버블은 정부가 네덜란드로 오는 모든 사람들에게 막대한 주화 보조금을 준 후 유럽 전역에 금이 유입되면서 발생하게 되었다.[20]

국제 시장은 경기변동의 호황 국면을 국제 시장이 없을 경우보다 더욱 오랫동안 지속시켜 문제를 더욱 복잡하게 만든다. 이는 외국인들이 새로운 채무를 매입해 보유하면서 그것을 자신들의 통화팽창을 위한 담보로 사용

---

20) Doug French, Early Speculative Bubbles and Increases in the Supply of Money (Auburn, AL: Mises Institute, 2009).

하기 때문이다. 그러나 결국은 그들도 가짜로 번영이 이루어진 다음 진짜로 모든 것이 붕괴되는 붐-버스트(호황-불황) 사이클의 함정에 빠지게 된다. 국제시장은 통화팽창의 불가피한 결과를 지연시킬 수는 있으나 궁극적으로 없앨 수는 없다.

연준이 설립된 1913년 당시 정부 관료와 은행가들은 이러한 문제에 대하여 잘 알지 못했다. 그러나 머지않아 연준이 경제안정보다는 경제위기를, 단기적이고 작은 붐-버스트보다는 장기적이고 큰 붐-버스트를 가져온다는 것이 아주 명백해졌다. 잘못된 경제정책에 의해 더욱 악화된 불황 중에서 가장 장기적인 것이 대공황(Great Depression)이다. 우리는 또 다른 극심한 위기의 국면으로 들어가고 있는 것 같다.

3부

나의 지적 영향들

나는 일찍부터 통화경제학에 관심을 가졌다. 1935년에 태어난 나는 대공황의 끝자락과 2차 대전 당시의 궁핍했던 상황을 기억하고 있다. 근면, 절약, 저축을 미덕으로 가르치는 가정에서 자라나 얼마 안 되는 푼돈도 가볍게 여기지 말아야 한다는 것을 일찍부터 알게 되었다. 그 당시는 정말로 구리 동전(페니) 한 닢이 상당한 가치를 지녔다.

형제들과 함께 사탕을 사러 가까운 가게에 간 적이 있다. 우리들은 각자 4페니 또는 5페니로 사탕 한 봉지를 샀다. 오늘날 미국은 구리로 페니를 만들 수 없거니와 아연으로도 만들 수 없다. 페니는 철로 만들거나 비용절감 차원에서 아예 없앨 수밖에 없다. 실제로, 페니는 오늘날 대부분의 사람들에게 성가신 골칫거리가 될 뿐이다.

우리 집 지하실에 있는 작은 우유 가게에서 아버지를 돕는 것이 우리 형제들이 처음으로 한 일이다. 덕분에 다섯 살밖에 안 된 나에게 인센티브 체제가 확고히 심어졌다. 우리의 일은 세척된 유리병들이 깨끗한지를 확인하는 일이었다. 고객들이 우유병 안에 검은 이물질을 발견하게 된다면 장사에 나쁠 것이기 때문이다. 우유병들을 컨베이어 벨트에서 내려 나무 상자에 넣으면서 더러운 병을 찾을 때마다 1페니씩 받았다. 어떤 아저씨가 병을 씻는 날에는 더러운 병을 더 많이 찾게 된다는 것을 알아차리는 데도 그리 오랜 시간이 걸리지 않았다.

이러한 경험을 통하여 노동의 중요성과 페니의 가치를 알게 되었다. 부모님은 노동의 대가를 주는 것이 좋다고 생각하지 않았지만 나는 아주 어린 시절부터 타고난 저축자였다. 저축자가 되거나 소비자가 되는 것은 타고난 성향과 관계가 있는 것 같으며 어릴 때 생긴 습관은 평생 유지된다. 1페니의 가치를 배운 어릴 때의 경험은 학비를 내야 할 때가 되었을 때 도움이 되었다.

아버지께서는 우유 그 자체에 대해 두 가지를 우려하셨었다. 첫째, 아버지께서는 수많은 농부들로부터 반입되는 우유를 일일이 시음해보는 것으로 품질을 검사하셨는데 예를 들어서, 젖소가 양파밭에 들어가서 우유가 상했다고 말씀하실 수 있을 정도였다. 둘째, 우유를 물로 희석시키지 않았는지 걱정하셨다. 시간이 지나면서 나는 우유를 물로 희석시키는 범죄가 중앙은행이 탄력적인 통화를 관리하는[재량적으로 통화량을 증가시키는] 범죄와 같다는 것을 깨달았다.

아버지께서는 동전 수집가는 아니셨지만 힘든 노동, 저축, 그리고 1페니의 가치를 잘 이해하고 계셨었다. 그러던 어느 순간부터 아버지는 페니의 앞면이 인디언에서 링컨으로 바뀐 것에 흥미를 느껴 인디언 페니를 커피 캔에 모으기 시작하셨다. 이 동전들은 분명히 우리의 우유 소매 판매로 얻은 수익에서 나왔을 것이다. 그 당시 우유 1쿼트는 15센트였다.

정확한 나이는 모르겠지만 2차 대전 중에 나는 동전 수집에 관심을 갖게 되었다. 우유를 팔고 피츠버그 신문을 배달한 소년일 때부터 일찍이 동전을 접했다. 인디언 동전 깡통은 수년 동안 부엌의 책상 위에 놓여 있었다. 1940

년대에는 이미 인디언 페니가 유통되지 않은 지 오래되었다. 그 깡통 속에 986개의 페니가 있었던 것으로 기억한다. 나는 그것들을 잘 살펴보고 종류별로 정리하곤 해서 어떤 페니가 들어있는지를 정확히 알았다.

다섯 형제들 중에서 내가 동전 수집에 가장 관심이 많았지만 "어떤 특혜도 있을 수 없다."는 아버지의 기회균등의 원칙 때문에 그 페니들은 결코 나의 것이 될 수 없었다.

내가 저축해 20달러를 갖게 되었을 때, 986페니를 20달러에 사기로 아버지와 타협을 보았다. 그것은 나에게 아주 큰 거래였지만 그 깡통 속에 상태가 좋은 1909-S가 한 개 들어 있다는 것을 알았기 때문에 당시에도 좋은 거래가 되었다. 나는 그 특별한 페니와 다른 985개 페니의 대부분을 지금도 보유하고 있다.

오늘날 페니는 대부분의 사람들에게 성가신 골칫거리일 뿐이다. 그러나 그 특별한 1909-S는 인플레이션을 쫓아왔으며 옛 동전[古錢]의 가치 때문에 가치가 더 크게 상승하였다. 내가 어린 소년일 때 동전의 희소성과 품질—옛 동전의 기본조건—이 어떻게 그것의 가치를 결정하는지를 알고 있었다. 1909-S 페니는 단지 309,000개만 주조되었다. 몇 년 후에 통화공급과 통화가치 그리고 경기변동 간의 관계를 이해하게 되었지만, 그보다 어린 시절에 이미 적은 양의 화폐주조와 화폐가치 간의 관계를 이해하였다.

2차 세계 대전 중에 나는 라디오에서 우리 모두에게 전쟁채권을 사라고 독려하는 안내 방송을 들었다. 학교에서도 우리에게 채권을 사라고 독려했고 신문에서도 채권을 사라고 독려했었다. 그렇게 하는 것이 애국적이었다.

나도 그렇게 했고 우리 가족 모두 그렇게 했다. 국민들은 10년 만기 2.9% 이자율의 25달러 전쟁채권을 사기 위해 18.75달러를 저축하였다.

수년 후에 내가 알게 된 것처럼 그것은 단지 국민들의 주의를 끌기 위한 정치적인 쇼였다. 전쟁비용은 대부분 세금과 연준의 통화발행을 통하여 충당되었다. 국채구매(Buy Bonds) 운동은 모든 사람들로 하여금 전쟁에 초점을 맞추게 하는 심리적인 수단이었다. 임금 및 물가통제와 배급으로 나쁜 상황이 더욱 악화되었지만 국민들은 모두 정부의 명령과 통제를 일사불란하게 따를 수밖에 없었다.

많은 사람들은 여전히 전쟁이 시작되어 대공황이 끝났다고 주장하고 있다. 이는 나의 개인적인 경험과 역사적 기록에서 볼 때 사실이 아니다. 전쟁으로 인한 대량학살과 재산몰수 그리고 파괴는 경제에 도움이 되지 않는다. 오히려 경제가 불경기일 때, 국가가 감당할 수 없는 전쟁으로 이어지기 쉽다는 경고가 오늘날에도 옳다. 전쟁은 대중들의 관심을 경제문제가 아닌 다른 곳으로 돌려 나쁜 정치인들에게 도움이 된다. 수백만 명이 전쟁에 강제로 동원되어 실업률이 낮아진다. 이처럼 정치적으로 편리하고 너무 자주 일어나는 모든 전쟁은 전혀 필요하지 않다.

내가 여덟이나 아홉 살 때 동전과 우표를 수집하고 그 후 채권을 사며 그 과정이 좀 복잡하고 성가시다고 생각하면서 이러한 모든 것들이 아주 이상하다고 생각했다. 왜 국가는 그것들을 필요한 만큼만 발행하지 않을까? 첫째 형에게 물어보았다. 형은 이것이 바로 그들이 하고 있는 일임을 깨닫지 못한 채 논리적으로 내게 설명해주었다. 형은 그저 "만일 국가가 그렇게 한다면 그 돈은 가치가 없어질 거야."라고 했다. 아주 단순한 설명이지만 사실이었다.

이 짧은 대화는 내가 통화 인플레이션의 과정과 물가가 어떻게 결정되는지를 이해하려고 노력한 수년 동안 나의 뇌리에서 떠나지 않았다. 통화 시스템이 재화 및 서비스 가격을 결정하는 중요한 요인이지만 유일한 요인은 아니다. 이보다 좀 더 복잡하다. 통화공급이 크게 증가하고 전쟁이 끝난 다음 물가통제가 사라진 후에야 많은 사람들이 무슨 일이 일어나고 있었는지를 알게 되었다. 물가가 1945년과 1947년 사이에 연평균 17%로 급격히 상승하였다.

2차 대전 동안 할당(배급)제가 시행되었던 기억이 있다. 기름, 버터, 고기와 같은 주요 물품을 사기 위해서는 배급표가 필요했다. 우리 가게에서 버터 1파운드를 팔았을 때 배급표를 받아야 했다. 이러한 배급제는 임금과 물가 통제가 함께 시행되었는데 이는 자유가 무엇인지 배우려는 미국 젊은이들에게 결코 좋은 교훈이 아니다! 이들 물품은 정부가 지정하여 나누어주는 배급표 없이는 자유 암시장에서 사지 않는 한 구할 수 없었다. 배급이나 금지는 그 폐해가 너무 크기 때문에 암시장과 같은 자유 시장이 필요에 의해 재빨리 생겨났다.

전쟁 중에 부족한 자원을 배급하는 것이 절대적으로 필요하다고 믿는 사람들이 분명히 있었을 것이다. 배급제가 사람들의 관심을 정치적인 목표에 집중하도록 만드는 전쟁 선전의 일부라는 것을 완전히 눈치챈 이들도 있었다. 자유 시장을 이해하는 사람들은 위기에나 물품이 부족할 때 그 어느 때보다 시장이 더욱더 필요하다는 것을 알고 있었다.

 부족한 자원을 배분함에 있어서 임금 및 물가통제는 정부가 가장 하지 말아야 할 최후의 수단이다.[21] 정부에 의한 임금 및 물가통제는 문제를 더욱 악화시킬 뿐이다. 정말로 우리는 실패로부터 많은 것을 배우지 못한다. 한국전쟁 때와 2차 대전 이후에 급조된 불안정한 금환본위(gold exchange standard)의 브레튼우즈 협정(Bretton Woods Agreement)이 붕괴된 1970년대 초에 임금 및 물가통제가 다시 시행되었다.

 아버지는 매우 엄격하셨던 것으로 기억한다. 아버지는 우리들이 규칙을 따라야만 하고 정부에게 복종해야 한다고 믿으셨다. 하지만 토요일 오후에 아버지와 함께 마을에 있는 정육점에 가면 배급표 없이도 원하는 모든 고기 부위를 가격에 맞춰 살 수 있었던 기억이 있다. 자신의 가족을 먹일 고기를 식탁 위에 올리기 위해 규칙을 어길 가치가 분명히 있었을 것이다. 이곳에서 무슨 일이 벌어지고 있는지에 대해 비밀은 전혀 없는 것 같아 보였다. 장사는 경찰서 맞은편에서 열렸었고 잘되었었다. 이는 아마도 정부의 나쁜 짓으로 인해 생긴 문제들을 자유 시장이 해결하는 것을 내가 처음으로 생생하게 체험한 사례였을 것이다.

 슬프게도 우리는 그다지 많은 것을 배우지 못했다. 극심한 경제위기로부터 탈출하려고 노력하는 오늘날까지도 정부가 재화 및 서비스 가격을 결정하는 데 계속 개입하고 있다. 위기가 심각할수록 가격결정 메커니즘에 정부가 더

---

21) Robert Schuettinger and Eamonn Butler, Forty Centuries of Wage and Price Controls (Washington, DC: Heritage Foundation, 1979; Auburn, AL; Mises Institute, 2009).

많이 개입한다. 오늘날 재화 시장과 노동 시장의 암시장 규모가 매우 크다. 우리의 재앙적인 세법(tax code)이 지하경제가 필요하게 된 원인이 되었다.

경제가 악화할수록 지하경제의 필요성은 더욱 커지게 된다. 경제적인 관점에서 보면 정치인들이 수천억 달러의 세수 손실을 입고 있다고 외치지만, 지하경제에서 이루어지고 있는 모든 활동들은 되려 이득이 된다. 시장이 기능을 멈추게 되면 지하경제는 기하급수적으로 확대될 것이다. 어떤 나라에서는 경제가 지하경제에 의해 움직인다.

제2차 세계대전 이후 경제상황이 크게 나아졌다. 내 조부모님은 가까운 곳에서 사셨는데 갖고 계신 땅을 팔아야 할지 말아야 할지 망설이고 있으셨다. 나는 아버지께서 할머니께 땅을 팔 것을 권유하셨지만 할머니께서 망설이시던 기억이 있다. 할머니께서는 돈을 걱정하셨던 것이다. 할아버지께서는 독일에서 태어나셨고 14세 때 미국으로 이민 오셔서 피츠버그에 정착하셨다. 할머니께서는 미국에서 태어나셨지만 할머니의 부모님은 두 분 모두 독일에서 오신 이민자이셨다. 1926년에 두 분이 친척을 만나기 위해 독일에 간 적이 있으셨는데 그때 1920년대에 있었던 독일의 인플레이션 이야기를 들으셨을 것이고 이것이 할머니의 생각에 영향을 미쳤을 것이라고 확신한다.

나는 할머니께서 아버지에게 하신 대답을 기억하고 있다. 할머니께서는 "돈의 가치가 떨어질 경우를 대비해서" 땅을 팔지 말고 갖고 있어야 한다고 생각하셨다. 제2차 세계대전 이후 미국의 인플레이션은 1923년의 독일 인플레이션보다 훨씬 온건한 편이었지만 그래도 할머니에게는 걱정거리였을 것이다.

전쟁이 끝난 직후에 임금과 물가 통제를 철폐하자 소비자물가가 크게 상승했는데 이 역시도 할머니의 걱정거리를 더하게 되었을 것이다. 소비자물가 상승은 전쟁비용을 충당하기 위한 인플레이션의 결과로 인해 초래되었던 것이다.

할머니께서는 독실한 기독교 신자이셨고 성경을 잘 알고 계셨었다. 할머니께서는 창세기 47장 15절을 읽곤 하셨다. "이집트 땅과 가나안 땅에서 돈이 떨어지자 모든 이집트 사람들이 요셉에게 와서 이르되, '우리에게 빵을 주소서. 우리가 어찌하여 돈이 떨어진 연고로 주의 눈앞에 죽어야 하리이까?'"

지금 우리가 직면하고 있는 문제는 이처럼 고대 이집트에서조차도 잘 알려져 있었다. 가치가 떨어진 통화는 붕괴한다. 정부는 통화를 관리할 수 없다.

달러가 서서히 은밀하게 붕괴했지만 1971년 닉슨 대통령이 금본위제를 완전히 철폐하기 이전에도 달러에 대한 깊은 우려가 있었다. 한국전쟁 중에도 1970년대처럼 인플레이션이 매우 심각하여 임금과 물가 통제로 인플레이션을 은폐했다.

오늘날 워싱턴의 정치인들은 언제나 그렇듯 인플레이션의 위험성을 의식하지 못한 채 달러나 연준의 운영에 전혀 신경을 쓰고 있지 않는다. 오히려 그들은 디플레이션을 두려워한다. **디플레이션**의 의미를 생각해 보자. 디플레이션을 통화량이 감소하는 것으로 정의하면 그 의미가 경제적으로 더욱 분명해진다. 디플레이션은 은행이 대출기준을 강화함으로써 기업들로 하여금 더욱 긴축적으로 운영하게 만든다. 또한, 채무 이자비용이 더 비싸지기 때문에 정부에 재정긴축의 압력을 가할 수 있다. 이러한 현상은 나쁜 일이 아니다.

디플레이션은 또한 물가수준이 하락하는 것으로도 정의된다. 이는 시간이 지남에 따라 돈의 가치가 상승하는 것을 뜻한다. 이것도 나쁜 일이 아니다. 1980년대 이래 컴퓨터 및 소프트웨어 산업처럼 기업은 이러한 조건에서 번창할 수 있다. 19세기 마지막 4반세기를 돌이켜 보면 구매력의 증가(디플레이션)는 자본주의가 사회의 모든 부문에 확산되어 세계 역사상 경제성장이 가장 높았던 시기에 이루어졌다.

그러므로 디플레이션은 위험이 되지 않는다. 사실 그런 '위험'에 직면하면 운이 좋은 것이다. 우리가 직면하는 진짜 위험은 그 반대다. 할머니께서 우려하셨던 것은 과하셨던 것이었고 시기상조였을 수도 있지만, 우리는 과거 독일처럼 "통화가 나빠지는" 나라의 상황을 만들고 있는 중이다. 그날이 우리 생각보다 더 가까이 왔을지도 모른다.

펜실베니아 그린트리에 있는 우리 초등학교 수위는 흥미로운 사람이었다. 적어도 내겐 그는 약간 나이 든 현자 같았다. 이 학교에 다녔던 학생들은 윌리(윌리엄 폴리)를 기억할 것이다. 그는 주방장이었고 조수도 없이 학교에서 일 년 내내 허드렛일을 하던 사람이었다. 굳이 말하자면, 여름에 우리 중에서 몇 명이 벽과 창문을 닦고 페인트칠을 할 때를 제외하고는 혼자서 일을 했다. 우리는 모두 열두 살이나 열세 살이었고 분명히 아무도 아동 노동법 같은 것을 신경 쓰지 않았을 것이다. 당시에 우리의 초창기 임금은 분명히 1달러도 안 되었다. 그 시기에 내가 약국에서 일했었는데 시급이 35센트였기 때문이다. 약국에서 일한 경험은 대학교에 진학하고 게티즈버그 대학에 있는 학생들을 위한 커피 휴게소인 불릿 홀(Bullet Hole)에서 매니저 자리를 얻게 되었을 때 놀랍게도 큰 도움이 되었다.

　윌리를 도와 일하면서 그의 철학에 대한 이야기를 들은 것은 흥미진진한 경험이었다. 어떤 면에서 보면 그가 내게 가르쳐준 삶의 교훈이 어느 선생님 못지않았을지도 모른다. 그는 내가 만난 사람 중 가장 잊지 못할 인물 후보로 꼽을 수 있다.

　윌리는 인생의 역경에 대해 이야기를 해주었을 뿐만 아니라 일종의 경찰 역할을 하기도 했다. 비록 "한낱" 수위에 불과했지만, 그는 어느 정도 징계 권한을 갖고 있었고 적어도 불량한 행동을 학교 고위 관계자에게 손쉽게 보고할 수 있었다. 그러나 그의 훌륭한 점은 우리에게 주의를 주기도 하고 충고를 하기도 했으며 특정 사건이 교장의 귀에 들어갈 때에 받게 될 중한 벌로부터 우리를 대부분 보호해주었다는 점이다. 교장은 제1차 세계 대전 참전용사였고 전투 중에 독가스에 노출되었던 탓인지 거친 목소리를 갖고 있었다. 교장은 가혹한 체벌이 옳다고 믿었다. 그래서 우리 대부분은 윌리를 믿음직한 친구로 여겼다.

　윌리가 열변을 토하며 말하던 주제가 생각난다. "은행가"들이 우리 문제의 원인이라며 여러 번 비난하는 것을 들었는데 당시에 나는 그가 무슨 말을 하고 있는 건지 전혀 몰랐고 그 후로도 몇 년 동안 그 의미를 궁금해했다. 안타깝게도 그 때는 그에게 질문할 만큼 잘 알지 못했다. 하지만 수년이 지나고 나서 몇 가지를 추측하게 되었다.

　윌리는 은퇴한 후 새로운 일을 찾아 우리 학교에 왔다. 그는 한때 유리

공장의 직공이었는데 그 당시의 이야기를 해주면서 높은 임금을 받아 상당히 좋은 마차 장비를 살 수 있었다고 말했다. 분명히 자동차가 나오기 전의 일이었다.

돌이켜보면, 1896년에는 윌리가 투표할 수 있을 만큼 나이가 충분히 많았을 것이라는 생각이 든다. 아마도 그는 브라이언(William Jennings Bryan)의 포퓰리즘과 은행가를 비난한 것에 영향을 받았을지도 모른다. 수년이 지나도록 은행가들이 경제와 정치문제를 일으켰다고 비난하던 그의 주장을 절대로 잊을 수가 없었기 때문에 나는 윌리가 1800년대 후반과 1900년대 초반의 포퓰리즘-진보주의 시대의 소산이라고 결론지었다.

브라이언은 미국의 대의명분을 옹호한 인물이 아니었지만, 앤드류 잭슨(Andrew Jackson)을 지지한 사람으로 초기부터 중앙은행의 적이었다. 그는 '황금십자가'(Cross of Gold) 연설에서 "우리에게 필요한 것은 잭슨이 그랬듯이, 조직적인 부(富)의 침해에 맞서 당당히 설 우리의 앤드류 잭슨이다."라고 외쳤다. 브라이언은 잭슨이 "은행의 음모를 분쇄하고 미국을 구했다."고 믿었다.

브라이언은 자유주의자(libertarian)가 아니었지만 강력한 은행의 이익을 공격함으로써 이들 엘리트 그룹에 대항한 역사적인 선례로 인식되었다. 오늘날 중앙은행의 운영을 공격하는 연합체는 훨씬 급진적이며 잘 교육되어 있다. 지금까지 공화당과 민주당의 리더십은 연준에 대한 어떤 공격도 잘 견뎌냈으나 현재의 금융위기에 대한 책임이 바로 연준에 있으므로 그런 상황은 바뀔 것이다. 통화 문제가 또다시 주요 정치이슈가 되고 있다.

게티즈버그 대학(Gettysburg College) 경제원론 강의실에서 오늘날 대부분의 통화는 전혀 통화가 아니며 통화 대체물(money substitutes)이라는 사실을 알았을 때 상당한 충격을 받았다. 경제는 우리 모두가 은행 장부에 기록된 수표책 종이 신용을 순환시키는 것으로 번영한다고 배웠다. 내가 온실 속의 화초 같은 삶을 살고 있었을 때 우리는 돈을 벌기 위해서 일을 하고, 각종 비용을 돈으로 내고, 수중에 돈이 많아지게 되면 그 돈을 은행에 저축하여 이자를 받는 것이라고 생각했었다. 이것이 바로 내가 잔디를 깎고 신문과 우유를 배달해서 번 페니(1센트)와 쿼터(25센트)를 운용하던 방식이다.

이제는 은행이 최소한의 돈만을 보유할 수 있다는 사실을 알게 되었다. 이러한 은행의 부분지급준비금제도를 통하여 경제성장이 촉진된다고 교수가 설명했다. 나는 이 같은 시스템에 상당한 의문을 가졌다. 어떤 면에서는 그럴듯한 속임수 같았다. 내 첫 반응은 아마도 클린턴 행정부에 있던 베갤러(Paul Begala)가 행정명령과 관련해서 깜짝 놀랄만한 것을 발견하곤 "펜 한 번 휘두르는 것만으로도 법이 만들어지다니 꽤 멋지군."이라고 반응했던 것과 비슷할 것이다. 당연하지만, 베갤러는 입법과정에서 의회의 간섭을 거치지 않고서 법안을 통과시키는 이 놀라운 지름길을 열광했다. 이것이 바로 인플레이션으로 이득을 얻는 사람들이 연준 시스템을 아주 '멋진 것'으로 여기는 이유다.

은행은 현행 통화 시스템과 부분지급준비금제도의 이점을 누리고 있다. 베갤러처럼 사기적인 통화 시스템으로부터 이익을 얻는 수혜자들은 돈을 손쉽게 얻을 수 있어 좋다. 부자가 되려는 수혜자들의 계획은 반드시 실패할 수밖에 없지만 그런 계획이 실패한 후에도 그들의 기대는 똑같이 유지된다. 그들은 매우 중요한 공공서비스를 제공하기 때문에 공적자금으로 계속 지원을 받아야 한다고 주장한다. 그러나 이번에는 납세자들이 직접 부담하는 구제금융을 통하여 지원이 더욱 직접적으로 이루어지고 있다. 이러한 원칙이 한번 만들어지면 지원을 기다리는 줄이 점점 더 길어져 거의 모든 사람들이 지원을 요구하게 된다.

금융에 대한 불신은 1950년대 대학 강의에서부터 갖기 시작했다. 잘못된 금융 시스템이 오랫동안 지속되었으며 이제 우리는 그 대가를 치르고 있다.

1960년대에 루트비히 폰 미제스(Ludwig von Mises), 프리드리히 하이에크(F. A. Hayek), 머레이 라스바드(Murray N. Rothbard), 한스 센홀즈(Hans F. Sennholz)와 같은 오스트리아학파 경제학자들의 저서를 접하고 내가 찾던 답을 찾기 시작하였다. 전문가들조차도 통화의 본질과 경기변동을 충분히 이해하는 데 수세기가 걸렸다. 불행히도 정부 관료와 은행가들은 수십 년 전에 알려진 통화에 관한 진실을 여전히 부정하고 있다.

미국 공군에서 외과 의사로 복무하면서 캘리(Kelly) 공군기지에 주둔할 때 옆에 있던 동료 내과 의사가 통화 시스템에 대한 실질적인 내용을 가르쳐주었다. 그는 경화(hard money)를 이해하고 있었으며 절약과 자립을 가르쳐주는 몰몬교의 영향을 받았다. 나는 그가 정기적으로 유통되지 않는 은 달러를 사고판다는 사실을 알게 되었다. 그 당시 은값이 온스 당 1.21달러 이하였으므로 은 달러를 사서 그것을 녹여 은 상품으로 팔 인센티브는 없었다. 그러나 그는 정상적인 가격에다 프리미엄을 지불하고 있었다. 추가적인 비용은 적었지만 은행에서 통상 1.00달러에 구할 수 있는 은 1달러를 1.05달러로 지불하는 것이 좀 이상하다고 생각되었다. 그렇게 5%를 추가로 지불하는 것은 유통되지 않는 동전을 얻는 비용이었다.

은 달러를 모으는 친구의 직감이 옳았다. 그로부터 몇 년 후인 1965년에 주화에서 은이 제거되었다. 케네디 하프 달러(Kennedy half-dollars)를 아주 많이 주조하도록 해서 시장을 포화시켜 주화가 유통에 남아 있게 하겠다던 린든 존슨(Lyndon Baines Johnson)의 주장도 틀렸다. 존슨은 그레샴의 법칙(Gresham's law, 정부에 의해 과대평가된 화폐(악화)는 저평가된 화폐(양화)를 몰아낸다는 법칙)을 이해하지 못했다. 그가 기록적으로 많은 양을 주조했음에도 불구하고 주화들은 더욱 빠르게 유통에서 사라졌다. 은값이 결코 온스당 1.21달러 이하로 떨어지지 않으므로 케네디 하프 달러는 거의 유통되지 않았다.

그때 알게 된 또 다른 의사는 주기적으로 라스베이거스에 가서 한 보따리의 은화 달러를 갖고 오곤 했다. 그는 그것들을 액면가로 구했다. 당시에 카지노 슬롯머신에서는 은화 달러가 여전히 유통되고 있었다. 실제 은화 달러가 쓰이는 것을 보고 듣는 것이 대단히 매력적이지 않을까? 신용카드, 지폐, 그리고 토큰이라니 얼마나 따분한가! 심지어 나는 도박을 하지 않는데도 말이다.

1971년 8월 15일 발생한 통화사건으로 인해 내가 정계에 입문하게 되었다. 그날 일요일 저녁 "이제 우리는 모두 케인지안이다."[22]라고 공언한 리처

---

22) 1971년 닉슨 대통령이 "이제 우리는 모두 케인지안이다(Now, we are all keynesian)!"라고 공언한 말은 케인즈의 영향력을 보여주는 예다. 그러나 공교롭게도 닉슨이 이 말을 한 때부터 케인즈의 영향력은 줄어들기 시작했다. 특히 1980년대 초부터 약 20년간 케인즈는 낡은 경제정책을 비판하는 수식어로 쓰일 정도로 '죽은 개' 취급을 당했다.

드 닉슨(Richard Nixon) 대통령이 미국 달러를 보유하는 외국 정부에 대하여 금 1온스당 35달러의 환율로 금을 지급해준다는 공약을 미국 정부가 더 이상 이행하지 않는다는 폭탄선언을 하였다. 이에 더하여 10% 수입관세와 함께 임금 및 물가통제 조치를 취했다. 이러한 조치로 인해 시장이 붕괴할 수밖에 없었지만, 그런 조치에 대하여 상공회의소가 즉각적으로 지지를 표명하자 주식 시장이 급등하였다. 문제는 조금 후에 발생하여 십 년 동안 지속되었다. 주식 시장 랠리(상승)는 곧 용두사미로 끝이 났다.

이는 미국 달러에 대해 금으로 뒷받침한다는 미국 정부의 공약을 세 번째로 위반한 것이다. 링컨 대통령이 남북전쟁 시기에 첫 번째로 달러에 대한 금지지(gold backing) 공약을 위반했으며, 루즈벨트(FDR) 대통령이 1933년 미국인들로부터 금을 몰수하고 미국인들이 금을 소유하는 것을 불법화하였다. 루즈벨트는 금을 온스당 20달러로 몰수하여 35달러로 재평가했다. 정부가 국민들을 희생시켜 이익을 얻었다.

이러한 과정에서 미국 정부가 얻은 이익은 초기 외환안정기금(Exchange Stabilization Fund)의 재원을 충당했으며 외환안정기금은 오늘날에도 여전히 운영되고 있다. 이 기금은 의회의 감사를 제대로 받지 않는 비밀스러운 부정자금(slush fund)[비자금]이며 최근의 구제금융에 이미 500억 달러를 사용하였다. 외환안정기금은 독립채산제로 운영되며 재무부로부터 충분한 이자를 얻어 마음대로 사용할 수 있다. 외환안정기금법에 따르면 여전히 금 시장에 개입하는 것도 허용되어 있다. 나는 실제로 이 기금이 금 시장에 개입하고 있다고 의심하고 있다.

불행하게도 법원은 루스벨트가 국민의 재산을 불법적으로 빼앗은 것을 옹호했고 민간이나 정부의 채권 보유자들에게 금으로 지급하겠다는 정부의 모든 약속을 무효화하는 판결을 내렸다. 계약을 고의적으로 파기하지 못하도록 보호하는 것을 연방정부의 책임으로 규정하고 있는 연방헌법 1조 10항은 이제 사문화되었다.

1971년 8월 15일은 미국 달러의 역사에서 중요한 사건이 일어난 날이다. 여러 측면에서 미국 정부가 통화적인 약속을 이행할 수 없는 즉, 지급불능 상태에 있음을 의미하는 것이었다. 전 세계적으로 달러투매 사태가 일어났으며 미국은 지급을 거절하였다. 불환 달러본위제도가 브레튼우즈의 준 금본위제도를 대체하였다. 예상치 못한 일은 아니었다. 브레튼우즈 협정의 실패는 오스트리아학파 경제학자들, 특히 뉴욕타임스[23]의 사설란에 기고하고 있던 헨리 해즐릿(Henry Hazlitt)에 의해 일찍부터 예상되었다. 오스트리아학파 경제학자들은 또한 새로운 종이(지폐)본위제도하에서는 금융 시스템이 안정될 수 없음을 이미 1971년에 간파하고 있었다.

새로운 지폐 체제로 전환한 것은 전 세계적으로 완전히 지폐의 세계로 빠져든 역사상 전례 없는 실험이었다. 달러를 아무것도 뒷받침하지 않는 상황에서 미국인들은 어떤 외부 규율도 없이 재량적으로 달러를 관리하는 연준에 완전히 의존하게 되었다. 혼란이 극심했다. 달러가 급락하고 이자율이 지속적으로 상승하며 물가 인플레이션이 1970년대의 주요 문제가 되었다.

---

23) Henry Hazlitt, From Bretton Woods to World Inflation (Washington, DC: Regnery, 1984; Auburn, AL: Mises Institute, 2009).

그러나 가장 인상적인 것은 오스트리아학파 경제학자들이 오래전에 예상한 것이 옳은 것으로 판명된 것이다.

이러한 1971년 사건의 중대성으로 인해 나는 1974년 의회선거에 출마하게 되었다. 텍사스는 여전히 민주당 주였고 24명의 하원의원 가운데 공화당원은 3명뿐이었다. 내가 출마한 지역은 공화당이 한 번도 이기지 못했다. 1974년에도 텍사스는 여전히 민주당 지역이었다.

나의 첫 승리는 1976년 봄 특별선거에서야 찾아왔다. 그때 나는 통화정책과 계속 커져 가고 있는 연방정부에 어떤 관계가 있는지에 대해 논의할 토론회를 갖고 싶어 안달이 나 있었다. 통화정책과 자유의 메시지를 전파하려는 이 노력이 정치에서 일종의 커리어로 이어지게 될 거라고는 다른 사람 못지않게 나도 놀랐다. 지역구를 위해 산타클로스나 심부름꾼의 역할을 하지 않으면 미국 의회선거에서 이길 수 없다고 믿었다. 아내 캐롤은 내가 의회선거에 출마하면 위험할 수 있다고 경고했다. "당신이 당선될 수도 있어요."라고. 나는 아내의 염려를 대수롭지 않게 생각했고 당선이 될 거라고는 전혀 기대하지 않았다. 너무 놀라워 기쁨을 감출 수가 없었다.

1970년대 사건들이 매우 중대하였지만 지금 우리가 직면하고 있는 금융혼란은 그때보다 훨씬 더 심각하다. 많은 오스트리아학파 경제학자들이 예상한 것보다 불환통화 시스템이 더욱 오래 유지된 것은 단지 금융버블, 채무, 악성투자, 그리고 글로벌 불균형이 그만큼 더 심각하다는 것을 의미할 뿐이다.

이러한 과거 37년 동안의 통화정책 실패들을 바로잡기 위해 시장은 모든 노력을 다하였다. 연준은 단지 최소한으로 바로잡을 수 있었을 뿐이고 결국 현재의 대재앙(BIG ONE)을 초래하게 되었다. 이는 우리가 좀 더 빨리 깨닫지 않으면 1930년대 대공황보다 더 심각한 세계공황이 야기될 것임을 의미한다.

미국은 정말로 위험한 시기에 처해 있다. 브레튼우즈 체제 말기에 요구되었던 것과 같은 새로운 통화체제를 고안해야 할 것이다. 1944년의 옛 협정으로 되돌아갈 수는 없다. 오늘날 여전히 희망적인 관측이 있지만 전 세계가 30년 이상 맹목적으로 받아들인 불환 달러본위제도는 쇠퇴하고 금융구조는 붕괴하고 있다. 지금 우리가 결정하는 것은 향후 수십 년 동안 미국 시민들의 후생에 지대한 영향을 끼칠 것이다. 1971년 8월 15일 후에 채택된 불환 달러본위제도로 돌아갈 수는 없다. 1970년대에 주류 경제학자들은 물가가 급등하는 가운데 경기가 침체되어 있는 현상을 이해하기 어려웠다. 이러한 경기침체 하에서의 인플레이션 현상을 설명하기 위해 스태그플레이션이라는 새로운 용어가 만들어졌다.

나는 1970년대 말에서부터 1980년대 초까지 하원 은행위원회에 소속되어 연준 의장 아더 번즈(Arthur Burns), 윌리암 밀러(William Miller), 폴 볼커(Paul Volcker)를 모두 만났다. 세 명 중에서 볼커와 가장 많이 의견을 나누었다. 그는 최근의 연준 의장 앨런 그린스펀(Alan Greenspan)과 벤 버냉키(Ben Bernanke)를 포함한 다른 연준 의장들보다 더욱 품위가 있고 현명했다. 1997년에 시작된 내 두 번째 의회 재임 기간 동안에도 그들에게 질문할 기회를 가질 수 있었다.

1980년 주요 은행입법인 통화관리법(Monetary Control Act)이 통과되었으며 많은 사람들이 그것을 1980년대의 저축대부조합 위기의 서막으로 간주했다. 나는 의회 청문회에서 지급준비율을 제로로 낮출 수 있는지, 그리고 연준이 외국 채무를 포함하여 어떤 자산이라도 살 수 있는지, 내가 항상 관심을 갖고 있던 문제에 대하여 볼커 의장에게 질문하였다.

볼커는 이와 같은 내 견해를 단념하도록 설득하기 위해 비공개 조찬에 나를 초대했다. 내 비서실장인 류 락웰(Lew Rockwell)도 나와 함께 그 조찬에 동행했다. 재미있게도, 우리는 일찍 도착해 볼커의 보좌진과 대화하고 있었는데 그때 볼커가 도착했다. 볼커는 나와 류에게 인사를 건네기도 전에 보좌관에게 황급히 다가가서 "금값이 얼마지?"라고 물었다.

당시에 금값이 급등하고 있었고 국제 외환시장에는 인플레이션과 달러 가치에 대해 깊은 우려가 있었다. 나는 중앙은행이 항상 금값을 주시하고 있다고 믿는다. 이는 많은 사람들이 알고 있는, 장기적으로 통화의 건전성에 대한 최선의 기준이 금값이라는 사실을 중앙은행이 알고 있기 때문이다.

중앙은행이 범하는 오류는 심지어 금값을 인위적으로라도 억제할 수 있게 된다면 통화와 은행 시스템에 대한 믿음을 줄 수 있을 것이라고 믿는 것이다. 자유 시장에서 금값이 상승하는 현상을 인위적인 수단에 의해 억제할 경우 일시적으로만 유효할 수 있다. 시장이나 필요한 경우에는 암시장에서 항상 모든 것의 실질가격이 결정된다. 인위적으로 금값을 고정(안정)시키면 결국 무너질 것이다.

이것이 바로 1971년에 발생한 사건이다. 1960년대에 온스 당 35달러에 5억 온스의 금을 쏟아부었지만 달러의 평가절하를 막지 못했다. 여전히 중앙은행은 금의 달러 가격을 단호히 억제하려고 하였다. 볼커는 인플레이션을 억제하는 사명을 띠고 연준 의장에 임명되었으며 분명히 금값에 큰 관심을 보였다. 당시 연준은 더 이상 금값을 영원히 '고정'시킬 수 있는 것처럼 주장하는 것을 오래 전에 포기했으므로 금값이 그에게 중요한 시험대였다. 물론 1971년 연준이 금 창구(gold window)를 폐쇄함으로써 금값을 고정시키려는 노력을 그만두었다.

1971년 재무부 차관이었던 볼커는 금에 관한 이러한 정책들이 과연 옳은 것인지 의구심을 표했었다. 2008년까지만 해도 볼커와의 일상적인 대화를 통해 이러한 우려들을 확인할 수 있었지만, 그는 금본위제도가 오늘날의 문제에 대한 해답은 아니라고 확신했다.

조찬은 잘 진행되었고 그는 아주 친절했다. 그린스펀은 결코 나를 조찬에 초대한 적이 없었으며 또한 조만간 버냉키와 비공개 조찬에서 토론할 수 있을 것으로 기대하지도 않는다. 아침 식사가 끝난 후 볼커는 통화 시스템에 대한 나의 견해가 옳다고 동의하였다. 그는 결코 지급준비율을 그 정도(제로)까지는 낮추지 않을 것이며 가치 없는 자산을 사들이지도 않을 것이라고 확약하였다. 그가 실제로 1970년대에 천정부지 치솟던 인플레이션을 억제하기 위해 금리를 대폭 인상했던 것처럼 연준이 재량적으로 지급준비율을 올릴 수 있는 권한을 갖기를 원했었다고 주장하였다. 우리가 조찬을 마치고 떠날 때, 나는 볼커가 그런 극단적인 권한을 사용하리라고 생각하지는 않지만, 미래 누군가 그것을 남용할 수 있다고 말했었다. 그 미래가 지금이다.

버냉키가 연준의 극단적인 권한을 오용했으며 많은 의회권한이 연준에 의해 침해되었다. 그러나 의회는 이러한 상황에 대하여 아무런 대응도 하지 않았다. 오늘날 연준은 의회가 거의 이해하지 못하는 불길한 권한을 갖고 있다. 연준이 근본적으로 어떤 감시나 감독을 받지 않을 뿐 아니라 회계감사도 받지 않는다. 연준은 연준법(Federal Reserve Act)에 의해 보호된다. 그렇기 때문에 연준 의장은 연방공개시장 위원회(Federal Open Market Committee) 회의 그리고 다른 중앙은행들과 공모하여 취하는 조치 등에 관한 질문에 답변할 의무가 없다. 연준은 수조 달러를 새로 만들어 경제에 투입할 수 있지만 그로 인해 누가 이익을 보는지 밝힐 필요가 없다. 소송을 제기하거나 정보의 자유를 요구하더라도 그런 정보를 얻지 못할 것이다.

통화 시스템을 관리하는 사람들의 태도를 오만하다거나 건방지다고 하는 것은 순화된 표현이다. 연준에서 나온 수조 달러가 어디로 갔는지 밝히도록 종용받았을 때 버냉키는 "우리는 정보를 밝히는 것이 역효과를 초래할 것이라고 생각한다."고 대답했다.[24]

1960년대 초 하이에크(F.A.Hayek)의 《노예의 길》(The Road to Serfdom)을 읽으면서 오스트리아학파 경제학에 처음으로 접하게 되었다. 하이에크는 브레튼우즈 체제가 붕괴한 후 금융혼란이 한창 심할 때 경기변동에 관한 업적으로 1974년 노벨상을 받았다. 그는 일종의 복합(바스켓) 통화가 리저브로 충분하다는 견해와 함께 시장에서 발달된 경쟁적인 통화에 관한 연구로 잘 알려져 있다. 나는 복합(바스켓) 통화 아이디어를 선호하지는 않지만, 만일 그것이 정부 기관이 아닌 곳에서 개발되고 사기가 개입되지 않는다면 효과적일 수 있다는 견해에는 항상 동의하였다. 이는 확실히 정부의 불환화폐보다

---

24) 〈버냉키는 연준의 대출에 대하여 상세히 밝히지 않을 것이라고 말한다〉, 《Bloomberg.com》 (2008. 11. 8) Steve Matthews 및 Craig Torres의 기사.

우수할 것이다.

《노예의 길》을 읽은 후에 수년이 지난 1980년쯤 워싱턴에서 하이에크의 강의를 듣는 행운을 가졌다. 그 강의가 끝난 후 우리는 함께 저녁 식사를 하며 몇 시간을 보냈다. 지금까지도 생생히 기억하고 있는 이 만찬은 오스트리아 경제학파에 대한 나의 관심과 확신을 공고히 하게 하였다.

일찍이 나는 휴스턴 대학(University of Huston)에서 루트비히 폰 미제스(Ludwig von Mises)의 강의를 들은 적이 있다. 아마도 그가 죽기 1년 전인 1972년경이었을 것이다. 그 당시에 나는 진료로 인해 매우 바빴지만 미제스가 평일에 대학교에서 강의한다는 내용의 조그마한 신문광고를 보게 되었다. 나는 레이크 잭슨 마을에서 이런 특별한 행사에 관심을 가질 만한 의사가 나 말고 딱 한 명, 헨리 메이(Herny May) 박사뿐이라는 것을 알고 있었다. 나는 그에게 전화를 걸어 미제스의 강의를 듣기 위해 50마일을 달려갈 의향이 있는지 물어보았고 우리는 병원 일정을 조정하여 강의에 참석하였다.

당시 미제스는 고령이었지만 예리했다. 그의 강의 주제는 사회주의였는데 자본재의 가격을 결정하는 자유 시장이 존재하지 않으므로 사회주의는 항상 실패할 수밖에 없다고 주장하였다. 휴스턴 강의가 그의 마지막 순회강연이 되었다. 미제스는 92세의 일기로 1973년 10월 10일 사망했다. 놀랍지 않게도 휴스턴 대학교는 미제스에게 명망 있는 사람으로 대접해주지 않았다. 강의는 적당한 크기의 교실에서 열렸지만 청중이 넘쳐났다. 그 당시 오스트리아학파 경제학은 이제 막 소개되기 시작했지만 많은 사람들이 진짜 경제학을 몹시 갈망하고 있었다. 1970년대 초에는 정말로 혼란스러웠고, 금값이 치솟고 달러가치가 점점 떨어지면서 사람들은 그 해결책을 찾고 있었다. 물론 오늘날 그 문제들은 훨씬 더 심각하고 해결책이 더욱 절실히 요구된다.

적어도 내게는, 미제스의 강의를 직접 듣기 위해 휴스턴에 갔던 그 여행이 큰 영감을 주었다. 20세기의 역사가 최종적으로 쓰여질 때 미제스는 금세기 최고의 경제학자는 아니더라도 가장 위대한 경제학자 중 한 명으로 꼽힐 것이라고 생각한다. 가까운 시일 내에는 그런 올바른 평가를 기대하기 어렵다. 경제위기에 책임 있는 당국이 기존의 시스템을 구출하기 위해 온갖 노력을 하면서 어떻게 그들이 우리가 직면하고 있는 모든 문제들을 초래했는지에 대해 완전히 부인하고 있기 때문이다. 워싱턴과 마찬가지로 대학들도 중앙은행을 폐지하고 건전통화를 도입하는 것을 전적으로 반대하는 케인지안과 사회주의자들로 가득 차 여전히 혼란스럽다. 그러나 상황이 변하고 있다. 자유의 원칙을 다시 강조하는 우리가 거부하여 암흑의 시대로 빠지지만 않는다면 오스트리아학파 경제학자들이, 특히 미제스가 앞으로 50년 후에는 정당한 평가를 받게 될 것이다.

오스트리아학파 경제학, 특히 통화정책에 대한 나의 관심은 자연스럽게 미국에서 금을 합법화하기 위한 지속적인 노력으로 이어졌다. 1933년 4월 5일 루즈벨트 대통령의 명령으로 미국인들이 금을 소유할 수 없게 되었다. 1970년대 소련을 포함하여 오직 세 나라에서만 국민들의 금 보유가 금지되었다.

루즈벨트는 1933년 행정명령(6102호)를 통해 옛 동전 수집과 같은 사소한 예외를 제외하고 개인이 보유하는 모든 금을 몰수하였다. 이 명령을 위반한 사람들은 10,000달러—오늘날 40만 달러에 상당하는 금액—의 벌금이나 10년

징역에 처했다. 이는 많은 해악을 끼친 상당히 대담하고 오만한 조치였다.

오늘날 의회는 전형적인 정책으로 대통령의 행정명령, 서명 성명(signing statements), 사법적 입법, 그리고 기관의 규제 등을 모두 허용한다. 비록 금을 몰수하는 중대한 사건이었으나 불만은 최소한에 그쳤다. 대공황으로 인한 경제위기를 해결해야 한다는 위기 분위기와 정부에 대한 필요성 때문에 루스벨트의 권한 남용에 대하여 어떤 불만도 토로하기 어려웠다.

지금의 위기는 1930년대 겪었던 고통보다 훨씬 더 심각한 상황으로 진전될 가능성이 크다. 이러한 9/11 후의 분위기에서 정부가 얼마나 많은 권한을 남용할 것인지 추측할 수 있을 뿐이다. 한 가지 의문은 미국 국민들이 저항할 것인가, 저항한다면 언제 저항할 것인지가 문제다.

루즈벨트의 행정명령은 결국 철폐되었는데—그것을 취소할 수 있는 대통령에 의해서가 아니라, 마침내 민초들(grassroots)에 의해 가해지는 압력에 대응하는 의회에 의해서 철폐되었다. 1975년 1월 미국인들이 다시 금궤 동전을 소유할 수 있게 되었다.

이러한 결과는 상당 부분 금 합법화 전국 위원회를 만들고 오직 금 합법화만을 추진하기 위해 뉴스레터를 발행한 짐 블랜차드(Jim Blanchard)의 공적으로 돌려야 한다.

흥미롭게도 (그리고 우리는 내 대통령 선거 운동 중에도 이 이야기를 상기시켜주었다) 그는 1973년 닉슨 대통령의 취임행렬 위로 "금을 합법화하라(Legalize Gold)!"고 쓴 깃발을 양 날개(복엽) 경비행기에 끌고 다녔다. 보다 자유로워진 미국! 오늘날이라면 아마 그 비행기는 저격을 당해 추락했을 것이다. 포드 대통령이 금의 소유권을 다시 허용하였다. 당국은 이 조치를 크게 두려워했는데 금 '가격'이 통화의 가치를 궁극적으로 판단할 수 있는 시금석이기 때문이다. 1960년대 대략 5억 온스의 금을 쏟아부었지만 달러의 투매를 막지 못했으므로 국제적으로 당국들이 '금 사재기'를 하는 '투기꾼들'을 단호히 처벌하기로 하였다.

1971년에서 1975년 사이에 금 가격은 온스당 35달러에서 195달러로 올랐고 미국인들이 금 시장에 들어오게 되면 가격이 더 오를 것이라는 기대감이 있었다. 그러나 예상된 가격상승이 이미 반영(할인)되어 거래자들이 금을 팔려고 함에 따라 금값이 195달러에서 급락하여 1976년 8월 30일 102달러까지 떨어졌다. 그러나 이렇게 큰 폭의 조정은 단순히 거래자들에 의해서만 이루어지지 않았다. 미국 재무부와 IMF가 공동으로 수 톤의 금을 시장에 공급하여 금값을 하락시키기 위해 노력함으로써 가격하락에 더 큰 압력을 미쳤다. 그러나 분명히 그것은 오래 지속되지 않았으며 금값은 다시 상승하기 시작했다.

오늘날까지도 정부와 중앙은행들은 금값을 통하여 달러가 얼마나 약세인지 드러나지 않도록 크게 주의를 기울인다. 최근 중앙은행들이 지속적으로 금을 매각해왔다. 그리고 나는 대통령 직속 금융시장 실무그룹인 "증시폭락방지팀(Plunge Protection Team)"이 금시장에도 개입하여 금값을 억제하고 있는 것이 아닌지 매우 강한 의심이 든다.[25] 2008년 11월 버냉키는 금융위원회

---

25) 미국에는 공개 시장 위원회(FOMC)와 같은 공시적인 조직 외에 '증시붕괴방지팀'이라는 비공개조직이 재무부 내에 있다. 이 팀은 1987년 증시 폭락과 같은 사태를 방지하기 위해 만들어진 조직으로 재무부 장관이 팀장이며 팀원으로는 연준 의장 외에 연방증권관리 위원회(SEC) 및 상품선물거래 위원회(CFTC) 위원장이 있다. 이들은 백악관 경제자문 위원회(NEC), 뉴욕 연준과의 긴밀한 협조하에 '증시감시시스템(MSS)'을 상설적으로 가동하며 '레드 북'이라고 불리는 위기상황에 대비한 '비상플랜'을 갖고 있다.

청문회에서 내게 다른 중앙은행가들과 금에 대해 논의할 때는 오직 매도 목적일 때뿐이고 새로운 통화협약에서 금이 준비금 역할을 할 수 있다는 장점은 고려하지 않았다고 인정한 바가 있다.

1975년 금 소유가 합법화되기 전 많은 금 애호가들이 금을 매입했다. 나는 브레튼우즈 협정이 붕괴한 직후에 처음으로 금을 구입했다. 옛 동전으로 여겨졌던 1947년 이전에 발행된 주화를 구매함으로써 그 법을 피해 갈 수 있었다. 멕시코는 1.2온스의 금에 1947년이라고 새겨진 아름다운 멕시코 50페소를 주조하여 미국인들에게 공급했다. 그 당시 인플레이션 헤지 수단으로 매입한 동전들을 지금도 소유하고 있는데 그것들은 거의 합법적인 고전들이 될 것 같다.

블랜차드는 거의 혼자서 금 소유권을 합법화하기 위한 노력을 성공적으로 이끌었다. 그는 제1회 골드 콘퍼런스를 1974년 뉴올리언스에서 개최했다. 그 회의에 나도 참석하였다. 참석인원이 소수에 불과할 것으로 예상했지만 700명이 넘는 사람들이 모였다.

그곳에서 나는 연사 중 한 명이었던 한스 센홀즈를 만났다. 센홀즈는 미제스의 지도 아래에서 박사학위를 취득한 6명 중 한 사람이다. 나는 센홀즈와 여러 해를 거치면서 친분을 쌓게 되었고 그가 경제학과장이었던 그로브 시티 대학(Grove City College)에서 열린 행사에 참여하기도 했다. 센홀즈는 1974년 내 선거 유세 캠페인에도 와주었는데 당시에 금과 연준에 대해 별다른 관심이 없던 캠페인 매니저가 몹시 당황하던 기억이 있다. 그로브 시티 대학에서 퇴직을 하고 경제교육재단(Foundation for Economic Education: FEE) 이사장이 되었을 때 센홀즈는 나를 이사회에 합류시켰고 그 덕분에 뉴욕 허드슨 강변의 어빙턴(Irvington)에 있는 FEE본사에 방문한 적이 있다.

1974년에 FEE 설립자인 레너드 리드(Leonard Read)를 만나고 그를 매우 존경하게 되었다. 그는 2차 세계대전 이후 자유 운동을 지속시키고 많은 사람들이 이 중요한 노력에 동참하도록 독려하는 데 큰 역할을 했다. 레너드는 정치보다 교육에 훨씬 더 많은 관심을 가졌다. 그럼에도 불구하고 내가 의회에 있을 때도 그는 나를 몇 번이나 FEE에 초대했다. 나는 그가 나의 의회 입성을 기뻐했을 것이라 확신하지만, 그 역시 나와 마찬가지로 교육이 정치를 변화시키는 중요한 열쇠라는 점을 이해하고 있다. 나는 교육이 가장 중요하다고 말하는 사람들에게 아무런 문제가 없다고 생각한다. 그러나 궁극적으로는 이론적 철학이 정치적 행동으로 옮겨져야 한다고 생각한다. 그리고 바로 그것은 미국 건국자들이 했던 일이다.

이와 관련하여 미제스는 "인류사회의 번영은 건전한 사회 및 경제이론을 만드는 뛰어난 사람들의 지적 능력과 이데올로기(이념)를 대중들이 쉽게 이해할 수 있도록 만드는 사람들의 능력에 달려 있다."라고 주장하였다.[26]

내 생각에 정치 지도자들은 대중들이 받아들일 수 있는 이념을 만들어야 한다. 물론 복지와 사회주의의 이념은 대중들이 공짜로 무엇을 얻는다는 것을 전제하고 있으므로 선전하기가 쉽다. 그러나 사람들이 그것은 단지 일시적인 상황임을 깨달을 때, 국가주의가 파산하였음을 인식하고 자유가

---

26) Ludwig von Mises, Human Action (New Haven, CT: Yale University Press, 1949), p. 863.

더 많은 것을 가져다준다는 것을 더 열린 마음으로 받아들일 것이다. 날이 갈수록 이러한 상황이 더욱 분명해지고 있다.

어떤 이념을 대중들의 마음에 이끌리게 하기 위해서는 그들이 그것을 받아들임으로써 자신들의 이익에 가장 도움이 된다는 것을 깨달아야 한다. 자유에 관하여 말하자면 자립, 자유 시장, 사유 재산, 건전통화, 계약준수 등이 번영, 평화, 행복에 필수불가결하다는 것을 받아들여야 한다.

중앙집권적인 경제계획과 잘못된 공약들은 거부되어야 한다. 원칙적으로 사람들은 정부의 권력을 그들 자신을 위하여 사용하려는 유혹을 항상 거부할 것이다. 또한 거짓, 사기, 힘에 의한 번영은 단지 일시적으로만 이루어질 수 있다는 것을 깨달을 때 그러한 번영을 거부할 것이다. 정부의 힘을 통하여 부(소득)를 이전하는 것은 저절로 억제될 것이다. 부채와 인플레이션을 통하여 만들어지는 부는 항상 고통을 가져온다. 우리의 '건전한 사회 및 경제이론'이 대중들에게 받아들여질 때가 되었다.

나는 20세기의 위대한 오스트리아학파 경제학자 중 한 사람인 머레이 라스바드(Murray Rothbard)를 가장 잘 알고 있다. 내 첫 의회 재임기간(1976~1984)에 미제스 연구소(Mises Institute)의 설립자인 류 락웰이 내 비서실장을 맡고 있었는데, 우리는 1979년에 머레이에게 연락하여 워싱턴으로 초청했다. 그의 첫 방문 때 머레이는 우리 사무실이 돌아가는 모습을 보며, 한 의회 의원이 헌법적인 관점에서 각 입법의 세부내용을 이해하려고 부던히 노력하는 것을 보고 놀랐다고 말했던 기억이 있다. 또한 내가 그의 논문인 〈금과 불환통화의 변동환율〉(Gold and Fluctuating Fiat Exchange Rates)을 읽은 사실을 알고 놀라움을 금치 못했던 기억도 있다. 이렇게 첫 만남을 계기로 머레이는 락웰과 함께 여러 프로젝트에 동참하였으며 그중 가장 중요한 프로젝트는 미제스 연구소의 설립이었다.

머레이는 훌륭한 선생이었으며 나는 그의 고전적 저서 《**정부는 우리의 화폐에 무슨 일을 해왔는가?**》[27] 그리고 《**미국의 대공황**》으로 경제학에 눈을 뜨게 되었다고 자주 말하였다. 공화당 성향의 가정에서 자란 나는 후버 대통령의 실패는 민주당 의원들이 협조하지 않았기 때문이라는 말을 믿으면서 살아왔다. 머레이는 후버 역시 루스벨트와 똑같이 잘못된 경제간섭 정책을 지지했고, 두 사람 모두 공황을 장기화시킨 책임이 있으며 1920년대 연준의 심각하게 잘못된 통화정책으로 인해 공황이 촉발된 것이라고 철저하게 반박했다.

워싱턴의 지배층이 지금 읽어야 할 책이 한 권 있다. 그것은 다름 아닌 라스바드의 《**미국의 대공황**》이다.[28] 이 책에서 연준이 1920년대 말 호황을 만든 후에 불황을 야기하고 후버 대통령의 개입으로 대공황이 장기화되었다고 설명하고 있다. (흥미롭게도 머레이는 1981년 금 위원회(Gold Commission)가 회의 중이었을 때 내 의회 참모로 활동했다.)

머레이는 사업가 버튼 블루머트(Burt Blumert), 류 락웰(Lew Rockwell)과 함께 내가 1988년 대선에 자유당(Libertarian) 후보로 출마하기로 한 결정에 영향을

---

27) Murray N. Rothbard, What has Government Done to Our Money? (Auburn, AL: Mises Institute, 2005, 1963).
28) Murray N. Rothbard, America's Great Depression (Auburn, AL: Mises Institute, 2009, 1963).

주었다. 그 프로젝트는 다른 프로젝트처럼 좌절과 부족함으로 가득했지만 우리는 자유를 위한 사례를 구축하는 데 있어서 가치가 있는 노력이라고 여겼다. 물론, 1988년의 메시지에 대한 반응은 2008년 경선 당시에 받은 열정적인 반응에 비하면 미미했다. 상황이 크게 변했다. 그러나 선거 과정이 양당 체제에 의해 독점적으로 통제되는 상황에서 공화당과 자유당의 접근 방식도 하나의 요인으로 작용했다. 오늘날은 우리의 자유사상이 더 널리 받아들여질 수 있는 비옥한 토양을 가지고 있다. 지난 20년 동안 많은 씨앗이 뿌려졌고 이제 그 노력이 결실을 맺고 있다.

1995년 1월 7일 머레이가 사망하기 전, 나는 그에게 1996년 의회 선거에 다시 출마할 계획을 전하기 위해 전화를 걸었다. 그는 아주 기뻐하며 격려해주었다. 머레이는 리드와는 달리 공화당이든 자유당이든 또는 그가 특정 시점에 흥미를 느끼는 것이라면 무엇이든 간에 정치 자체를 무척이나 좋아했다. 그는 내 관심사 밖인 자질구레한 당내 싸움까지도 깊게 파고들었다. 그는 항상 모든 선거 후보자와 그들의 의도, 철학적인 동기까지 잘 알고 있었다. 머레이는 1992년 공화당 예비선거에서 팻 뷰캐넌(Pat Buchanan)을 지지하는 일종의 연대를 구성해 정치에 관여하기도 했다. 당시 팻은 이라크와의 첫 전쟁과 부시 대통령의 증세안에 반대했었다.

한 가지 확실한 것은 2008년 대통령 경선 때 머레이가 우리와 함께할 수 있었더라면 그는 할 말이 많았을 것이고 이를 재미있게 이야기했을 것이다. 머레이는 매우 흥분했을 것이고 선천적으로 낙관적인 자신의 성향이 더욱 고양되었을 것이다. 선거의 모든 순간을 사랑했을 것이다. 특히 머레이는

"혁명"을 준비하는 데 많은 노력을 기울였기 때문에 "혁명"을 밀어붙였을 것이다.

대학생들이 달러를 불태우는 광경을 보았으면 그가 얼마나 기뻐했을까? 그는 우리가 수많은 집회에서 들었던 "연준을 없애라! 연준을 없애라!" 구호를 이끌었을 것이다.

대선 캠페인이 끝난 후에도 연준을 폐지하기 위한 진지한 운동에 관심이 높아졌었는데 머레이는 이 기세를 기뻐했을 것이다. 자신의 지적 노력이 입증된 셈이었으니 말이다. 그의 아이디어는 정치, 경제적으로 큰 변화를 가져오기 위한 진지한 노력으로 변모하고 있다. 그의 책, 특히 연준을 왜 폐지해야 하며 100% 금본위제를 왜 도입해야 하는지에 대한 이유가 담긴 작은 팸플릿은 널리 배포되어 우리에게 큰 도움이 되었다. 그리고 이 책은 앞으로도 계속 우리에게 유익한 자산이 될 것이다. 머레이의 저서인 **《정부는 우리의 화폐에 무슨 일을 해왔는가?》**,[29] 《100% 금본위 달러를 위하여》, 《연준에 반대하며》는 일반대중을 교육하는데 귀중한 자산이 되었다.[30]

---

29) 머레이 N. 라스바드, 《정부는 우리 화폐에 무슨 일을 해왔는가?》, 전용덕 역, 지식을 만드는 지식(2012)
30) Murray N. Rothbard, The Case for a 100 Percent Gold Dollar, The Case Against the Fed (Auburn, Al: Mises Institute, 1994).

머레이는 본인이 아인 랜드(Ayn Rand)[31]를 '추종'하던 시절과 그린스펀과의 관계에 대해서 많은 이야기를 해주었다. 그린스펀은 나와의 사적인 대화에서 머레이를 잘 알고 있음을 인정했다. 하지만 서로 다른 결과를 생각해보라. 두 사람 모두 아인 랜드의 추종자로 시작했다. 아무도 객관주의자[32]가 되지 않았다. 그린스펀은 잘못된 길을 걸었고 라스바드는 항상 옳은 길을 걸어가면서 통화와 연준에 관한 진실을 완성하였다. 그린스펀은 역사상 가장 큰 금융버블의 씨를 뿌린 통화 폭군이 되었다.

통화와 오스트리아학파 경제학을 배우면서 해답을 찾던 시기에 나는 미제스의 친구이자 경제교육재단(FEE)의 이사회 회원이며 레너드 리드와 가까운 동료였던 헨리 해즐릿(Henry Hazlitt)을 만나게 되었다. 통화와 오스트리아학파 경제학을 배우는 다른 많은 사람들과 마찬가지로 나도 해즐릿의 유명한 《경제학 1교시》(Economics in One Lesson)[33]라는 책을 읽었다. 해즐릿은 1944년 브레튼우즈 협정이 체결된 직후에 그 협정이 실패할 것임을 예견하였고

---

31) 아인 랜드(1905~1982)는 러시아 태생 미국인 작가로 《아틀라스-지구를 떠받치기를 거부한 신》, 《마천루》 등의 소설을 발표하여 1960년대 미국인들에게 많은 영향을 끼쳤다. 그녀는 자신의 작품을 관통하는 객관주의(objectivism)를 통해 개인주의 철학, 개인적 책임, 이성의 힘, 도덕성의 힘, 도덕성을 강조하며 자유방임주의에 기초한 자본주의가 개인적 재능을 실현하는 데 가장 적합한 제도라고 주장하였다.
32) 탐구대상에 대해 어떠한 주관적 평가나 이해관계도 개입시키지 말 것을 요구하며, 인식주체의 가치판단이나 선입관은 객관적 사실을 왜곡시킨다고 본다. 따라서 객관주의 입장에서 보면 우리는 현실을 있는 그대로 관찰하고 서술할 수 있을 뿐이지 그것을 비판하거나 평가할 수 없다. 회의론이나 현상학에는 반대되며, 주관주의와는 상대적이다. 또한, 존재론에서의 정신적·심적인 것을 무시하는 경향이 있는데, 일반적으로 자연과학은 객관주의의 입장을 취한다고 할 수 있다. 또한, 철학에서는 경험론과 실증주의가 그와 같은 입장을 취하며, 윤리학에서는 도덕의 목적을 객관적 상태에 도달하는 데 있다는 학설을 말한다.
33) 헨리 해즐릿, 《경제학 1교시》, 전동균, 임석빈 역, 행간(2006)

1971년에 브레튼우즈 협정이 붕괴하는 것을 살아서 목격했다. 여러 오스트리아학파 경제학자들처럼 그 역시 장수했고 1993년에 98세의 일기로 세상을 떠났다. 그의 수많은 저서들은 모두 읽어볼 가치가 있다.

해즐릿은 미제스가 뉴욕 대학교에서 교편을 잡는 데 중요한 역할을 했다. 2차 대전이 발발했을 때 미제스가 유럽에서 탈출하여 미국에 도착하자마자 그와 친구가 되었다. 해즐릿은 오랫동안 뉴스위크, 뉴욕타임스, 월스트리트 등의 저널리스트로 알려졌지만 사실은 철학자이며 경제학자였다.

그가 나에게 가장 큰 경의를 표시한 것은 1983년 레너드 리드가 사망한 후 FEE 이사장을 맡아 달라고 요청한 일이다. FEE 이사회의 어떤 사람들과 이러한 생각을 나누었는지 모르겠지만 나는 단지 다른 교육의 길을 선택했기 때문에 FEE 이사장직을 심각하게 고려해 본 적이 없었다. 또 다른 흥미로운 역사적 사실은 헨리 해즐릿이 가까운 친구인 리드와 미제스를 포함하여 뉴욕의 모든 자유 시장 학자들에게 아인 랜드를 소개했다는 점이다.

대공황과 1971년 브레튼우즈 체제 말기는 매우 영리한 자유주의자, 구우파(Old Right) 헌법주의자, 불간섭주의자들이 활발히 활동하던 시기였다. 그들은 공화국의 몰락을 안타까워했지만, 그들의 글들은 2008년 공화당 예비 선거에서 활력을 띠게 된 자유 운동의 토대를 마련하게 되었다.

그리고 나는 공화국의 정신을 지켜낸 많은 작가들의 글을 읽었다. 일부는 통화 정책에 더 초점을 두었고, 다른 일부는 개인의 자유, 외교 정책 그리고 경제적 자유에 대해 논했다. 존 플린(John T. Flynn), 이사벨 패터슨(Isabel Patterson), 로즈 레인(Rose Wilder Lane), 개럿 개럿(Garet Garrett), 아인 랜드(Ayn Rand),

리처드 위버(Richard Weaver), 알버트 제이 녹(Albert J. Nock), 헨리 루이스 멘켄(H.L.Menken), 프랭크 초도로브(Frank Chodorov) 등의 책을 읽으면서 나는 크게 영향을 받았을 뿐 아니라 개인의 자유, 사유재산, 건전한 화폐를 아우르는 철학만이 옹호할 가치가 있는 유일한 정치철학이라는 확신을 갖게 되었다.

건전한 화폐가 왜 필요하고 중앙은행이 왜 필요하지 않은지 이해하려면 자유의 원칙을 완전히 이해해야 한다. 또한 이 시기에 헌법에 따라 소신을 지키며 투표한 몇몇 의원들도 있다. 오하이오주의 스미스 박사, 하워드 버핏, H.R 그로스 등이 그들이다.

우리들은 권위주의와 국가주의, 그리고 공격적인 권력 사용을 평생 동안 옹호해온 이들의 거짓말과 무지, 오만함을 논박하면서 자유의 도덕적인 논거를 제시하는 훌륭한 일을 해낸 이들에게 상당한 빚을 지고 있다.

비록 아인 랜드가 자유주의자들에 대해 한 번도 좋게 이야기한 적이 없었고, 나도 객관주의를 완전한 철학으로 생각해본 적이 없었지만, 그녀의 소설들을 모두 읽었고 객관주의 뉴스레터가 발행한 것들을 꾸준히 받아보았다. 그녀는 내가 당연하다고 여긴 신념들에 도전함으로써 나로 하여금 그 신념들을 보다 잘 이해하고 방어할 수 있게 해주었다. 그러나 그녀는 이타주의의 정의와 적용에 대해서는 결코 나를 납득시켜주지 못했다. 기독교인들의 자발적인 자선행위와 공산주의를 동일시하는 것은 내게는 말도 안 되는 것이었다. 하지만 그녀는 내가 자유를 옹호하는 데 있어서 더 큰 열정을 가지게 만들었다. 나의 서재에 1957년 발간된 그녀의 위대한 저서 **《지구를**

떠받치기를 거부한 신⟩(Atlas Shrugged)[34] 초판본을 한 권 소장하고 있다. 책 표지에 6.95달러 가격표가 붙어있다. 수십 년 동안 랜드는 많은 사람들에게 영향을 주었으며 그들로 하여금 자신들의 신념을 다시 생각해보게끔 만들었고 대부분은 자유에 더 헌신하는 결과를 낳았다는 것에는 의심의 여지가 없다.

---

[34] 객관주의 운동을 주도한 철학자인 아인 랜드의 마지막 장편소설. 《지구를 떠받치기를 거부한 신》이란 부제를 달고 출간된 이 소설은 《지구를 움직이는 동력은 무엇인가》라는 궁극적인 물음과 "개인으로서의 삶과 사회발전에 개인의 정신이 어떤 역할을 담당하는가?"라는 철학적인 질문을 던지고 있다. 부패하고 무능한 권력 아래 생산 없는 분배, 발전 없는 평등주의가 지배하는 미래의 어느 날을 배경으로, 정부의 포퓰리즘에 반기를 든 각 분야 지도자들의 투쟁을 그린 작품이다.

4부

중앙은행과 전쟁

*

　연준이 설립된 후 정부는 탄력적인 통화공급을 은행 시스템의 파산을 방지하는 것 외에 다른 목적을 위하여도 사용할 수 있었다. 탄력적인 통화공급은 전쟁자금을 조달하는 데 유용한 수단이 되었다. 전면적인 전쟁이 일어났던 세기가 중앙은행(연준)이 설립된 세기와 일치하는 것은 결코 우연이 아니다. 정부가 지폐 인쇄기 없이 전쟁자금을 마련해야 했을 때는 자원을 절약하였다. 전쟁을 방지하기 위해 외교적인 해결책을 모색하였으며 전쟁이 일어난 후에는 가능한 한 빨리 전쟁을 끝냈다.

　그러나 19세기 말 유럽 국가들은 전쟁에 대해 재정적으로 제약을 받지 않게 되었다. 중앙은행을 통하여 정부가 원하는 대로 화폐를 찍어낼 수가 있어 그 전보다 훨씬 더 기꺼이 전쟁을 하려고 했다. 외교관들은 새로 발견한 자금조달 기계를 써보고 싶어서 안달이 난 정부들을 막을 힘이 없었다. 독일과 영국이 돈을 찍어낼 수 있는 인쇄기와 최종 대부자 기능을 이용할 수 없었더라면 제1차 세계대전을 촉발시킨 갈등에 대해 외교적인 해법을 찾아내지 않았을까? 반사실적인 역사(Counterfactual history)는 언제나 다루기 어려운 주제이지만 흥미로운 질문임에는 틀림없다.

　1919년 미제스는 다음과 같은 의견을 피력하였다. "인플레이션은 군국주의의 필수불가결한 수단이라고 말해도 과언이 아니다. 인플레이션이 없다면, 전쟁이 복지에 미치는 영향이 더 빠르고 분명하게 드러날 것이고, 전쟁 피로는 훨씬 더 일찍 찾아올 것이다."[35] 중앙은행으로 국가채무를 충당할(메울) 무기를 손에 쥔 유럽 국가들은 연준이 설립된 지 1년 만에 전쟁을 시작했다. 《뉴욕 트리뷴》(New York Tribune)은 경악하여 다음과 같은 기사를 썼다.

전 세계는 유럽이 엄청난 재앙을 향해 돌진하는 모습을 놀라움과 믿을 수 없다는 표정으로 바라보고 있다… 우리는 세계 금융계가 대체로 국적을 초월한 동정심과 이해관계를 가지고 있기 때문에 강대국들이 전면 전쟁으로 스스로 가난하게 만드는 것을 결코 용인하지 않을 것이라는 말을 반복해서 들어왔다. 신용을 조이는 압박만으로도 대부분의 내각들이 제정신을 차리게 될 것이라고 했던 것이다.[36]

위의 기사는 한때 사실이었지만 중앙은행 제도를 도입함으로써 영원히 바뀌었다. 정부는 더 이상 도산이나 재정적 파탄을 우려할 필요가 없다. 마술 같은 인플레이션적인 재원조달을 통하여 무엇이든 얻을 수 있다. 이에 따라 미국이 1차 대전 초기에는 유럽의 전쟁에 개입하지 않았는지도 모른다. 그러나 연준이 설립된 후 1917년에 1차 대전에 참가하였으며 지금까지 연준과 함께 국가경제계획에 가장 중앙집권적인 실험을 하여왔다. 물가통

---

35) Ludwig von Mises, Nation, State, and Economy (New York: New York University Press, 1983), p. 163.
36) Groseclose에서 인용, America's Money Machine: The Story of the Federal Reserve (Westport, CT: Arlington House, 1966), p. 88.

제, 새로운 세금, 철도국유화, 전쟁산업 위원회, 자유대출, 새로운 채권발행 등이 이루어졌을 뿐 아니라, 화폐발행을 통하여 채무를 상환할 수 있는 연준에 의해 뒷받침되는 정부채무의 규모가 천문학적으로 증가하였다.

그 당시 연준은 할인[대출]창구(discount window)를 통하여 통화를 창출할 수 있는 권한이 없었지만 정부채무를 보증하는 중요한 역할을 수행하였다. 연준은 최종 대부자(lender of last resort)로서 무에서 유를 창출할 수 있는 막대한 능력을 지니고 있었다. 1914년 12월 통화량이 확대되기 시작하고 미국에서 처음으로 인위적인 가짜 호황이 초래되었다. 리스크가 커짐에 따라 이자율이 상승해야 할 때 이자율이 매우 낮은 수준에 고정되었다. 프리드먼과 슈바르츠는 1차 대전과 관련하여 다음과 같이 기술하고 있다.[37]

> 통화량이 1914년 적정한 비율로 증가하다가 1915년 초 점점 더 높은 비율로 증가하기 시작했다. 1915년 말에서 1917년 중반까지 물가와 같이 가장 급속히 증가했으며 1918년 말 전에 다시 급증하여 물가보다 더 빠른 속도로 증가했다. 1920년 6월 가장 높은 수준에 달했을 때 1915년 9월보다 약 두 배가 되고 연준이 영업을 시작한 1914년 11월보다 두 배 이상으로 증가하였다.

---

37) Milton Friedman and Anna J. Schwartz, A monetary History of United States, 1857~1960, (Princeton, NJ: Princeton University Press, 1963), p. 198.

은행들은 정부채권을 매입하기 위해 공적 신용을 제공하기 시작했다. 물가수준도 통화 인플레이션에 대응하여 크게 상승했다. 1918년 전쟁이 끝날 때까지 가짜 호황이 지속되었다. 1920년에서 1921년까지 또 다른 작은 호황-불황 사이클이 초래된 후에 곧바로 경기침체에 빠졌다. 학자들은 총 전쟁비용 330억 달러 중 21%만 조세로 충당된 것으로 추정하고 있다. 그 나머지 비용들은 연준이 보증하는 차입(56%)과 직접적인 통화발행(23%)으로 충당되었다.

따라서 연준이 준 피해는 연준 창설 직후에 곧바로 발생했다는 것을 알 수 있다. 오늘날과 비교하면 그 당시 연준의 권한은 상당히 제한적이었다. 그러나 연준에 최종대부자 기능을 부여함으로써 공공정책에 파괴적인 영향을 끼쳤다. 정부는 연준의 최종대부자 기능으로 더 많은 권력, 프로그램, 야망을 갖게 되었다. 재원을 조달할 수만 있다면 재정적으로 보수적인 사람들이 지도자가 되더라도 정부를 억제하지 못할 것이다.

'1차 대전'이 어떤 의미를 갖고 있는지 결코 잊어서는 안 된다. 유럽에서 명목적으로 중앙집권적이지만 실제로는 권한이 분산된 상당히 평화로운 옛 군주제가 종식되고, 전문가들로 조직된 호전적인 민주국가가 새로 시작되는 것을 의미했다. 미국에서는 제국적인 대통령의 지위와 전 세계적인 외교정책의 임무가 견고히 확립되는 것을 의미했다. 독일에서는 1차 대전으로 인해 하이퍼인플레이션이 일어났고 히틀러는 이로 인한 국민들의 분노를 이용하여 권력을 잡게 되었다. 그리고 러시아에서는 공산주의가 시작되는

것을 의미했다. 류 락웰(Lew Rockwell)은 다음과 같이 설명하고 있다.[38]

> 러시아 전쟁 그 자체도 화폐 창출을 통해 자금이 조달되었는데 이는 전쟁 동안 엄청난 물가 상승과 통제, 물자 부족난을 초래했다… 이로써 통화 기계가 주는 유혹이 너무 크다는 것이 입증되었다. 통화 기계는 상당히 온건한 군주국을 전쟁 기계로 만들었다. 오랫동안 국제적인 노동 분업과 금본위제도에 의해 통합되었던 나라가 사람을 죽이는 살육 기계가 되었다. 전쟁으로 인한 사망자가 러시아의 사기(의욕)에 끼친 끔찍하고 재앙적인 영향만큼, 인플레이션은 모든 사람에게 영향을 미쳤고 이는 매우 심각한 불안감을 일으켜 공산주의 승리로 이어졌다.

미국에서 통화 기계는 민주정 시스템에서 힘의 균형을 근본적으로 변화시켰다. 투표, 선거 공약, 여론, 법, 정부에 대한 규제 등의 모든 힘은 모두 정부의 팽창을 목표로 하는 힘에 의해 뒷전으로 밀려났다. 무제한 신용 한도 카드를 가진 무책임한 십 대 소년을 생각해보라. 부모, 교사, 목사 등 어떤 권위자도 궁극적으로 십 대의 습관을 바꿀 수 없다. 이제 십 대 소년이 완전히 무장하여 법의 지배조차도 받고 있지 않다고 생각해보라. 이것이 바로 중앙은행이 뒷받침하고 있는 우리 정부의 모습이다.

제1차 세계대전 막바지에 이러한 일이 발생한 좋은 예가 있다. 대중

---

38) Llewellyn H. Rockwell, Jr. 〈전쟁과 인플레이션〉, 자유의 미래 재단의 공화주의 복구 컨퍼런스 연설(2008. 6. 6.) Reston, Virginia, http://mises.org/story/3010.

들은 자신들이 겪은 자유의 상실에 혐오감이 들어 정부에 더 많은 책임(accountability)[39]을 요구하고, 시민과 경제 문제에 있어서 더 많은 자유를 요구했다. 정부의 지출이 급격히 감소했으며 전쟁으로 이득 본 사람들을 찾아내기 위한 청문회가 의회에서 열렸다. 하딩(Warren Harding)의 1920년 선거 슬로건인 "정상으로의 복귀(A return to normalcy.)"는 그 분위기를 잘 반영하고 있다. 《죽음의 상인: 국제 무기산업의 연구》는 전쟁 중과 전쟁 후의 분위기를 잘 묘사하고 있는 베스트셀러이다.[40]

그러나 슬프게도 중앙은행이 비정상적인 권력을 가진 정부에게 자금을 지원할 준비가 되어있는 한 다시는 정상으로 돌아갈 수 없었다. 과거의 규칙이 더 이상 적용되지 않았다. 모든 사람들에게 모든 것을 약속한 야수[통화 기계]는 모든 정치인들의 소망을 실현하게 해주고, 통화 창출자들의 삶을 쉽게 해주었으며 모든 무제한적인 환상을 위한 재원이 이미 조달되었다. 누군가가 정부에게 요구하는 것은 무엇이든 이루어질 수 있었다. 더욱이 은행 금융기관은 새로운 파산방지 보장을 얻게 되면서 '모럴해저드'가 생겼다. 이에 따라 은행들의 대출활동이 위험을 적절히 고려하지 않고 이루어졌다.

광란의 1920년대(Roaring Twenties)를 제대로 파악하기 위해서는 통화정책을 운영하는 연준의 역할을 살펴보는 것이 중요하다. 1920년대 연평균 통화증

---

[39] 정부가 주어진 임무 또는 기능 수행의 성과와 관련하여 투명한 정보를 제공하고 법적으로나 도덕적·윤리적으로 책임을 지는 것을 의미한다.
[40] H. C Engelbrecht and F. C Hanighen, Merchants of Death (New York: Dodd, Mead & Co. 1934).

가율이 7.3~8.1%이며 누적증가율은 55~61%였다.[41] 이 가짜 붐은 당연히 불황으로 이어졌으며 경제여건에 가장 민감한 주식시장이 제일 먼저 붕괴한 다음 불황이 전 경제부문으로 확산되었다.

1930년 당시의 후버 대통령은 1920년대와 같은 조치를 취했을 수도 있었다. 당시에는 기본적으로 정부가 경제 구제책을 시행하지 않았다. 연준은 오늘날처럼 아직 완전히 가동되지 않았고, 실제로 무한히 인플레이션[통화량을 증가]시키는 것을 다소 꺼렸다. 그러나 신화[잘못 알려진 사회적 통념]와는 반대로 후버 대통령은 당시의 통화정책 수단을 사용하여 경제 시스템을 구제하기 위해 모든 노력을 다했다. 불황대책이 유효하지 않았다는 것은 여기서 중요하지 않다. 그는 세금을 인상하고 새로운 무역규제를 부과하는 등 경제활동에 더 많이 개입함으로써 불황으로부터 미국을 인플레이션[탈출]시키려고 노력하였다.

프랭클린 루즈벨트 대통령은 단순히 후버 대통령의 불황대책을 따르고 국가의 통화 시스템을 파괴하는 방향으로 더 나아갔다. 은행을 폐쇄하고 개인들의 금 소유를 불법화했으며 일부 남은 금본위제도에 일대 타격을 가했다. 뉴딜(New Deal)정책으로 대공황을 끝낼 수 없었다. 1932년 실업이 2차 대전 전만큼이나 높았으며 소득과 생산성은 실제로 하락했다. 그러나 연준은 그 어느 때보다 더 강력해져 언제든지 또 다른 전쟁의 비용을 충당할 수 있었다.

---

41) 1920년대 통화 총량에 대한 자세한 내용은 Murray N. Rothbard, America's Great Depression을 참조.

2차 대전 이래 미국 정부는 국내적으로나 국제적으로 미국의 영향력이 미치는 범위를 놀랍도록 확대하여 왔다. 세계의 모든 전쟁에 대부분 개입하고 대량 파괴용 살상 무기를 만들며 사회의 모든 계층을 포함하는 거대한 복지국가를 건설해 온 것이다. 냉전, 한국전쟁, 쿠바의 피그스만(譯) 침공, 도미니카 공화국 침공, 베트남 전쟁, 끝없는 중동개입, 니카라과 전쟁, 살바도르 전쟁, 보스니아 전쟁, 하이티 전쟁 등에 개입했을 뿐만 아니라, 테러와의 전쟁이라는 명목으로 세계 도처에서 전쟁을 일으켰다. 그리고 2001년 9/11이든, 1999년 닷컴 재앙이든, 2008년 경제 붕괴든 모든 주요 위기 후에는 항상 더 많은 통화확대로 대응하였다.

과거에는 정부가 총[국방]이나 버터[복지] 중에서 어느 하나를 취사선택해야 한다고 생각하던 때가 있었다. 지금은 연준이 있으므로 그런 선택이 근본적으로 필요하지 않다고 생각한다. 정치인들이 서로 협력해 법을 통과시켜 모든 특별 이해단체들이 원하는 대로 얻을 수 있다. 통화 기계에 의해 총, 버터, 끝임없는 파산기업의 구제와 외국원조 등을 포함한 모든 것을 제공할 수 있다. 연준은 새로 만든 돈을 직접 투입하지 않더라도 매년 끝없이 발생하는 국가채무를 항상 뒷받침하고 있다. 이러한 국가채무는 연준에 의해 지지되지 않는다면 자유 채권 시장에서 아무런 가치가 없을 것이다.

이러한 위기대응 방식은 연준에 의해서만 가능하다. 유력한 사람들이 원하는 모든 자금을 제공할 수 있는 통화 기계가 없다면 이런 위기대응 방식은 불가능하다. 미국 국민에게 세금을 부과해야 하는데 그들이 높은 세금 인상을 참아낼 수 있을지 의문스럽다. 통화량을 증가시킴으로써 이러한 세금인상을 숨기고 정부의 재원을 충당하여 사회에 비용을 부담시킬 수 있다.

세계의 중앙은행들 가운데 연준만이 실패한 것은 아니다. 독일, 오스트리아, 폴란드, 헝가리에서 1차 대전과 2차 대전 사이에 재앙적인 하이퍼인플레이션이 발생하였다.[42]

중앙은행에 의해 영광스러운 세계가 만들어진다는 약속은 완전히 깨졌다. 하지만 정부는 신용팽창의 마약에 중독되어 건전한 통화를 회복시키지 못할 것이다. 건전통화로 전환하고 중앙은행을 폐지하는 것이 오래 지연될수록 위기가 더욱 악화되고 정부는 우리의 자유를 희생시켜 더욱 팽창할 것이다.

---

42) David Hackett Fisher, The Great Wave: Price Revolutions and the Rhythm of History (New York: Oxford University Press, 1996), p. 193.

5부

금 위원회

*

　금이라는 주제가 건전통화를 회복하는 문제의 핵심이라는 것은 부인할 수 없다. 이는 금이 통화의 질(質)을 보증하는 가장 중요한 것으로 시장경제의 구조 내에서 자생적으로 출현했기 때문이다. 금은 정부에 의해서가 아니라 시장에 의해서 선택되었다. 그 이유는 이해하기 쉽다. 금은 건전한 통화의 속성-가분성, 휴대 편리성, 단위당 높은 가치, 내구성, 균질성을 모두 갖추고 있다.

　금본위제도를 언급할 때마다 내가 어떤 강박관념이나 집착증을 갖고 있다고 비난하는 사람들이 있다. **물신숭배**(物神崇拜)[43]는 흔히 듣는 말이다. 사실, 나는 오직 사실만을 목격하고 있는 것뿐이다. 인류 역사에서 대부분 건전통화의 개념은 금화와 밀접한 관계가 있다. 금본위 없이 건전한 통화가 존재할 수 있을까? 원칙적으로는 존재할 수 있다. 나는 시장에서 어떤 것이든 다시 한번 적합한 통화를 선택할 수 있는 시스템이 생긴다면 그것을 찬성할 것이다. 정부가 중앙은행이나 법정화폐, 통화를 뒷받침하는 어떤 특정한 표준을 강요하는 것에는 반대한다.

　그러나 현실적으로 달러의 질이 아무리 낮더라도 달러는 화폐이다. 나는 항상 정부가 파괴한 것은 정부가 회복시킬 책임이 있다고 믿어 왔다. 1970년

---

43) 야만인이 나뭇조각, 돌, 동물 등을 맹목적으로 숭배하는 것을 말한다.

대 후반에 많은 사람들이 이에 동의하기 시작했다. 나는 헬름스(Jesse Helms) 의원과 함께 금 위원회(gold commission)를 구성하기 위한 법안을 만들었는데 그 법이 카터 행정부 말기에 통과되었다. 금 위원회는 레이건 대통령이 집권한 후에 구성되었다. 17명의 위원 중 레어만(Lewis Lehrman)과 코스타매그너(Arthur Costamagna)만이 금을 지지하는 입장이었고 그 나머지는 연준 위원, 및 재무부 관료 등 금을 반대하는 입장인 정치인들이었다.

재무부 장관 리건(Donald Regan)이 위원장으로 1981년 7월 16일 첫 회의를 주재하였다. 정말 우습게도 첫 회의는 비공개로 진행되어 언론 미디어에 공개하지 않고 의사록을 기록하지 않았다. 모든 회의를 비밀리에 의사록도 없이 진행하려는 계획이 칼럼니스트 노박(Bob Novak)과 다른 사람들에 의해 알려지자 대중들이 크게 분노했다. 대중들의 압력으로 위원회는 공개 청문회를 압도적인 지지로 가결하였다.

하원 은행 위원회 의장 루스(Henry Reuss)는 한 회의에 참석했다가 격분하여 자리를 떠났다. 그는 단 1분이라도 금의 중요성에 대해 진지하게 논의하는 것을 참을 수가 없었다. 1975년 미국에서 또 다시 금 소유가 합법화되기 전에 루스는 금 소유가 합법화되면 금값이 온스당 5달러로 떨어지고 '금 옹호자'들은 금값을 온스당 35달러로 지지하는 정부를 환영해야 할 것이라고 예상하였다. 물론 그의 예상은 틀렸다. 인위적으로 금값을 낮은 수준에 유지함으로써 달러의 가치가 일시적으로만 유지되었을 뿐이다.

첫 청문회가 열렸을 때 금이 온스당 800달러를 상회했다. 루스는 기분이 좋지 않았다. 그는 한 참석자로부터 금을 옹호하는 뉴스레터를 받고 감정이 폭발하였다. 청문회를 떠날 때 그 뉴스레터를 구겨서 던져버리고 위원회의 목적을 공격하는 비난을 퍼부었다. 루스는 금 위원회에 조금도 찬성하지 않았지만 금이 연준 이사회의 '지혜'와 은행 위원회의 '현명한' 의장을 대체할 수 있다는 제안에 가장 반대한 것으로 상을 받았다고 기록되어 있다. 그 당시 아무도 진지하게 달러와 금의 관계가 곧 회복될 것이라고 생각하지 않았지만 달러의 가치, 인플레이션, 그리고 매우 취약한 경제에 대해 깊은 우려가 있었다. 우려가 컸지만 오늘날의 우려와는 비교할 수가 없다. 여기에는 그럴만한 이유가 있다.

1981년까지는 불환통화 리저브(지급준비금) 제도가 겨우 10년 동안 운영되었을 뿐이다. 오늘날에는 불환통화 리저브 제도에 따른 불균형이 38년 동안 누적되어 왔다. 한편으로 1970년대의 고통스러운 조정은 일시적으로 도움이 되었다. 달러를 절하시킬 필요가 있었다. 변동환율은 다소 불안정하지만 인위적인 고정환율보다 더 잘 유지될 수 있는 '시장' 메커니즘을 제공하였다. 즉, 투명한 시장 메커니즘은 매우 취약한 시스템을 지지하는 데 도움이 되었다.

나는 금 위원회가 재무부 건물에서 한 번 특별회의를 가진 후에 일어난 사건을 생생하게 기억한다. 휴스턴 공화당 대표단이 레이건 대통령과 함께 휴스턴 공화당 전당대회에 참석하기로 계획하였다. 우리는 앤드류 공군기지에서 레이건을 만나 휴스턴으로 가는 대통령 전용 비행기(Air Force One)를 타기로 예정되어 있었다. 그런데 백악관 맞은편에 있는 재무부 건물에서 위원회 청문회가 열렸기 때문에 내 비서진은 내가 거기서 길을 건너 레이건 대통령과 함께 대통령 전용 헬기(Marine One)를 타고 앤드류 공항으로 갈 수 있도록 일정을 조정해주었다. 그렇게 하면 내가 청문회를 참석한 후에도 휴스턴 공화당 집회에 갈 수 있었다.

앤드류로 가는 헬리콥터에서 자연스럽게 금본위제도에 관한 이야기가 나왔다. "론, 금본위제도를 포기한 어떤 위대한 국가도 위대한 국가로 남지 못했죠?"라고 대통령이 말했다. 레이건 대통령은 많은 자유주의자들의 헌법적인 사상에 공감한 것처럼 금본위제도 찬성했지만 대부분의 쟁점들에는 실용적(정치적)이여야 한다는 참모들의 압력에 판단이 흔들렸다.

레이건 대통령의 친구인 금 위원회 위원 코스타매그너는 우리들의 반대 의견을 약간 수정하여 찬성(서명)했다. 훗날 뉴욕 주지사에 출마한 레먼(Lew Lehrman)도 우리들의 반대 의견에 찬성했다. 그 후에 나와 내 참모진은 대통령과의 회합을 계획했다. 회합의 목적은 우리들의 반대 의견이 담긴 복사본 한 부를 대통령에게 전달하고 함께 사진을 찍는 것이었다. 그 회합은 특별한 목적 없이 계획되었으며 그 계획으로 대통령을 놀라게 하고 싶지도 않았다. 우리들은 그 회합의 목적을 분명히 하기 위해 다시 전화를 했다. 그 후 곧바로 백악관 참모가 그 회의는 취소되었다고 통보했다. 결국 우리들의 반대 의견을 전달하지 못했다.

대통령 비서실장 베이커(Jim Baker)와 특히 재무부 장관 리건(Don Regan)이 나와 대통령과의 회합을 막았을 것이다. 금 위원회 위원장인 리건은 모든 청문회가 의사록 없이 완전히 비밀리에 이루어져야 한다고 요구한 사람이었다. 1982년 3월 31일 첫 번째의 보고서가 제출되었다.

정치 시스템은 근본적으로 이렇게 운영된다. 참모가 집권자의 철학에 완전히 찬동하지 않을 경우 어떤 일이 진행되는 것을 막을 수 있다. 하지만 올바른 참모를 뽑는 책임은 궁극적으로 집권자에게 있다. 달러가 1970년대에 살아남아 위기를 일시적으로 모면한 후에 27년 동안 거대한 금융 거품이 형성될 수 있는 조건이 조성되어 우리가 현재의 위기에 직면하게 되었다. 금 위원회의 결과로 1981년에 우리가 정상상태로 돌아갔다면 지금 우리가 직면하고 있는 문제들과 큰 위기를 피할 수 있었을 것이다.

머레이 라스바드(Murray Rothbard)는 위원회에서 1930년대 공황은 금본위제도 때문이 아니라, 금본위제도를 오용함으로써 야기되었다고 증언하였다. 그는 증언을 마치면서 만약에 금이 다시 통화본위가 된다면 시민들이 지폐를 금화로 받을 수 있는 금화본위제도(Gold Coin Standard)가 되어야 한다고 주장하였다. 앨런 그린스펀도 증언을 했는데 좀 더 현실성 있는 제안을 했다. 그는 금본위제도(Gold Standard)로 이행하는 과도기적인 조치로 금에 의해 뒷받침되는 국채의 발행을 주창하였다. 1981년에 그는 1960년대처럼 금본위제도를 강력히 지지하지는 않았지만 1981년 후처럼 그렇게 반대하지도 않았다.

한스 센홀즈도 금 위원회에 의견을 제시했다. 물론 그는 금본위제도를 강력히 지지하는 사람이었지만 금본위제도가 조만간에 채택되리라고는 기대하지 않았다. 센홀즈는 다음과 같이 피력하였다. "대중들이 곧 금본위제도로 복귀할 것이라고 생각하는 것은 한낱 헛된 공상에 불과하다. 불환통화의 힘이 너무 크고 재정적자를 통한 정부지출을 대중들이 강력히 지지하므로 가까운 장래에 통화개혁을 기대할 수 없다." 물론 1981년에 정부의 재정적자를 통한 지출을 강력히 지지했다면 오늘날 우리가 갖고 있지도 않은 돈을 지출하도록 가해지는 압력을 똑바로 직시할 필요가 있다. 전 세계적인 금융 시스템의 리스트럭처링(구조조정)과 관련이 있는 통화개혁을 진지하게 고려하기까지는 상당한 시간이 걸릴 것이다. 그러나 우리가 그런 문제를 선택에 의해서가 아니라 필요에 의해서 불가피하게 직면해야 할 날이 빠르게 다가오고 있다.

버락 오바마(Barack Hussein Obama) 행정부에서는 새로운 금 위원회가 구성되지 않을 것이며 통화로서의 금에 관한 공개토론도 이루어지지 않을 것이다. 배후에서 연준과 다른 몇몇 엘리트들이 본질적으로 불환통화임과 동시에 규모 면에서 국제적인 새로운 체제를 계획하고 있을 것이다. 당면하고 있는 과제를 고려하면 그것은 분명히 순탄하게 진행될 수 없다.

미국이 2차 대전 후에 경험한 바와 같이 금융적으로나 군사적으로 가장 큰 힘을 가진 나라들이 가장 크게 영향을 미칠 것이다. 우리의 군사력은 계속 패권을 유지할 수 있을 것이다. 우리의 경제력은 여전히 세계 제일이지만 추세를 보면 그것이 계속 유지되지 않을 것이다. 경제력과 건전한 통화가 없으면 군사력도 점차 쇠퇴할 것이다. 우리가 첫 번째의 금 위원회보다 더욱 진지한 두 번째의 금 위원회를 보지 못하더라도, 불환화폐와 상품화폐 사이에 지적 논쟁이 활발히 이루어지며 그 중의 승자는 우리의 경제적 운명과 우리가 살아갈 사회를 결정할 것이다.

1970년대 폴 볼커는 인플레이션을 멈추고 달러에 대한 신뢰성을 회복시키는 임무를 부여받고 그 과업을 상당히 달성하였다. 그러나 1982년 연준은 또다시 통화 수문을 열어 붐-버스트 사이클을 야기했다. 어떤 면에서는 연준이 통화공급 계획을 빈번히 수정하는 등 매우 복잡하게—대중들이 파악하기 어렵게— 통화량을 관리함에 따라 대중들이 오도되어 그릇된 안정감을 가졌다. 많은 사람들이 그린스펀을 경제의 거장(maestro)이라고 믿게 되었으며 그의 명성은 공화당과 민주당을 막론하고 치솟았다.

그린스펀을 포함하여 많은 사람들은 우리가 새로운 경제 패러다임을 맞이하고 있다고 믿었다. 심각한 불황도 현명한 통화정책으로 막을 수 있다는 믿음이 팽배했다. 그러나 그들의 '현명한 통화정책'은 시장에 의해 결정되는 건전한 통화 또는 금리 및 신용과는 아무런 관련이 없었다. 경제 계획가들은 통화를 인플레이션(증가)시키고 금리를 조작하며 통화발행을 통하여 국채를 상환하는 일에 결코 비용이 초래되지 않을 것이라고 믿었다. 사실상 경제를 관리함에 있어서 이러한 '궤변'은 단지 불가피한 결과들을 지연시켜 장기적으로 그것들을 더욱 악화시킬 뿐이다.

금 위원회의 놀라운 성과 중의 하나는 우리들의 소수의견 보고서였다. 그것은 출판되어 지금도 유통되고 있다.[44] 금 위원회 위원 중에서 단지 세 사람만이 거기에 서명했으나 전체 위원들이 의회에 금화를 주조하도록 권고하였다. 그것은 미국인들이 금을 소유하는 것이 다시 합법화되었기 때문에 전국의 금본위제도 옹호자들을 추인하는 것이었다. 또한, 미국에서 거의 독점적으로 팔리고 있는 남아프리카 공화국의 크루거란드(Krugerrand) 금화와

---

44) Ron Paul and Lewis Lehrman, The Case for Gold (Auburn, AL: Mises Institute, 2007, 1983).

경쟁하는 것을 의미했다.

나는 달러(액면) 금액이 새겨지지 않은 금화를 법화로 삼을 것을 주장하였다. 사람들이 돈을 무게로 생각하기를 원했다. 나의 궁극적인 목표는 법정통화법을 폐지하는 것이다. 그러나 내가 그 논쟁에서 진 것이 오히려 다행이었다. 일부 사람들이 이 금화를 액면가대로 유통시킴으로써 금화의 법정통화의 지위를 시험하고 있기 때문이다.

금 위원회에서 우리들이 노력한 결과로 1985년 마침내 주화법(coin bill)이 통과되었을 때에는 나는 더 이상 의회에 있지 않았다. 내가 주화법 초안을 발의했지만 1984년 말에 의회를 떠났다. 그 후에 은화(Silver Eagle)를 주조하기 위한 별도의 법이 제정되었다. 주화법은 1온스, 1/2온스, 1/4온스, 1/10온스 네 가지의 금화를 주조하도록 승인하였다. 1온스 동전은 50달러, 1/2온스는 25달러, 1/4온스는 10달러, 1/10온스는 5달러 법화였다. 산수 계산을 조금만 해보면 1/4온스 10달러 동전은 전혀 이치에 맞지 않는다는 것을 알 수 있다. 그 법안을 최종적으로 결정한 사람들은 그것이 혼동되기를 원했다. 1달러 법화가 된 1온스 은화는 연준 지폐, 구 은화, 20달러 금화(Double Eagle)와 비교할 때 달러를 정의하는 문제를 더욱 복잡하게 만들었다. 주화들을 법화로 만드는 것은 터무니없고 비합리적이므로 사람들은 당연히 50달러 채무를 금 1온스나 은 달러로 지불하지 않았다.

미국 국세청(Internal Revenue Service)은 사람들이 소득 및 거래금액 등을 세금 목적으로 새로운 주화의 액면가로 환산하는 것을 결코 허용하지 않을 것이다. 그러나 일부 모험적이고 용감한 헌법주의자들이 라스베이거스에서

이 법에 도전하여 근로자들에게 금화 및 은화를 지불하고 세금을 훨씬 낮은 수준으로 신고했다. 많은 사람들이 낮은 최저임금 때문에 세금을 지불하지 않았다. 예상대로 이 사건은 법정에 이의가 제기되었으며 절대다수가 없어 평결을 내리지 못한 배심원단에서 전혀 예상치 못하게 피고인들이 '승리'했다. 우리의 법정통화법이 비합리적이며 '달러'를 정의할 수 없기 때문에 배심원단은 피고인들이 사기를 저지른 것이 아니라 법이 혼란스러운 사실을 확신하였다.

이 사건의 최종 결론은 아직 듣지 못했다. 금 및 은화의 문제가 법정에서 다루어지는 것이 기쁘고 경제가 붕괴하여 더 많은 사람들이 똑같이 대응하면 좋은 선례는 아주 유익할 것이다. 그러나 법원은 남북전쟁 시기와 1930년대에 그랬듯이 통화문제와 관련하여 결정적인 순간이 되면 항상 전제주의자들의 편을 들어왔다. 연준 폐지 혁명이 어떤 성과를 거둘 때까지는 정부가 새로운 금화나 은화의 사용을 허용하지 않을 것이다.

6부

그린스펀과의 대화

＊

　수년 동안 나는 연준 의장들과 흥미로운 의견을 많이 나누었다. 그중에서도 앨런 그린스펀과 가장 많은 의견교환을 하였다. 일찍이 그린스펀이 금본위제도를 지지하고 연준과 지폐를 반대했으므로 그에게 가장 많은 관심을 갖게 되었다. 나는 1960년대 아인 랜드의 객관주의자(objectivist) 신문을 구독했는데 그 신문에 실린 1966년 그린스펀의 기사 〈금과 경제적 자유〉[45]를 면밀히 연구하였다. 나는 그린스펀에게 한때 호의적인 인상을 가졌다고 말했다. 그는 항상 내가 어떤 이야기를 꺼내려고 하는지 정확히 알고 있었으며 때로는 질문할 때 명시적으로 금을 언급하지 않더라도 금본위제도의 맥락에서 답했다. 세월이 흐름에 따라 나의 질문에 더욱 자주 난처했겠지만 결코 버냉키만큼 크게 화를 내거나 당황하지는 않는 것 같았다.

　그린스펀은 나의 질문에 답하면서 중앙은행 직원들이 아주 현명하여 금본위제도의 제약 또는 규율[자동조절 메커니즘: 금의 유출입에 의해 인플레이션 및 재정적자가 자동적으로 규제되는 메커니즘] 없이 금본위제도의 모든 이점을 달성할 수 있다고 주장했다. 물론 이러한 금본위제도의 규율은 아주 유익하며 금본위제도가 자유사회에서 매우 중요한 이유다. 이는 그린스펀이 〈금과 경제적 자유〉에서 잘 설명하였다.

---

45) Ayn Rand, Capitalism: The Unknown Ideal (New York, New American Library, 1967).

금본위제도가 아니면 정부가 인플레이션을 통해 대중의 재산을 몰수하는 것으로부터 저축을 보호할 수 있는 방법이 없다. 즉, 안전한 가치저장 수단이 없다. 만약에 안전한 가치저장 수단이 있다면 정부가 대중이 금을 보유하는 것을 불법화한 것처럼 안전한 가치저장 수단을 보유하는 것을 불법화해야 할 것이다. 예를 들어, 모든 사람들이 은행예금을 은이나 구리 혹은 다른 상품으로 전환한 후에 상품에 대한 대가로 수표를 받는 것을 거부한다면 은행예금은 구매력을 잃고 정부에 제공되는 은행신용이 상품에 대한 청구권으로서 가치가 없을 것이다. 복지국가의 통화정책은 부의 소유자가 자신을 보호할 수 있는 수단이 없어야 하는 것을 필요로 한다. 이는 복지국가주의자들(welfare statists)이 금본위제도를 반대하는 추악한 비밀이다. 적자지출은 단순히 대중의 부를 몰수하는 계략이다. 금은 이런 음흉한 계략을 방지하고 재산권을 보호하는 역할을 한다. 이 같은 사실을 깨달으면 국가주의자들이 금본위제도를 적대시하는 이유를 쉽게 이해할 수 있을 것이다.

이와 같은 그린스펀의 논리에 따르면 그린스펀 자신이 국가(통제)주의자가 되었을 것이다. 2000년 6월 25일 나는 그린스펀에게 미제스와 오스트리아학파 경제학자들의 업적에 관한 그의 견해에 대해 물었다. 그 녹취록은 다음과 같다.

론 폴: 경기변동에 대한 오스트리아학파의 자유 시장적인 설명에 의하면 새로운 화폐공급, 즉 인플레이션은 금리를 왜곡시켜 사람들로 하여금 어리석은 일을 하게 만듭니다. 과잉투자가 이루어짐에 따라 야기되

는 악성투자 및 과잉생산능력은 시정되어야 한다고 보는데 당신도 잘 알고 있는 미제스, 하이에크, 라스바드, 해즐릿 등과 같은 훌륭한 오스트리아학파 경제학자들이 이 같은 경기변동 이론을 설명하고 실제로 경기변동을 잘 예측해냈습니다. 이러한 이유로 제가 그들의 저서에 매료되었습니다. 미제스는 구소련 체제가 유지될 수 없다는 것을 분명히 이해했습니다. 오스트리아학파의 경제정책은 1920년대에 이미 1930년대에 어떤 일이 벌어질 것인지를 예측했습니다. 오스트리아학파의 경제학자들은 일본에서 무역흑자를 나타내고 1989년 거품이 터지는 사실에 아무도 놀라지 않았고요. 물론 그들이 가장 잘 예측한 것은 브레튼우즈 협정의 붕괴였으며 이는 분명히 1970년대 예상할 수 있는 중요한 것을 우리에게 알려주었습니다.

그러나 오스트리아학파의 관점에서 우려되는 것은 우리가 여전히 인플레이션을 만들고 있다는 점입니다. 1995~1999년 M3 통화공급이 41%나 증가했습니다. 이는 그 기간의 GDP보다 두 배 더 빠르게 증가한 것이며 현재 경제위기의 원인이 되었습니다. 미국 달러가 글로벌 리저브 통화로 역할을 함에 따라 [단기적으로 이익을 누리지만 장기적으로 더 큰 재앙을 가져오는]금융 버블이 오랫동안 지속될 수 있었습니다. 우리는 대규모 경상(무역)수지 적자를 충당하기 위해 매일 10억 달러 이상 빌리고 있습니다. 대부분의 경제학자들은 오스트리아학파든 아니든 간에 이런 상태가 지속될 수 없으며 무슨 일이 터질 수밖에 없다는 견해에 동의할 것입니다.

최근의 통계는 연준이 일상적으로 관리하는 부문에서 총 은행신용이 22%의 증가율을 나타냅니다. 우리는 지금 세계에서 최대 채무국으로 외채가 1.5조 달러로 GDP 대비 20%에 달합니다. 이는 많은 경제학자들이 앞으로 다가올 재앙의 전조로 우려하는 것입니다. 이와 관련하여 오스트리아학파 경제학자들이 무엇이 잘못되었는지 그리고 그들을 어떤 점에서 비판하고 우리가 받아들일 수 없는지 묻고 있습니다.

두 번째 질문은 생산성에 관한 것인데, 우리의 생산성 통계가 틀렸다고 많은 사람들이 주장하고 있습니다. 에스테바오(Estevao) 및 래치(Lach)는 세인트루이스 연준 팸플릿에서 지적하고 있는 바와 같이 그런 주장은 심각하게 여기지 않으며 사실을 왜곡시킨다고 주장합니다. 한편 모건 스탠리의 로치(Stephen Roach)는 장기적으로 생산성 증가를 고려하지 않는다는 의견을 표명하고 있으며 노스웨스턴 대학의 고든(Robert Gordon)은 생산성 증가의 99%는 컴퓨터 산업에 기인하고 일반경제와 거의 관련이 없으므로 앞으로 경제가 좋을 것이라고 기대할 수 없다고 주장하고 있습니다.

앨런 그린스펀: 오스트리아학파의 경제이론과 경제가 어떻게 작동하는지에 대한 시사점을 학문적으로 논의하게 되어 매우 기쁩니다. 미제스가 대략 90세이고 제가 그 분야에 미천했을 때 미제스의 세미나에 참석했던 적이 있습니다. 저는 오스트리아학파의 가르침을 잘 이해하였으며 그것의 많은 부분이 여전히 옳다고 생각합니다. 오스트리아학파의 이론

이 여러 가지 다른 방법으로 학자들의 일반적인 견해로 받아들여지며 오늘날 본래의 용어로는 거의 논의되지 않지만 다양한 학문저널에서 오스트리아학파의 가르침을 상당히 접할 수 있습니다.

우리는 미국뿐만 아니라 세계 나머지 국가들도 다루어야 하는 특별한 경제를 갖고 있는데 수세대에 걸쳐 사람들은 인간의 본성만 전 과정에서 변하지 않을 뿐, 경제적 변화를 야기하는 근본적인 요인들은 항상 변하고 있다는 것을 알게 되었습니다. 경제학자들은 보통 경제를 특정 방향으로 움직이게 하는 본질적인 구조(이유)가 무엇인지 이해하려고 부단히 노력하고 있습니다. 이러한 견해는 10년마다 계속 변화한다고 감히 말할 수 있을 것입니다. 1960년대에는[인플레이션과 실업이 상충관계를 가지므로] 실업률을 낮추기 위하여 인플레이션이 어느 정도 필요하다고 이해하였습니다. 그러나 더 이상 어느 정도의 낮은 인플레이션이 바람직하다고 주장하지 않습니다. 경제 시스템이 어떻게 작동하는지에 관한 특정의 가설이 현실과 부합하지 않는 것을 목격할 때 시장경제에서 안정에 기여하는 일반적인 요인들은 시기에 따라 변화합니다. 오스트리아학파의 장기적인 영향은 대부분 처음부터 아주 먼 미래까지 미쳐왔으며 대부분의 주류 경제학자들의 견해에 돌이킬 수 없을 정도로 깊은 영향을 미쳤다고 말할 수 있겠습니다.

론 폴: 생산성에 대해 답할 시간이 없겠지만, 하여튼 당신은 오스트리아학파 경제학자들에 대해 우려할 필요가 없다는 견해를 피력할 것으

로 생각합니다. 당신이 오스트리아학파 경제학자들을 너무 우려하고 그들이 과거에 예상한 예측들이 실현되었다면 어쨌든 우리가 관심을 가져야 할 뿐 아니라, 그들이 전적으로 틀렸다는 것을 확신시켜 주어야 할 것이기 때문입니다.

앨런 그린스펀: 경제가 어떻게 작동하는지 분석하는 것과 경제 분석의 결과로 사람들이 예측하는 것을 구별할 필요가 있습니다. 경제예측이 바라는 만큼 실제 경제를 잘 예측하는 경우는 거의 없습니다. 생산성 통계에 많은 문제가 있다는 것을 잘 알고 있습니다. 여기서 굳이 그 문제를 논의하고 싶지는 않습니다. 당분간 생산성은 현재 수준을 유지할 것입니다. 우리 미국의 생산성이 근본적으로 구조적인 변화가 있었다는 증거가 점차 설득력을 얻고 있는 것으로 생각합니다.

그린스펀과 2년마다 갖는 회의를 시작하기 전에 함께 사진을 찍을 기회가 있었다. 예정된 행사였으므로 나의 색 바랜 1966년도 객관주의 신문 한 부를 가져갔다. 짧은 방문시간과 촬영시간 동안 그 신문을 보여주면서 기억나는지를 묻자 그린스펀이 바로 알아차렸다. 그의 〈금과 경제적 자유〉 기사를 펼쳐 보이면서 나를 위해 거기에 사인을 해 달라고 부탁하자 즉시 사인해주었다. 그가 사인할 때 그 기사에 대한 책임을 부인하는지를 물었다. 그는 깜짝 놀라면서 최근에 그 글을 다시 읽었는데 결코 한 단어도 바꾸지 않을 것이라고 대답했다.

2004년 7월 21일 청문회에서 주택 거품에 대해 의견을 교환했는데 그 내용은 다음과 같다.

론 폴: 2000~2001년 경제가 침체 되자 연준은 금리를 전례 없는 수준인 1%까지 인하하는 공격적인 면을 보였습니다. 하지만 이를 주목하길 바랍니다. 제조업 및 저축은 회복되지 않고 주택 버블이 지속되며 경상수지 적자가 계속 악화되고 외채가 증가할 뿐 아니라 정부 및 소비자 채무가 급증하고 있습니다. 그러므로 1% 금리는 버블을 유지하는 것 이외에는 어떤 바람직한 효과도 가져오지 못한 것 같습니다. 다시 말해, 버블을 유지함으로써 단기적으로 성공했으나 인플레이션 시기에 왜곡이 초래된 후에 불가피하게 따르는 고통과 희생을 지연시켰을 뿐입니다.

이와 관련하여 최근의 통화정책이 어떻게 특별한지를 알고 싶습니다. 금리인상에 대해 절반의 사람들이 너무 시기상조라고 생각하는 반면 나머지 절반의 사람들이 너무 늦었다고 생각하는 것은 저로선 놀라운 일이 아닙니다. 역사상 불환지폐는 결코 오래 지속되지 못했습니다. 오늘날 연준이 직면하는 많은 과제들이 역사적 사건, 즉 33년 전에 브레튼우즈 체제를 대체한 불환통화 체제의 종식을 가져올 발단이 될 수 있을 것인지? 그리고 불환통화 체제가 장기적으로 유효하다는 증거가 없습니다. "진정한 성장을 회복하기 위해서는 국내뿐만 아니라 국제적으로 전반적인 통화정책의 문제를 다루어야 할 것이다."라는 의견을 피력함으로써 대중의 관심을 불러일으킬 필요가 있다고 생각하지 않는가요?

앨런 그린스펀: 글쎄요, 의원님, 의원님은 상품본위나 다른 본위통화제도에 대해 보다 근본적인 질문을 제기하고 있습니다. 이러한 문제는 잘 알려진 것처럼 오랫동안 널리 논의되어왔습니다. 어떠한 이유로든 사회에서 금본위제와 같은 상품본위제도를 채택하지 않고 불환통화제도를 채택한 이상, 정부(중앙은행)가 통화공급을 결정하지 않는다면 금본위제도의 장점을 얻기가 매우 어려울 것이라는 의문이 제기될 수밖에 없습니다. 제가 전에 지적했듯이 오늘날의 불환통화제도하에서 가장 효과적인 중앙은행은 일반적으로 상품본위하에서 나타날 상황을 모사(模寫)하기 때문에 성공할 수 있습니다.

불환통화제도는 본래 인플레이션을 초래하는 경향이 있습니다. 그러나 1990년대 초 이래 일본에서 그렇지 않은 사실을 목격하고 크게 놀랐었는데요. 연준이 상품본위제도의 역할을 모사하는 경향이 있으므로 불환통화제도의 장기적인 인플레이션 결과가 미국에서는 초래되지 않을 것임을 깨달았습니다. 내가 그 사실에 놀랐다는 것을 말하고 싶습니다. 제 견해로는 이것이 사실입니다.

2004년 2월 11일 나는 그린스펀의 권한에 대하여 정면으로 도전했다.

론 폴: 하이에크는 국가관리 경제가 정책 계획가들이 어떤 사실을 잘 모르면서 아는 체하는 것에 기초하기 때문에 위험하다고 주장했습니다. 예를 들어, 오버나이트[1일] 금리(overnight rate)가 어떤 수준이 되어야 적정

한지를 의장님(연준)도 모르고 의회도 모르며, 아무도 모르는데도 시장을 거부한다는 것입니다. 이것이 국가관리 경제 시스템이라고 이해하고 있습니다. 그러나 통화정책을 관리하는 몇몇 사람들이 금융 버블을 만들고 주식 시장의 가치를 몇 분 만에 변경시킬 수 있는 너무 큰 권한을 갖고 있다고 생각하지 않는가요? 이는 불길한 권한이며 자유와 건전통화의 개념을 부정하는 것으로 생각합니다.

앨런 그린스펀: 의원님, 의원님은 상품본위제도를 불환통화제도로 전환하는 문제를 언급하고 있습니다. 법적으로 불환통화제도를 채택한 결과 불가피하게 연준이 통화공급자로서 큰 권한을 갖게 되었습니다. 따라서 선거로 뽑히지 않은 연준의 관료는 최대한 투명해야 하며 의회와 유권자에게 자세히 설명할 책임(accountability)이 있습니다. 그리고 연준의 권한은 모두 의회가 부여한 것입니다. 의회의 동의나 암묵적인 승인이 없다면 연준은 어떤 일도 할 수 없습니다. 연준이 수행하고 있는 일을 왜 하는지를 설명하기 위해 제가 오늘 이 자리에 있는 것입니다. 저는 이 일을 계속할 것이며 연준 직원들은 모두 의회가 부여한 연준의 책임을 충분히 인식하고 미국의 헌법 원리를 일반대중보다 더 충실히 준수한다고 믿고 있습니다.

그린스펀이 마지막으로 금융위원회에 출석한 것이 2005년 7월 20일이었다. 나는 이 기회를 이용해 통화 시스템 내에서 어떤 조건이 금본위제를 다시 재고하게 만들 수 있는지에 대해 그를 강하게 몰아붙였다. 질문을 시작하면서 중앙은행들은 금이 통화적인 목적을 나타낸다는 사실을 분명히 믿으면서 여전히 금을 보유하고 있음을 지적하였다. 중앙은행들이 다른 상품은 보유하지 않고 수년 동안 금을 매각해왔음에도 국제통화기금(IMF)과 중앙은행들은 여전히 많은 양의 금을 보유하고 있다.

론 폴: 1960년대에 의장님조차도 불환지폐 체제를 부를 몰수하는 제도라고 기술하였습니다. 오늘날의 불환통화 체제가 사실상 우리의 국가채무를 불이행하는 제도가 아닌가요? 이러한 이유로 사람들이—결국 언젠가— 가치가 더 싼 달러로 상환을 받을 것이기 때문에 국채를 사지 않으려고 하는 것이 아닌가요? 그리고 이런 질문과 더불어 정확히 금과 관련된 문제를 묻고 싶습니다. 오늘날 어느 정도 잘 작동하는 것처럼 보이는 지폐 시스템이 언제 잘 작동하지 않을까요? 어떤 징조들이 나타나면 금본위제도를 재고해야 할까요?

앨런 그린스펀: 글쎄요, 의원님은 중앙은행 혹은 통화당국이 금을 보유하고 있다고 말씀하셨는데 미국은 세계에서 가장 많은 금을 보유하고 있습니다. 왜 우리가 금을 보유하는지를 자문해볼 필요가 있습니다. 그 답은 바로 의원님이 근본적으로 암묵적으로 제기하고 있는 문제, 즉 수세대에 걸쳐 불환통화가 채택되어 야기된 1970년대와 같은 인플레이션 문제입니다. 인플레이션을 어떤 계략이나 음모로 간주하면 실제보다 훨

씬 더 의식적으로 인플레이션 문제에 초점을 맞출 수 있지만 근본적인 문제들은 부주의와 잘못으로 인해 야기되었습니다.

그러나 제가 이전에 비슷한 질문에 대해 증언했듯이 1970년대 말 중앙은행들은 인플레이션이 얼마나 유해한지를 깨닫기 시작했습니다. 실제로 1970년대 말 이래 중앙은행가들은 금본위제도하에서와 같은 행태를 취하여 왔습니다. 그리고 통화당국이 다양한 노력을 기울여 유동성이 크게 감소된 것은 과도한 신용 유동성이 인플레이션을 야기하여 성장을 훼손시킨다는 것을 인식하고 있음을 분명히 보여주고 있습니다. 따라서 의원님은 이러한 상황에서 금본위제도로 돌아가면 어떤 이점이 있을 것인지 질문하고 있습니다.

저는 그렇게 생각하고 있지 않습니다. 연준이 금본위제도하에서처럼 통화정책을 운영하고 있기 때문입니다. 이러한 질문이 의원님이 언급한 대로 적어도 1971년에 제기되었다면 그 답은 이점이 있을 수 있다는 것입니다. 당시 금이 온스 당 800달러에 달했었습니다. 연준은 보기 드문 불균형을 다루고 있었고 금리는 급격히 상승했으며 경제 시스템이 매우 불안정하여 어떤 조치를 취할 필요가 있었습니다. 의원님도 기억하시겠지만 1979년 폴 볼커가 연준 의장으로 취임한 후 매우 강력하게 신용확대를 규제하였습니다. 이는 장기적인 일련의 결과로 이어지고 그로부터 우리는 지금까지 많은 이점을 얻고 있습니다. 따라서 중앙은행이 불환통화의 위험을 배웠다고 믿으며 불환통화 시스템하에서 진짜 준비금이 있는 것처럼 통화정책을 운용해왔다고 생각합니다.

그린스펀이 증언한 것처럼 연준이 명목적으로 금본위제도를 다시 고려하면 높은 소비자물가 및 생산자물가 인플레이션이 초래될 것이다. 그동안 많은 세계의 중앙은행들과 IMF는 금을 계속 보유할 것이다. 능력 이상으로 살고 있는 서양 국가들의 중앙은행은 금을 팔고 있으며 동시에 성장 지향적인 동양 국가들은 금을 사고 있다. 1990년대의 실제(성과)는 중앙은행이 금본위제도하에서처럼 통화정책을 운용하고 있다는 그린스펀의 주장과 다르게 나타났으며 그 결과 2008년 재앙이 시작되었다.

그린스펀이 1966년 〈금과 경제적 자유〉 기사에서 주창한 메시지는 연준 의장으로서 그의 메시지와 정책과는 상당히 달랐다. 한 사적 대화에서 그는 머레이 라스바드와 친분이 있다고 시인했으며 스스로 가치판단은 하지 않았다. 당시 금과 자유에 대한 훌륭한 기사를 썼으므로 아마도 라스바드가 그에게 좋은 영향을 미쳤을 것이다. 이는 어떤 면에서 상당히 놀라운 일이다.

그린스펀은 재임 동안 모든 경기침체와 정치적 위기에 무한히 통화를 확대(인플레이션)시킨 후에 과잉신용 유동성이 어떻게 인플레이션을 초래하는지의 위험을 깨달았다고 주장했다. 역사상 신용이 가장 크게 시정(수축)되는 현재의 위기에 대해 그가 가장 큰 책임이 있다는 것을 부정한다. 현명한 중앙은행가들에 의해 관리(불환)통화 제도가 운영되면 지폐가 금을 대체할 수 있다는 그의 주장이 완전히 틀렸다. 역사는 그런 목표가 결코 달성될 수 없음을 증명할 것이다. 불환통화를 아무리 복잡하고 세련되게 관리하더라고 오류가 시정되는 것을 지연시키고 그런 과정에서 더욱 큰 금융 버블을 만들 뿐이다. 이것이 오늘날 위기의 진상이다.

많은 자유주의자들은 그린스펀이 여전히 진정한 신념을 가진 사람이며 적절한 시기에 건전한 화폐와 자유라는 대의를 진전시킬 것이라는 생각을 갖고 있었다. 그러나 나는 결코 그럴 가능성이 없다고 생각했으며 시간이 흐름에 따라 그린스펀은 아인 랜드가 경멸한 실용주의의 지배를 받았다고 확신했다. 2008년 10월 24일 그린스펀은 하원의 감시 및 개혁위원회에 출석하여 '저명한' 전 연준 의장으로서 환영을 받고 의회에서 마지막 증언을 하였다.

그의 증언은 대부분 자신의 명성을 방어하고 연준 의장으로서 자신의 결점을 교묘히 변명하는 것이었다. 증언들은 한심했다. 지금의 위기 문제들을 예상하기 위해 사용한 컴퓨터 프로그램이 잘못 설계되었다고 주장하였다. 부채가 급증한 것은 부채에 대한 수요가 컸기 때문이며 연준 정책의 결과가 아니라고 주장했다. 그의 궤변은 정책당국이 시장을 충분히 규제하지 않는 실수를 범했다고, 즉 악성투자(mal-investment)의 여건들을 조성하고 더 많은 정부규제로 그것들을 벌충하였다고 주장함으로써 절정에 달했다. 그 청문회가 끝나갈 때 나는 그린스펀이 자유주의자 존 골트(John Galt)[46]가 아니라는 결론을 낼 수밖에 없었다.

1987~2006년 그린스펀이 연준 의장으로 재임하는 동안 2007~2008년에 터진 금융 재앙의 모든 씨앗을 뿌렸다는 점을 역사가 보여줄 것이다. 이와 똑

---

46) 골트는 아인 랜드의 소설 《Atlas Shrugged》에서 개인 자본주의자의 권력을 상징하는 창조자 및 발명가로서 집단주의적 사회에 이념적으로 대비된다. 소설에서 묘사되는 사회 및 경제구조는 사회주의적인 이상주의의 질식할 것 같은 엘리트주의 및 평등주의를 신봉하는 압제적인 관료들에 기초한다. 이러한 대중적 이념에서 미국의 개인주의자들은 신들을 배반한 벌로 하늘을 짊어지게 된 그리스 신화의 아틀라스와 같이 세계의 무거운 짐을 짊어진 사람들이다. 골트는 그들에게 생산적인 재능을 더 이상 그 체제에 제공하지 않음으로써 무거운 짐을 떨쳐버리도록 설득한다.

같은 이유로 질병을 일으킨 세균을 더 많이 투입함으로써 질병을 치유할 수 없으며 오바마 대통령 시기에 인플레이션 및 채무누증을 통하여 위기로부터 탈출하지 못할 것이다. 이 불황은 오랫동안 지속될 것이다. 불황이 10년 이상 지속된다면 장기 불황은 그린스펀만의 탓으로 돌릴 수는 없으며 그 책임이 현재의 연준이사회, 의회, 대통령, 재무부에 있지만 무엇보다도 1930년대 대공황을 야기한 똑같은 철학인 케인지안 경제정책에 있을 것이다.

불황은 중앙은행의 신용확대 및 인위적인 저금리정책에 의해 야기된 가짜 호황이 불가피하게 시정되는 과정이다. 불황이 지속되는 것은 정부가 시장에 개입하여 부채 및 악성투자가 청산되고 임금과 재화 및 서비스 가격이 조정되는 것을 저해하기 때문이다. 특히 연준 통화정책의 결과로 인한 모든 오류를 시장이 시정하기 위해 노력할 때 정치인이나 관료들에게 경제를 중앙집권적으로 계획하지 말라고 요구하는 것은 거의 불가능한 일이다.

7부

버냉키와의 대화

＊

나는 벤 버냉키와 여러 번 의견을 교환했었다. 금융위원회의 모든 청문회에서 계속 논쟁해 적어도 그가 또 다른 견해를 갖고 있다는 사실을 안다. 그는 2006년 2월 1일 연준 의장이 되었다. 2006년 7월 20일 그와 의견교환을 하면서 '증권시장 폭락방지팀'(Plunge Protection Team)—재무부 장관, 연준 의장, 증권거래위원, 상품선물거래위원으로 구성된 금융시장 실무협의단(Working Group on Financial Markets)—의 비밀, 경제성장에 대한 편견, 금융위기에 대한 연준의 역할 등에 대하여 자세히 질문하였다. 의견교환 내용은 다음과 같다.

론 폴: 금융시장 실무협의단이 실제로 무슨 일을 하며 어떤 권한을 갖고 있는지 보다 상세히 알고 싶습니다. 금융시장 실무협의단이 얼마나 자주 회합하여 조치를 취하며 최근에 어떤 일을 했는지를 그 구성원의 일원으로서 설명해 줄 수 있습니까? 그리고 이 특별 그룹이 만든 보고서가 있습니까?

벤 버냉키: 예, 의원님. 대통령 직속 금융시장 실무협의단은 1987년 주식시장 붕괴 이후에 대통령에 의해 소집된 것으로 알고 있습니다. 확실하지는 않지만 회합은 부정기적으로 연 4~5차례 열리는 것으로 알고 있

습니다. 주요 기능은 보고서를 준비하기 위한 자문을 하는 것입니다. 앞서 제가 말씀드렸던 것처럼 우리는 테러 위험의 보험에 대한 보고서를 준비하라는 요청을 받았습니다. 이러한 과제들이 증권시장 폭락방지팀이 일반적으로 하는 일입니다.

론 폴: 금융시장 실무협의단이 자문기구 이상이라는 언론기사를 볼 수 있을 것입니다. 주식시장이 붕괴할 경우 문자 그대로 시장에 제약을 가할 수 있는 막강한 권한을 갖게 된다는 내용입니다. 금융시장 주변의 재무부 및 연준 등 협의단과 관계가 있는 수조 달러의 부정자금에 대해 언급하고 있습니다. 따라서 많은 문제가 있다고 봅니다. 제가 이 문제에 관심을 갖게 된 것은 최근 언론에서 실무협의단이 제너럴모터(GM) 주가를 조작했다고 비난하는 기사가 실렸기 때문입니다. 의장님이 그런 기사를 보았거나 이와 관련하여 어떤 사실을 알고 있습니까?

벤 버냉키: 아니오, 모릅니다.

론 폴: 실무협의단이 제너럴모터사에 문제가 있다고 주장하고 나서 GM의 주가가 급등했기 때문이죠. 실무협의단의 회합 문제로 다시 돌아와서 실무협의단이 부정기적으로 회합한다고 의장님이 말씀하셨는데 의사록이나 협의단이 만든 보고서가 있습니까?

벤 버냉키: 스태프들이 기록을 보관하고 있는 것으로 알고 있습니다. 이들 스태프는 대부분 재무부 관료들이지만 다른 기관의 직원들도 있습니다.

론 폴: 금융위원회 위원들이 그 기록을 볼 수 있습니까?

벤 버냉키: 죄송하지만 저는 모릅니다.

론 폴: 다른 질문으로 넘어가서 성장둔화 또는 침체경제가 인플레이션의 억제에 도움이 된다는 일반적인 견해에 관한 것인데 최근에 연준 이사회의 한 이사가 경기침체가 인플레이션을 억제하는 데 도움이 된다고 말하면서 경제성장이 둔화되고 있는 것에 안도감을 표시했습니다. 경제가 강한 활황을 보이므로 다소 둔화되어야 할 필요성이 있다는 의견을 많이 듣는데 이러한 견해가 옳다면 의장님은 인플레이션을 우려할 때 성장둔화가 인플레이션을 억제하는 데 도움이 된다는 의견에 동의합니까?

벤 버냉키: 의원님, 제가 증언에서 언급한 바와 같이 우리는 잠재산출능력(잠재GDP)과 부합하는 지속 가능한 성장률을 필요로 합니다. 최근 잠재GDP는 과거에 비해 다소 불확실합니다. 지난 수년간 과소 사용된 자원을 다시 사용해 성장하고 있으므로 성장률을 둔화시킬 필요는 없다고 봅니다.

론 폴: 의장님은 인플레이션이 우려될 때 성장을 둔화시키면 인플레이션이 억제된다는 원리, 즉 경제성장으로 인해 인플레이션이 야기된다는 견해를 받아들이는 것 같습니다. 저는 그런 견해에 동의할 수 없습니다. 인플레이션은 통화적 현상이라는 사실을 대부분의 사람들이 받아들이기 때문입니다. 그것은 또한 사람들로 하여금 성장을 나쁜 것으로 생각하게 만듭니다. 저는 성장이 좋다고 생각하는데 경제성장률이 3%, 4%, 5%, 6%이든지 상관없이 통화적인 인플레이션이 존재하지 않는다면 우려할 필요가 없습니다. 인위적인 성장이 아니라 시장에서 진정한 성장이 이루어질 경우 생산성이 증가하기 때문입니다. 생산성의 증가는 물가수준을 하락시키지만 인플레이션과는 상관이 없습니다.

제가 말하고자 하는 바는 실질임금에 대한 케인지안의 관심과 관련이 있습니다. 명목임금과 실질임금에 대하여 많은 논의가 있었지만 실질임금이 하락하는 현상은 가치가 상실되는 불환통화에 기초한 경제의 특징입니다. 사실상 이는 케인즈가 주장했습니다. 케인즈에 따르면 불황일 때 실질임금이 하락해야 하는데 인플레이션을 통하여 실질임금을 하락시킬 수 있다고, 즉 명목임금이 고정되어 있으므로 실질임금이 하락할 —근로자들에게 임금이 하락하지 않고 일정한 것으로 속일— 수 있다고 말합니다. 그러나 이러한 체제는 궁극적으로 근로자들이 실질임금이 하락한 것을 깨닫고 생계비 인상을 요구하기 때문에 작동하지 않습니다. 경제성장으로 인해 인플레이션이 야기된다는 이유를 이해할 수 있도록 도와주기 바랍니다. 왜 경제성장이 유익하며 생산성을 증가시켜 물가를 하락시키는 데 도움이 된다고 말할 수 없나요?

벤 버냉키: 의원님의 견해에 동의합니다. 성장이 인플레이션을 야기하지 않습니다. 인플레이션을 야기하는 것은 경제의 잠재GDP보다 더 빨리 증가하는 지출을 부추기는 통화 및 금융적인 조건입니다. 생산성 향상 및 노동력 증가 등 생산을 증가시키는 어떤 요인도 인플레이션을 감소시킵니다.

론 폴: 재정적자가 연준이 통화정책을 운용하고 낮은 통화증가율 및 이자율을 유지하는 데 장애요인으로 작용한다고 생각하지 않습니까?

벤 버냉키: 글쎄요. 단기적인 통화정책의 운용에 관한 한 연준은 재정적자와 관계없이 재정정책의 조건에 대하여 조정할 수 있습니다. 제 생각에는 재정문제가 장기적인 의미에서 더 중요하다고 생각합니다. 예를 들자면, 우리는 국민연금 및 의료보험(메디케어) 등과 같은 장기적인 의무정책을 가지고 있기 때문입니다. 우리는 재정적 조건(상황)이 단기적인 통화정책을 운영하는 데는 주요 장애요인으로 작용하는 것을 본 적이 없습니다.

의견을 교환하는 동안 버냉키는 다소 신경질적인 반응을 보이며 잘 알고 있는 문제에 대하여는 불필요하게 입술을 꽉 다물었다. 또한 기술적(이론적)

인 토픽을 공개적으로 다루면서 당황하며 평정심을 잃지 않으려고 몹시 애를 썼다. 마지막으로, 그는 재정적인 상황이 아무리 나쁘더라도 연준의 통화정책에 장애요인이 되지 않을 것이라고 결론지었다. 평생 광신적으로 통화확대를 주장하는 사람으로부터 예상할 수 있는 답변이다.

2007년 7월 18일 현행 정책은 지속 불가능하고 위기가 다가오고 있다고 내가 그에게 경고하면서 교환한 의견은 다음과 같다.

론 폴: 연준이 전적으로 통화공급을 관리하지만 재무부가 달러의 가치를 지킨다는 것은 상당히 아이러니합니다. 달러의 가치에 대해 연준이 책임이 없는 것처럼 보일 수도 있습니다. GDP에 대하여 질문하겠습니다. 1/4분기 GDP 증가율이 연 1% 이하를 기록했습니다. 평균 인구증가율이 1.5%입니다. 따라서 1인당 GDP 증가율은 마이너스입니다. 이것이 일부 사람들이 불평등하다고 느끼는 이유를 부분적으로 설명할 수 있지 않은가요?

벤 버냉키: 의원님, 그것은 물론 한 분기의 GDP입니다. 과잉재고의 청산, 무역수지의 일시적인 변동, 국방비 지출의 일시적인 감소 등 1/4분기의 GDP 증가율을 하락시킨 여러 가지 일시적인 요인들이 있습니다. 이들 모든 요인이 지금 역전되고 있으므로 2/4분기 GDP 증가율은 3% 수준에 이를 것으로 예상됩니다. 올 상반기에는 보다 견실한 성장률을 기

록할 것입니다.

론 폴: 미국의 저축률이 마이너스입니다. 우리가 진정한 자본주의를 갖고 있다면 이는 매우 심각한 문제입니다. 저축이 없고 투자할 자본이 없기 때문입니다. 오늘날 불환통화 체제에서 우리는 다른 방법에 의존하고 있습니다. 연준이 아무런 근거 없이 허공에서 신용 및 통화를 창출할 수 있으며 새로 창출된 통화는 기존의 통화로부터 가치를 몰래 훔쳐 자본으로서 역할을 합니다. 오랫동안 그렇게 해옴에 따라 지속될 수 있지만 사실상 이것이 바로 인플레이션이라고 할 수 있겠습니다.

이뿐만 아니라 우리가 해외차입에 의존할 수 있으며 세계 기축통화 (달러)를 가져 우리의 인플레이션을 해외로 수출할 수 있기 때문에 무임승차(free ride)하는 것처럼 생각됩니다. 하지만 우리가 얼마나 오랫동안 세계를 속일 수 있을까요? 우리의 생산적인 일자리가 해외로 빠져나가면 GDP 대비 6%에 달하는 경상수지 적자가 얼마나 오래 지속될 수 있을까요? 더 많은 일자리가 해외로 이전되는 현상에 대하여 어떤 사람이 언급한 것처럼 이는 결국 우리의 발목을 잡게 될 것입니다. 아무런 근거 없이 무에서 창출한 신용 및 통화로 자본을 형성함으로써 우리가 살아갈 수 있다고 생각할 수 있을까요? 만약 이것이 가능하다면 우리는 더 이상 일을 할 필요가 없게 될 것입니다. 그러나 현실적으로는 우리가 반드시 일을 해야 하고, 반드시 저축을 해야 하며, 반드시 투자를 해서 이 일자리들을 반드시 되찾아야 할 것입니다. 하지만 저는 우리가 직면한 많은 문제가 저축을 억제하고 무임승차를 부추기는 통화 시스템의 결과라고 봅니다. 아직까지는 달러에 대한 신뢰가 많이 남아있지만 (비록 그 신뢰가 하루하루 줄어들고 있지만) 이러한 불환통화 체제가 종국에는 어떤 결과를 초래할 것인지를 우리는 직시해야 할 것입니다.

벤 버냉키: 우선 총저축은 기업뿐만 아니라 가계의 저축을 포함합니다. 이들을 합하면 플러스가 되므로 미국에서 다소의 순 저축이 이루어지고 있습니다. 그러나 해외차입, 즉 경상수지 적자에 크게 의존하고 있다는 의견은 절대적으로 옳다고 봅니다. 이러한 상황이 당분간은 지속 가능하다고 생각되는데 외국인들이 미국의 자산(국채)을 획득하는 데 상당히 관심을 가지기 때문입니다. 미국 금융 시장은 유동성이 높고 잘 발달되어있지만 이것이 장기적으로는 지속 가능하지 않으며 경상수지 적자를 축소하기 위해 노력할 필요가 있다는 의견에 또한 동의합니다. 이전의 질문에 대한 대답에서 미국의 저축을 증가시키는 동시에 무역상대국의 국내수요를 진작시키는 구조변화의 중요성에 대해 언급했었습니다.

론 폴: 인플레이션이 가장 중요한 정책관심사라고 의장님이 말씀하셨는데 그런 관심이 있다는 것은 고무적이라고 생각합니다. 물론 다시 한 번 말씀드리자면, 인플레이션은 통화적 현상이며 이를 억제해야만 합니다. 때로는 전쟁이 건전한 통화를 유지하는 데 좋지 않거나 물가 또는 인플레이션을 억제하는 데 도움이 되지 않습니다. 역사상 전쟁으로 인플레

이션이 초래되지 않은 경우를 발견하기 어렵습니다. 고대 국가들조차도 금화·은화의 가장자리를 깎아내어 가치를 줄이는(clipping) 등의 방법으로 전쟁비용을 충당하여 왔습니다. 그들은 일반대중이 전쟁비용을 지불하는 것을 싫어하기 때문에 화폐를 인플레이션(증가)시켰습니다. 1970년대 우리는 국방 및 복지(guns and butter)정책의 결과 달러 위기와 스태그플레이션을 겪었죠. 지금 또다시 국방 및 복지정책으로 인해 1979~1980년의 상황이 초래되는 것 같습니다. 의장님은 우리가 1979~1980년과 같은 달러의 위기에 직면할 가능성이 있다고 예상하고 있습니까?

벤 버냉키: 연준은 낮고 안정적인 인플레이션을 유지하는 데 전력을 다하고 있으며 이를 달성할 수 있을 것이라고 저는 확신하고 있습니다.

론 폴: 의장님은 달러의 위기를 예상하는지의 질문에 답하지 않고 계십니다.

벤 버냉키: 저는 1979~1980년과 같은 문제에 직면할 것으로 예상하지 않고 있습니다.

론 폴: 의장님의 행운을 빌겠습니다. 알겠습니다. 감사합니다.

분명히 행운은 일어나지 않았다. 위의 의견교환에서 버냉키는 여러 번 성장하고 있는 미국경제는 문제없이 밝은 미래가 기대된다고 말했다. 이 청문회는 베어스튼 헤지펀드가 파산하기 2주 전에, 그리고 미국 금융 시스템이 완전히 붕괴하기 1년 전에 개최되었음을 기억할 필요가 있다. 그는 우리의 유동적인 금융 시장에서 모든 문제들이 해결될 것이라고 말한다. 이와 같이 그가 한 말들이 모두 틀렸는데도 왜 대중들이 지금 그의 견해를 진지하게 받아들이는지 이해하기 어렵다. 마지막으로, 그는 재정지출이 경제성장의 원천이라는 자신의 믿음, 즉 어떤 사람의 재산(소득)을 빼앗아 다른 사람에게 주며 어떻게 해서든지 마술같이 번영을 이룰 수 있다는 시대착오적인 케인지안의 미신을 털어놓는다. 2007년 11월 8일 나와 버냉키는 또다시 마주쳤다. 이번에는 주택 버블에 대하여 자세히 물었다.

론 폴: 미국과 연준은 정말로 어려운 진퇴양난에 처해 있습니다. 우리가 왜 이런 상황에 직면하게 되었는지는 충분히 논의하지 않고 어떻게 대처할 것인지만 논의하고 있을 뿐입니다. 버블이 터졌습니다. 우리는 나스닥 버블이 터진 후에 무슨 일이 일어났는지를 목격했습니다. 우리는 이 사태가 어떻게 야기되었는지를 묻지 않고 있습니다. 그리고 주택 버블이 야기된 후에 버블이 터지고 주택가격의 하락이 확산되고 있는 중입니다. 그러나 여태껏 아무도 이 사태가 왜 야기되었는지 말하지 않고 있습니다. 일반적으로 권고하는 처방은 통화를 확대(인플레이션)시키는 것입니다. 통화당국은 통화를 확대한다거나, 통화의 가치를 떨어뜨린다거나, 대중을 속인다고 말하지 않습니다. 금리를 낮춘다고 말합니다. 금리를

낮추기 위해 통화를 더 많이 공급해야 한다고 설명하지 않고 있습니다. 재할인율을 낮추어야 한다거나, 리저브를 증가시켜야 한다거나, 금리를 인하해야 하며 단기금리를 고정시켜야 한다고 말합니다. 이는 통화공급을 증가시킴으로써만 할 수 있는 일입니다. 하지만 사람들은 의장님에게 절대로 질문하지 않고, 저 또한 의장님에게서 이에 관해서 들은 적이 거의 없습니다.

물론 현재는 M3-통화공급 중에서 가장 포괄적인 통계-를 추적할 수 없으나 현금을 즉시 얻을 수 있는 MZM 통계는 추적할 수 있습니다. MZM 증가율이 연 20%를 상회하고 있어 인플레이션이 상당히 높음을 알 수 있습니다. 이는 바로 달러가 점점 약세가 되는 것을 의미합니다. 모든 사람들이 달러가 약세를 나타낼수록 수출이 증가하므로 좋다고 말합니다. 이것은 틀린 말입니다. 달러가 약세가 되면 1~2개월 동안은 수출이 증가할 수 있지만 곧 인플레이션이 초래되기 때문입니다. 자유시장경제 학자들은 인플레이션의 진상을 밝히고 인플레이션이 무엇인지 정의하지 않는 한 물가만을 보지 말라고 20세기 내내 강조해왔습니다. 그들은 당국이 통화량을 증가시키지만 대중으로 하여금 물가에만 집중하게 만드는 것을 경계해야 한다고 주장하였습니다. 정부는 소비자물가지수(CPI)나 생산자(도매) 물가지수(PPI)를 공표하고 의장님도 알다시피 이들 숫자를 그럴듯하게 조작하며 문제(인플레이션)를 해결하는 방안으로 임금 및 물가통제를 언급할 것입니다.

우리는 근본적인 결함을 무시했습니다. 주택 부문에서 서브프라임 시장이 있을 뿐 아니라 인위적으로 낮은 이자율을 유지함으로써 전체 경제 시스템이 서브프라임[불건전한 것]입니다. 이러한 정책은 당신이 의장으로 취임한 후에 시행된 것이 아니며 지난 10년 이상 계속되어 지금 그 결과가 나타나고 있습니다. 1%의 낮은 이자율[연방기금금리]가 왜곡이 아닌가요? 이 나라에서 아무도 진짜로 믿지 않는 소비자물가지수를 살펴보는 대신에 왜곡, 악성투자, 오도(誤導), 인위적인 저금리에 따른 나쁜 정보 등에 대하여 검토할 필요가 있습니다.

여러 면에서, 의장님이 이자율을 고정하므로 어떤 사람들은 당신을 가격을 고정시키는 사람이라고 말하고 있습니다. 시장은 영향력이 매우 강력하며 지배적인 역할을 하지만 연준이 이자율을 1%로 고정할 때 그것은 가격을 고정시키는 것입니다. 의장님은 증언의 말미에 우리가 주택 위기의 문제를 다루고 사기적인 대출관행을 시정할 수 있는 규제를 도입할 것을 제안했었습니다. 저는 그것이 전혀 해결책이 되지 않는다고 생각합니다.

진짜 사기는 우리가 허공에서 돈을 만들어 돈의 가치를 왜곡시키는 것입니다. 우리는 저축이 없습니다. 그러나 소위 말하는 자본은 있습니다. 즉, 사용 가능한 돈이 있다는 것입니다. 이것은 연준이 수행해야 하는 역할과 연준에 가해지는 압력으로부터 나옵니다. 그러므로 우리는 문제를 야기한 근본적인 원인으로 돌아가야만 합니다. 새로운 통화를 창출하고 악성투자가 이루어짐에 따라 버블이 야기됩니다. 따라서 제 질문은 이것으로 귀결됩니다. 도대체 어떻게 인플레이션(통화공급 증가)의 문제를 더 많은 인플레이션으로 해결하리라고 기대할 수 있나요?

벤 버냉키: 의원님, 우선 사소한 기술적 문제를 지적합니다. 통화증가율과 관련하여 지난 수년간 통화증가율은 상당히 완만했었습니다. MZM의 증가는 아마도 금융혼란과 관련이 있을 것입니다. 잘 알려진 바와 같이 사람들이 저축을 위험자산에서 은행예금으로 이전함에 따라 MZM이 빠른 증가율을 보였습니다. 그러므로 이것이 반드시 정책의 결과인지는 확신할 수 없습니다. 우리는 의회가 우리에게 부여한 의무 즉, 국내물가상승률로 계측되는 고용과 인플레이션을 살피라는 의무를 따르기 위해 노력하고 있습니다. 그리고 오늘 제가 말씀드렸듯이 의원님도 동의하실 것이라고 생각하는데 우리도 인플레이션의 위험성을 인지하고 있습니다. 그리고 이를 염두에 두고 미국 내에서 물가가 가능한 한 안정적으로 유지되도록 하고자 합니다.

론 폴: 달러를 더욱 약세로 만들지 않고 그것을 어떻게 달성할 수 있습니까? 달러 위기가 발생하고 저축한 사람들이 돈을 잃게 됩니다. 달러가 10% 절하되면 사람들은 돈을 10% 빼앗깁니다. 달러 약세로 인해 누군가의 부(소득)가 잃는다는 문제를 해결하지 않고서 이러한 정책을 어떻게 추진할 수 있겠습니까? 그런 정책은 높은 이자율과 경기침체를 야기할 것입니다.

벤 버냉키: 전형적인 미국인들처럼 사람들이 부를 달러로 보유하고 소비재를 달러로 살 때 달러의 절하는 단지 수입품을 더욱 비싸게 만들

어 자신들의 구매력에 영향을 미칠 뿐입니다.

론 폴: 그렇지만 은퇴한 사람들이 CD^(예금증서)를 보유하고 그들의 생계비가 공식적인 소비자물가지수와 관계없이 상승할 경우에는 그렇지 않습니다. 그들은 생계비가 상승하여 어려움을 겪게 됩니다. 이것이 미국인들이 매우 어려운 곤경에 처하는 이유입니다.

이상이 주택 버블이 터지기 전에 마지막으로 나눈 의견교환이었다. 버냉키는 질문에 대해 그 전보다 더욱 얼버무려 넘겼다. 어떤 문제도 구체적으로 답하지 않았다. 더욱이 현안문제에 대하여 전혀 우려하는 기색조차 보이지 않았다. 그에게 온종일 질문을 쏟아부어도 돌아오는 대답은 상투적이고 진부한 말뿐이었을 것이다. 그가 마음속으로 무엇을 알고 있었는지는 또 다른 문제다. 그날 버냉키는 완전히 선전에만 충실한 모습이었다. 지금의 위기가 시작된 지 오래 후인 2009년 3월 24일 나눈 의견교환은 다음과 같다.

론 폴: 의장님은 자본주의가 실패했고 우리가 이 문제를 해결하기 위해 그 어느 때보다 정부가 필요하다고 생각하십니까? 아니면 '사실은 문제의 상당 부분은 우리 스스로가 초래한 것이고, 정부가 너무 크며, 금리의 결정에 지나치게 개입함으로써 과도한 위험과 모럴해저드^(도덕적 해이)를 야기한 것'이라고 생각하십니까? 의장님이 시장이 작동하지 않는다고 생각한다면 의장님이 하는 모든 일을 제가 이해할 수 있습니다. 의장

님이 시장을 완전히 부정하고 시장에 대해 무엇인가를 해야 한다고 생각하면 의회, 재무부, 연준이 계속 시장에 개입하는 이유를 이해할 수 있습니다. 의장님은 위기를 시장의 탓으로 돌릴 것인가요? 아니면 지난 30년 동안 우리가 받아들인 정실(연고) 자본주의[47]의 탓으로 돌릴 것인가요?

벤 버냉키: 의원님, 저는 확실히 자본주의를 부정하지 않습니다. 위기가 자본주의 자체가 실패한 것이라고 생각하지 않으며 또한 자유 시장이 자본을 배분하는 주요 메커니즘이 되어야 한다고 생각하고 있습니다. 수십 년 동안 자유 시장이 자금을 새로운 기업 및 기술에 매우 효과적으로 배분했다는 것을 보여주었고 우리는 자유로운 자본 시장 구조를 유지하기를 원합니다. 그럼에도 불구하고 과거 수십 년 동안 금융 시스템은 공황, 예금인출사태, 호황과 불황(붐-버스트)을 나타내는 경향이 있었으며 이들 문제를 방지하기 위해 좋든 나쁘든 예금보험 및 최종대부자와 같은 제도를

---

47) 정실 자본주의(crony capitalism)란 말 그대로 끼리끼리, 패거리 자본주의다. 이 용어는 서양에서 동양의 소위 '아시아적 가치'에 기반을 둔 자본주의를 비판하면서, 특히 1990년대 이후 동아시아 경제위기를 두고 서양의 경제계 인사들이 비판하며 자주 거론된 단어 중의 하나이다. 정실 자본주의는 아시아의 계급사회 유교사회의 가치가 투영된 사회 및 경제적인 특징의 일면이라고 할 수 있다. 즉, 혈연, 지연, 학연 또는 정경유착, 기업 연고주의에 이르기까지 일련의 집단주의적 특징을 보이는 경제활동을 말한다. 아시아 일부 국가에서 보이는 왕족일가의 재벌그룹의 산업 독식 및 금융거래 독점행위나 정치 관료와 경제인 사이의 혈연, 학연, 지연 등으로 맺어지는 정경유착 현상에서 기업 내 고정적이고 관료적인 인사이동 및 정부규제를 넘어서는 기업의 부동산 투기에 이르기까지 부정적인 면들이 모두 정실 자본주의라는 용어의 대상이 된다. 정부지원의 필요성은 정부로 하여금 국가산업 전략과 관련하여 기업과 은행에 영향력을 미치게 된다. 높은 가계저축률, 높은 기업부채, 은행-기업-정부의 협력, 국가산업전략, 조건적 투자 인센티브제도는 아시아, 남미 등의 개발도상국에 상응하는 것이다. 기업들로 하여금 그들 자산의 몇 배에 해당하는 부채를 차입할 수 있도록 허용하는 이 시스템은 그것의 부정부패에도 불구하고 기술과 규모; 생활수준에 있어서의 비약을 가능케 하기도 했다.

발전시켜 왔습니다. 이러한 금융안전망(보호장치)이 있음으로 인해 과도한 위험이 축적되는 것을 방지하기 위하여 감시할 필요가 있다고 봅니다.

론 폴: 끼어들 수 있을까요?

벤 버냉키: 물론입니다.

론 폴: 예금보험 및 최종대부자와 같은 제도가 모럴해저드를 야기하지 않았나요? 그것은 해결책이 아니라 오히려 문제가 아닌가요?

벤 버냉키: 글쎄요, 우리가 1913년에 연준을 설립한 것은 1907년과 1914년에 큰 금융공황이 야기되고 규제가 없었으며 19세기에도 그것이 문제라고 생각했기 때문입니다.

세계에서 가장 막강한 정부 관료의 총수답게 독점적인 금융 카르텔을 유지하기 위하여 항상 대중을 속이는 조작을 하고 세계의 가장 영향력 있는 중앙계획가로 세계통화의 가격을 설정하면서 자본주의의 영광을 내세운다. 그 자신의 기관에 의해 야기되는 모럴해저드의 무서운 결과를 직면해서도 현실을 직시하거나 인정하려고 하지 않는다.

내가 제안한 해결책이 받아들여지지 않을 것이라 말했을 때 버냉키는 살며시 미소를 지었다. 해결책이 채택되면 수조 달러를 지출하는 데 관여한 주요 인사들이 무의미해지기 때문이다. 그들이 관심을 두지 않는 것 중 하나가 바로 무의미함이다. 정치인들은 국정을 운영함에 있어서 자신들의 존재를 정당화해야 한다. 우선 문제가 발생한 다음 정부를 확대하고 그들 자신이 초래한 바로 그 문제를 해결하는 것을 기뻐한다.

그들은 누구도 시장이 중앙은행과 모든 다른 경제계획가들보다 더 강력하다는 것을 인정하지 않는다. 시간이 걸릴 수 있지만 언제나 시장이 이긴다. 시장은 인간의 생존에 필요한 활동을 달성하기 위해 종종 지하로 갈 수밖에 없다. 그런 날이 빨리 다가올 수 있다. 많은 사람들이 버냉키가 무책임하게 통화정책을 운영하는 것을 목격하고 매우 놀란다. 놀랄 이유가 없다. 그는 필요하다면 통화량을 무한히 증가(인플레이션)시킬 것을 공식적으로 발표하였다. 그린스펀이 중앙은행가들의 재능에 대해 자만심을 가졌다면 버냉키는 그린스펀보다 훨씬 더 심한 자만심을 갖고 있다.

2002년 11월 8일 밀턴 프리드먼(Milton Friedman) 교수의 90회 생일축하 만찬에서 버냉키가 프리드먼에 대하여 논평한 내용은 그런 모든 태도를 보여준다. 그는 프리드먼 교수에게 사과하며 대공황은 연준의 잘못된 정책으로 인해 발생되었다는 프리드먼 교수의 견해가 절대적으로 옳다고 말했다. 문제는 연준이 불환통화를 잘못 관리하거나 신용을 확대하고 화폐발행을 통한 국채 매입(debt monetization)으로 인해 대공황이 생긴 것이 아니라 1929년에 일찍감치 대규모로 통화를 팽창시키지 못한 연준의 무능함과 의지부족에 있다는 것이었다. 버냉키는 연설을 마무리하면서 프리드먼에게 직접 말했다. "교수님이 맞습니다. 우리가 잘못했습니다. 정말로 죄송합니다. 하지만 교수님 덕택에 우리는 다시 그런 실수를 저지르지 않을 것입니다."

정말 연준에 잘못이 있는 것은 맞다. 그러나 정반대의 이유로 그렇다. 붕괴의 근본적인 원인은 주식시장 버블을 야기한 1920년대의 신용팽창이었다. 버블이 붕괴한 후에는 악성투자 및 과잉생산능력이 조정(제거)되는 불황과정이 반드시 필요하다. 그러나 그런 조정과정이 후버 대통령과 루즈벨트 대통령에 의해 저지됨으로써 불황이 더욱 악화되어 대공황이 초래되었다. 버냉키는 과거 수십 년 동안 연준이 저지른 실수의 결과를 방지할 수 있다고 정말로 믿을지도 모른다. 그러나 그는 옳지 않다. 시장에서 디플레이션이 되는 것을 완화시킬 수는 있지만 그린스펀이 젊었을 때 경고한 것처럼 '무제한적인 신용확대'로 인한 고통과 희생은 여전히 따를 것이다. 그린스펀은 인플레이션을 통해 재산을 몰수하는 것으로부터 저축을 보호할 수 있는 어떤 방법도 없다고 역설하였다.

버냉키가 유일한 위협으로 인식하는 디플레이션을 방지할 수 있다고 하더라도 불환달러 준비금(reserve) 체제에서 금융 시스템의 안정성은 통화 및 신용을 대규모로 확대함으로써 회복될 수 없다. 버냉키와 그의 동료들이 통화정책의 실패로 불황이 야기되었다고 주장하고 오스트리아학파 경제학자들이 연준이 불황의 원인이라고 동의한다면 위기를 해결하기 위해서는 무엇보다도 먼저 불황이 어떻게 야기되었는지의 의문이 해결되어야 한다. 즉, 불황이 신용이 불충분하기 때문에 야기되었는지 아니면 신용이 과다하기 때문에 야기되었는지의 의문이 해결되어야 한다. 이것이 문제의 핵심이다.

불환지폐를 신뢰하는 사람들은 '통화를 퍼부으면' 위험을 방지할 수 있으며 문제를 해결할 수 있다고 주장한다. 한편 합리적인 사람들은 비(非)인플레이션적인 상품화폐가 끝없는 경기변동(붐-버스트 사이클)에 대한 유일한 해결책임을 쉽게 이해할 수 있다. 버냉키가 이전에 권고한 것처럼 헬리콥터에서 돈을 뿌릴 필요가 있어 그렇게 한다면 역사적으로 많은 다른 통화들이 그랬듯이 반드시 달러가 몰락할 것이다. 헬리콥터에서 지폐를 뿌리는 것은 그저 돈을 날려버리는 것임을 명심할 필요가 있다.

밀턴 프리드먼은 통화에 대하여 어떻게 생각했는가? 그는 자신을 자유주의자라고 부른 자유 시장 경제학자였으며 자유 시장이 어떻게 작동하는지를 이해하는 데 크게 기여했다. 그러나 밀턴 프리드먼은 경화를 옹호하는 오스트리아학파와 크게 다르다. 그는 경제성장을 뒷받침하기 위해 통화공급을 증가시킬 필요가 있다고 믿었다. 연준이 통화정책을 올바르게 운용하리라고 거의 기대하지 않았지만, 통화공급을 일정한 비율로 증가시킬 필요가 있다는 구(舊) 통화주의 원칙을 신봉하였다.

이러한 문제와 관련하여 1980년대 초에 가끔 나는 밀턴 프리드먼과 의견을 나누었다. 그는 항상 겸손했으며 나의 노력에 여러 번 경의를 표했다. 한번은 1980년대 초반에 나는 내 지역구를 위한 인터뷰 쇼를 진행했었고 프리드먼이 그 쇼에 게스트로 출연한 적도 있다. 1996년 다시 정계에 뛰어들어 의회 선거에 출마했을 때 그에게 연락을 했고 선거운동을 지지하는 글을 써줄 것을 부탁했다. 그 편지에서 경제적 자유와 개인적 자유는 하나이며 같은 것임을 강조해달라고 했다. 나는 매우 보수적이고 신앙이 독실한 남부 지역에 출마했으나 많은 사람들에게 도전적으로 여겨지는 시민적 자유주의의[48] 입장을 취했다. 프리드먼은 이들 자유가 하나로 똑같은 것이며 신앙과 가정교육의 문제에 있어서 개인의 자유를 원한다면 경제적 자유뿐만 아니라 전반적인 개인의 자유를 인정해야 한다는 글을 흔쾌히 써 주었다. 캠페인에서 사용한 프리드먼의 글은 다음과 같다.

> 우리는 전반적인 인간의 자유를 지키고 확대하기 위해 재산권과 종교적 자유의 중요성을 근본적으로 이해하는 더 많은 의원들을 몹시 필요로 한다. 나는 당신의 모든 성공을 빈다.

나는 가끔 프리드먼이 그린스펀과 버냉키가 통화정책을 펼친 것을 봤더라면 생각이 바뀌었을지도 모른다고 생각하곤 한다. 결론적으로, 프리드먼의 《미국 통화정책의 역사》의 공저자인 슈바르츠(Anna Schwartz)는 월스트리트 저널에 다음과 같이 논평하고 있다.

> 연준이 주의를 기울였다면 서브프라임 모기지 위기는 결코 초래되지 않았을 것이다. 이것이 앨런 그린스펀이 책임져야 할 일이다. 더욱이 일

---

48) 시민적 자유는 국가로부터 개인을 보호하는 권리와 자유다. 정부의 역할을 제한함으로써 정부기관들이 권한을 남용하여 민간 시민들의 생활에 부당하게 개입할 수 없게 한다. 이러한 시민적 자유는 인권, 종교의 자유, 언론의 자유, 사유재산권 및 프라이버시 권한 등을 포함한다. 공식적인 시민적 자유의 개념은 1215년 영국의 대헌장 마그나카르타(Magna Carta)로 거슬러 올라간다. 현대 국가들은 대부분 헌법이나 권리장전 등에 시민적 자유를 규정하고 있다. 시민적 자유를 지키는 것은 전제주의 국가와 구별되는 자유국가의 모든 시민들의 중요한 책임이다. 시민적 자유주의자는 시민적 자유를 지키거나 확대하기 위해 적극적으로 지지하고 노력하는 사람이다.

반적으로 중앙은행은 경기 순응적이며 재량적으로 통화정책을 운영함으로써 모든 사람들로 하여금 만사가 잘 돌아가고 느끼게 만드는 여건을 조성하기가 훨씬 쉽다.

8부

의회의 통화정책에 대한 관심

*

의회 의원뿐만 아니라 금융위원회 위원도 통화정책에 전혀 관심이 없다는 것을 오랫동안 느껴왔다. 우연한 일로 이러한 회의론이 사실로 드러났다. 금융위원회 청문회에서 내가 진지하게 금의 주제를 제기했을 때 한 위원이 달러가 금에 의해 '뒷받침(지지)되지 않는지'를 사적으로 나에게 물었다. 그때까지 그는 달러가 금에 의해 지지되는 것으로 알고 있었다. 나는 이것이 이상하다고 생각하지 않는다. 시스템을 감시할 책임이 있는 사람들이 시스템이 어떻게 작동하는지 가장 기본적인 사항도 놀라울 정도로 모르고 있다.

워싱턴에서는 어떤 경제정책도 거의 이해하지 못한다. 정부와 중앙은행이 중앙집권적으로 경제를 계획하지 말아야 한다는 의견은 논의할 가치가 있다고 생각하지도 않는다. 그러나 의회가 정부와 중앙은행이 중앙집권적으로 경제를 계획하는지를 감시하는 역할을 한다. 의회는 그 역할을 발휘하여야 한다. 이는 관련 주제를 배우기 위하여 필요한 일을 해야 하는 것을 의미하며, 의회가 감시하기로 되어 있는 관료 제도를 책임진 주요 인사에게 단순히 경의를 표하는 것을 의미하지 않는다. 대부분의 의원들이 금본위제도나 연준의 폐지를 본능적으로 반대하는 것이 아니다. 그들의 태도는 누군가가 그런 생각을 한다는 사실 자체에 놀라는 것에 가깝다. 동시에, 나는 의회에서 지폐가 국가의 팽창을 조장한다는 이유로 이를 지지하는 발언을 들어본 적도 없다. 대부분의 의원들은 이러한 연관성을 전혀 이해하지 못하며, 이 주제에 대해 관심조차 갖고 있지 않다.

연준과 불환통화가 존재함에 따라 의회 의원들이 지출을 하거나 계획을 제시하고 달성할 수 있는 것에 제한이 없다고 생각하게 된다. 실제로 의원들은 봄방학 때 부모의 신용카드로 제한 없이 마구 써대는 대학생들처럼 행동한다. 그들은 돈에 대해 생각하지 않는다. 누가 어떻게 그 돈을 지불할 것인지를 걱정하지 않는다. 그들은 자신이 원하는 것은 그저 당연히 할 수 있다고 생각한다. 회계장부를 보는 데는 관심조차 없다. 그러나 신용카드가 거절될 경우에는 크게 화를 낼 것이다.

중요한 것은, 대부분의 의원들이 진정으로 자유를 사랑하지 않는 한 그들이 돈에 대해 잘 모르는 것은 크게 놀라운 일이 아니라는 점이다. 돈에 대한 무지로 인해 보수주의자나 진보주의자나 똑같이 국내외적으로 다양한 프로그램을 충당하기 위해 돈을 빌리고 세금을 징수하거나 돈을 발행하게 된다. 또한, 연준이 간헐적이 아니라 지속적으로 정치에 개입하는 방식에 심각한 문제점이 있다.

유명한 예는 1970~1978년 아더 번즈(Arther Burns)가 연준 의장일 때 발생했다. 그는 재임 중에 비밀 유지 정책을 강화했고 연방공개시장 위원회(Federal Open Market Committee) 회의에서 속기록을 남기는 관행을 중단시켰다. 그의 정치적 개입은 아주 명백하다. 그는 1976년 카터(Jimmy Carter) 대통령이 당선된 후에 재임명되기를 몹시 바랐다. 재할인율을 낮추고 통화증가율을 높였다. 사실, 그는 공화당원이었지만 초당파적인 인물로 역사에 남기를 바랐다.

그레이더(William Greider)가 폭로한 번즈 의장 측근 참모의 메모에 따르면 번즈는 다음과 같은 정보를 전달받았다.

"카터 대통령이 설득당할 수도 있다 ⋯ 당신의 재임명은 카터 대통령을 고결한 정치인으로 보이게 할 것이다 ⋯ 당신이 재임명된다면 카터는 당신에게서 그에게 중요한 모든 것을 계속 공개적으로 비판하지 않을 것이라는 보장을 받아야 할 것이다."[49]

유감스럽게도 번즈의 구애는 실패로 끝났다. 더 유감스러운 것은 이 나라인데 번즈의 구애로 인해 달러가 더욱 몰락했다는 것이다. 또한, 번즈의 구애는 카터의 대통령직을 완전히 망가뜨렸는데 번즈가 한 세기를 넘는 기간에 걸쳐 최악인 물가 인플레이션을 다루었기 때문이다. 마침내 인플레이션이 민주당에까지 불리하게 작용하여 로널드 레이건 대통령이 집권하게 되었다. 이는 특정의 연준 의장과 은행 이익에 유리한 정치적 환경을 조작하기 위해 근시안적으로 노력한 결과가 시차를 두고 나타난 것이다. 레이건 대통령은 금본위제도를 지지함에도 불구하고 금본위제도의 이슈에 대해 아무것도 하지 않았다. 그의 자문관들은 레이건 대통령이 이상한 사람처럼 보이지 않을까 염려하면서 그가 금본위제도의 문제를 제기하지 않도록 잘 막았다. 마찬가지로, 많은 의원들도 금본위제도를 개인적으로는 찬성하지만 금본위제도의 목적을 이해할 수 있을 만큼 충분히 알지 못했다.

한편 연준이 '정치적 경기변동'(political business cycle)에 밀접하게 관련되어 있

---

49) William Greider, Secrets of the Temple (New York: Simon and Schuster, 1987), p. 346.

다는 것은 잘 알려진 사실이다. 연준은 선거 전에 통화정책을 팽창시키는 경향이 있으며 대통령 선거와 연준 의장 임명시점 사이에 경기둔화를 용인할 가능성이 크다. 이것은 워싱턴에서 공공연한 비밀이다. 연준은 정치적인 기관이 아니라고 알려져 있으나, 정부 전체에서 가장 정치적인 기관이라는 사실을 모든 사람이 안다.

시간이 흐름에 따라 건전통화로 돌아가기 위한 리더십이 결코 미국 의회로부터 나오지 않을 것이라는 사실이 더욱 명백해졌다. 물론 의회가 원한다면 내일이라도 연준을 폐지할 수 있다. 의원들이 경제학을 모를 뿐만 아니라 무책임한 재정지출로부터 누리는 모든 이점 때문에 그렇게 하지 못한다. 우리의 지도자들은 국민들이 항의하여 들고 일어나 정직한 돈을 요구할 때만 대응할 뿐이다.

물론 연준을 지지하는 모든 사람이 세계를 지배하려는 음모에 가담하는 것은 아니다. 그러나 권력이나 부를 얻기 위해 세계를 지배하려는 모든 사람은 통화 시스템을 지배해야 한다. 이는 역사적으로 그래왔다. 사람들이 자유를 더 많이 향유할수록 돈이 더욱 건전해졌다. 전제주의는 항상 정부의 통화 시스템 파멸과 관련되어 있다.

문제는 권력욕뿐만이 아니다. 역설적으로 많은 사람들은 박애주의 정신(humanitarianism)으로 다른 사람을 지배하는 권력을 추구한다. 그들은 박애주의적인 이유로 강하고 현명한 사람이 약하고 무지한 사람을 변덕스러운 정부의 지배에 복종시킬 의무가 있다고 믿는다. 더 많은 권력과 영향력을 행사함에 따라 그들이 인류의 구원자라고 더욱 확신한다. 어떤 저항이나 방해물이 나타나 그들의 권력이 제한되면 다루기 어려운 소수의 사람들에게 자신들의 선의(자비심)를 강요하기 위해 폭력을 사용해야 한다고 믿는다. 자유의 목적은 그들의 정신에서 완전히 사라진다.

18세기 말 프랑스 혁명의 쟈코뱅당원들(Jacobins)은 그들의 목적(선의)이 옳다고 확신하고 그것을 다른 사람들에게 강요하기 위해 단두대(guillotine)를 사용하는 것조차도 합법적이라고 여겼다.[50] 이라크 전쟁을 일으킨 사람들도 비슷한 동기가 부여되었다. 그들은 미국인이 4,000명 이상 죽고 수만 명이 부상을 당했을 때도 그 전쟁을 박애주의적인 명분으로 정당화하였다. 전쟁 선동자들이 세계에 가져다준 '선의' 때문에 이라크의 백만 명의 사망자, 수십만 명의 부상자, 그리고 수백만 명의 난민들이 모두 정당화되었다.

다른 이를 지배하려는 진정한 이유가 무엇이든, 세금과 차입(대출) 시스템만으로는 결코 충분치 않다. 정부와 중앙은행에 의한 화폐 통제가 항상 필수적이다. 대중들은 부를 얻을 수 있는 한 정부와 중앙은행이 통화 시스템을 지배하는 것에 대하여 불평하지 않을 것이다. 1913년 연준이 설립된 날이 종말이 시작된 날일 것이다. 그러나 연준이 권력을 얻고 불행을 초래하여 보통 사람들에게 심각한 문제와 근심거리가 되는 데는 상당히 오랜 시간이 걸렸다.

---

50) 쟈코뱅당(Jacobin Club)은 프랑스 혁명의 가장 유명한 정당으로 1789년 삼부회(Estates General)의 브르타뉴(Breton) 대표로 베르사유에서 만들어진 클럽 벤손(Club Benthorn)으로 시작했다. 전성기에는 프랑스 전역에 수천 개의 지부를 두고 회원이 420,000명에 달했으나 혁명을 주도했던 로베스피에르(Robespierre, Maximilien de)가 몰락한 후에 폐쇄되었다. 처음에는 온건적이었지만 나중에는 공포정치를 한 것으로 악명이 높았다. 오늘날 쟈코뱅이나 쟈코뱅주의라는 용어는 좌파 혁명정치를 경멸하는 의미로 쓰인다.

오늘날 우리의 부(재산)가 사라지고 있다. 우리의 생산성이 급격히 감소하며 우리의 자유가 침해되고 우리의 제국이 쇠퇴한다. 오래전에 결국 우리에게 1913년의 연준법을 갖다 준 계략이 도전을 받고 있다. 이처럼 작동될 수 없는 시스템을 연준이 관리할 수 없다는 사실은 날마다 더욱 분명해진다. 새로운 통화 및 중앙은행제도가 현재의 통화 시스템을 대체할 수 있는지, 아니면 우리가 자유사회와 부합할 수 있는 통화 시스템을 선택할 것인지는 두고 볼 일이다. 그 답은 충분한 지식을 갖고 분노하는 대중으로부터 나올 것이다. 의회는 대응하지 않을 수 없을 경우에만 대응할 것이다.

무시할 수 없는 또 다른 힘, 즉 시장이 있다. 시장은 정부와 중앙은행의 권력까지도 압도할 수 있다. 중앙은행 시스템이 역기능을 나타내면 항상 암시장(지하)경제가 자란다. 지하경제는 옛 소련 시스템에서도 존재하였다.

내가 공군 비행 외과 의사로 복무 중일 때 흥미로운 여행을 한 기억이 있다. 포르투갈, 이탈리아, 그리스, 에티오피아를 방문한 후에 우리는 터키와 이란을 경유한 다음 미국의 전초기지를 살펴보면서 파키스탄으로 갔다. 파키스탄 페샤와르(Peshawar) 근처 기지에 주둔하고 있던 고위 장교들은 우리들을 파키스탄 국경 근처에 있는 카이베르 고개로 데려가 쇼핑을 하게 해주었다. 그곳은 현재 우리에게 주적인 오사마 빈라덴(Osama bin Laden)의 본거지로 추정되는 지역이다. 황량하고 험준한 산맥을 지나면서 사령관이 내게 해준 말이 기억난다. 그 지역에는 겉으로는 별다른 활동이 보이지 않지만 많은 부족민들이 살고 있다는 것이었다.

우리가 국경에 도착했을 때 당시 소련의 동맹국인 아프가니스탄에 들어

갈 수 없었다. 그러나 근처에 동서양이 만나는 매우 중요한 장소가 있었다. 그것은 교환소 역할을 하는 거대한 동굴이었고 규모는 대형 백화점과 맞먹을 정도로 다양한 상품이 있었다. 러시아 상품과 동양 상품뿐만 아니라 미국 및 다른 서양 상품들이 팔리고 있었다. 지하는 평화롭고 조용했다. 이곳에서는 사람들이 자유롭게 거래하고 대화하는 것이 허가되었다(양측 당국이 이 지하 시장의 존재를 알고 있었던 이유는 지하 시장이 서로의 이익에 부합했기 때문이다.). 지상에서는 냉전이 한창이었지만 말이다.

정부와 중앙은행이 상황을 혼란스럽게 만들지만 시장이 작동하도록 허용되면 매우 어려운 혼란도 해결할 수 있다. 정부가 대중의 자발적인 교환 및 협력을 불법화함으로써 대중을 약탈하고 지배하는 한 지하 밀매업자와 암시장이 항상 존재할 수밖에 없다. 다시 말해, 암시장은 정부의 규제 때문에 발생한다. 중앙은행 제도는 돈을 파괴하고 큰 정부를 조장함으로써 지하 불법활동을 유발하는 가장 중요한 요인이다. 일부 미국의 정치적 동맹국들은 모든 것을 움직이는 대통령, 재무부, 연준의 막강한 엘리트들이 9/11 테러와 지금의 금융위기와 같은 사태를 계획하고 고의적으로 야기한다고 비난한다. 나는 이것을 믿지 않는다. 하지만 나는 많은 엘리트들이 자신의 목적을 달성하기 위해 특정 사건들을 최대한 활용하려 한다는 것은 믿는다. 오바마 대통령 비서실장인 임마누엘(Rahm Emanuel)은 최근에 "당신은 결코 중대한 위기가 헛되이 되는 것을 원치 않을 것이다."라고 말했다. 오바마도 그의 의견에 동의하였다.

나는 오늘날의 위기를 자유와 건전통화를 주장하는 이유로 생각하지만,

권위주의자들은 그것을 정부의 규모 및 영역을 더욱 확대할 명분으로 이용한다. 많은 사람들은 신체적이나 경제적인 두려움 때문에 권위주의자들이 어떤 희생을 치르더라도 그들을 보호해주겠다는 제안에 굴복하게 된다. 9/11테러 후에 통과된 많은 법들은 이전에 이미 제안되었지만 기각된 것이다.[51] 경제계획가들은 대중이 받아들이기만 하면 우리의 경제를 사회주의 경제로 만들고 그런 노력을 국제적으로 펼칠 많은 계획들을 갖고 있다. 그 이유는 사회주의는 언제 어디서나 대중의 희생으로 국가가 더 많은 권력을 갖고 관료들이 더 많이 지배하며 엘리트들을 더 보호하는 것을 의미하기 때문이다. 경제 혼란은 이러한 노력에 도움이 된다.

그러나 현재와 같은 재앙적인 경제위기를 고의적으로 야기하는 것은 내막을 아는 인사이더(지도자)들에게도 위험을 초래하기 때문에 모두에게 나쁠

---

51) 미국애국법(USA Patriot Act)은 2000년 9.11테러 6주 후에 만들어진 미국의 테러방지법으로 연방정부가 국민의 의료와 재정(금융)기록 및 컴퓨터와 전화통화 내용, 도서관에서 빌린 책까지 검색할 수 있게 만든 법이다. 한국에서 최진실법이라고 이름 붙여진 '사이버 모욕죄'라는 것이 넓게 보면 미국에선 이미 일부 국민들에 대하여 테러리스트라는 의심하에 더 심한 통제가 이루어지고 있다. 미국애국법과 관련한 영화로 마이클무어 감독의 2004년 개봉작 〈화씨 911〉이 있다. 부시 대통령의 선거와 집권 4년간의 중간평가 형식의 다큐멘터리이다. 선거전 막판 플로리다 주의 부정투표 조작의 여론과 취임식 날 벌어진 수많은 피켓시위, 계란 투척, 종종 인용되던 유모차시위 사진이 이날 2000년에 일어났던 상황을 고스란히 볼 수 있다. 부시는 집권 8개월 동안 갖은 반대 여론 때문에 절반 정도를 하는 일 없이 휴가로 보낸다. 그리고 전개되는 운명의 9.11일 장면은 이 다큐의 하이라이트이다. 그 후 전쟁과 군인들, 이라크와 팔레스타인 등의 줄거리로 이어지며 '테러와의 전쟁' 선언으로 전쟁의 미학을 외치는 부시의 목소리를 담고 있다. 미국애국법을 통과시키는 과정에서 승인한 의원들 중의 한 명도 그 법안을 들춰보지도 않고 통과시킨 것도 웃음을 자아내는 장면이다. 덧붙여 3년 전 한국에서는 테러방지법 제정이 논의되기도 했었다. 당시 야당이었던 민주당은 국회에서 필리버스터를 진행하면서 이 법안에 합의점을 찾아내려고 했었다. 민주당은 표면상으론 테러방지법에 반대한다고 했지만, 진실은 법안 자체의 반대가 아니라 부처 소관에 이견이 생겨 반대를 한 것이다. 이는 자유의 소중함에 무지한 정치인들이 어떤 식으로 정치적 야합을 하는지 잘 보여주는 대표적인 사례라고 할 수 있겠다.

것이다. 인플레이션과 디플레이션으로 인한 부의 상실은 모든 사람들에게 영향을 미칠 수 있다. 정치적 혼란은 지도자들에게 항상 이익이 되지 않고 위험이 될 수도 있다. 그러나 지도자들이 자신들의 권한을 유지하고 확대하기 위해 필요하다고 생각하는 것은 무엇이든지 조금도 주저하지 않고 할 것이다. 자신들의 이익을 위해 건전한 돈을 열심히 훼손시키는 인사이더들은 그들 자신이 야기한 경제적 혼란으로부터 궁극적인 보호수단으로 금을 축적할 수 있는 바로 그 사람들이다.

크게 잘못된 외교정책이나 경제 및 통화정책에 의해 역풍으로 다시 돌아오는 (가짜)정보에 대하여 자신들이 매우 현명하다고 순진하게 믿는 정책당국자들은 매우 놀라운 일로 생각한다. 그들은 항상 대중들을 달래고 그들 자신의 경제적 및 정치적 권력을 유지하는 여건을 관리할 수 있다고 믿는다. 그러나 베트남 전쟁, 이라크 전쟁, 9/11테러, 현재의 경제위기와 같은 사건들은 대중들을 권력 엘리트에 대항하도록 결속시킨다. 정치 인사이더들은 곧바로 반란을 조장하지 않을 것이다. 이는 그들이 베트남 전쟁이나 이라크 전쟁을 반대한다는 말이 아니다. 다만, 전쟁이 거짓된 명분으로 시작되었고 심각한 실패로 이어졌다는 사실이 알려진 이후 쏟아지는 대중들의 격렬한 비난에 직면하는 것은 피하고 싶어 하는 것이다. 그들이 '작은' 9/11은 관리할 수 있지만 큰 것은 관리할 수 없다.

어쨌든 연준이 의회와 함께 계략을 꾸민다는 '음모론'에 초점을 맞추면 시스템을 올바르게 평가할 수 없으며 나쁜 이념이라는 보다 중요한 문제로부터 벗어나게 된다. 무슨 이유로든지 도덕적 근거에서 국가주의를 지지하는 권위^(독재)주의가 진짜 위협이다. 연준 및 재무부가 의회로부터 빼앗은 비밀스러운 권력이 많은 악의 원천이다. 구체적으로 달러가 몰락하기 전에는 연준과 외환안정기금(Exchange Stabilization Fund), 그리고 그에 따르는 모든 권력을 폐지하는 일은 결코 일어나지 않을 것이다. 그동안에 우리가 겪는 불황으로 인해 원칙을 중시하는 정치인들이 연합하여 의회의 감시를 더욱 강화할 수 있다. 미국인들은 당연히 그런 정보를 가져야 한다.

연준의 모든 비밀스러운 거래가 어떻게 엘리트들의 이익에만 봉사하고 보통사람들의 삶을 좌우하는 경제를 파괴시키는지를 더 많은 대중과 의회 의원들이 이해할 때 보다 나은 정치적 결정이 이루어질 것이다. 연준이 폐지되면 더 이상 독점적인 통화 및 은행을 통하여 대중을 지배할 수 없다. 연준을 통하여 세계를 지배한다는 음모론을 펴는 사람들의 견해를 지지하지는 않지만 왜 그렇게 우려하는지를 이해할 수 있다. 중앙은행들과 그들의 기만은 완전히 신화에 근거하지 않는 일종의 과대망상증을 부추긴다. 연준이 폐지되면 시스템의 신뢰를 회복하는 데 큰 도움이 될 것이다.

9부

현재의 위기

＊

    2008년 쇼크가 미국인들을 강타하였다. 경제가 한동안 침체를 보이다가 가을에 빚을 통해 가짜로 성장한 사상누각(house of cards)이 무너지기 시작했다. 정부가 패닉에 빠지고 미국인들이 지금 터지고 있는 버블 경제에 살아온 현실을 깨달았다. 정부는 문제가 악화되는 것을 방지하며 경제를 회복시킬 수 있다고 생각하면서 여러 가지 조치를 취하였다. 그러나 수조 달러를 퍼붓고 전례 없는 개입을 한 후에도 정치인들의 약속과는 반대로 문제가 더욱 악화되었다.

    이 같은 위기(경기침체)의 책임소재를 놓고 많은 비난이 쏟아졌다. 지금까지도 제기되고 있는 것인데 이 위기는 자유시장 자본주의의 결점을 나타내는 것이라고 주장한다. 어떤 이들은 위기는 단지 금융당국의 불충분한 규제, 특히 파생금융 시장의 규제가 부족한 결과라고 주장한다. 다른 이들은 소비자들의 소비 의욕 부족이 원인이라고 탓하면서 말한다. 또 다른 이들은 은행들이 더 많이 대출해주면 모든 문제가 해결될 것이라고 말한다. 이는 마약(알코올) 중독자에게 더 많은 마약(알코올)을 주어 치료한다는 것과 같다.

    헨리 폴슨(Henry Paulson) 재무부 장관은 단순히 주택 시장의 침체가 모든 문제를 야기하였다고 말했다. 그를 비롯해 다른 사람들이 정부가 새로운 주택을 부양해야 하며 주택가격의 하락을 방지하기 위해 가능한 모든 조치를 취해야 한다고 결론지었다. 그들은 주택가격이 하락하여 모기지와 증권 유동화 관련 파생상품의 유동성이 낮아졌으므로 이러한 파생 시장을 구제하면 디플레이션을 역전시킬 것이라고 주장하였다.

그러나 주택 시장에만 초점을 맞추는 것은 근본 문제에 대한 여러 주장 중에서 가장 부적절하다. 금융, 자동차, 서비스, 소매, 주식 시장 등의 다른 부문에서도 큰 어려움을 겪고 있다. 이들은 모두 보다 근본적인 문제(원인), 즉 지속 불가능한 지폐 시스템을 유지하는 연준의 결과로 나타난 증상일 뿐이다. 나는 재무부 장관조차도 어떤 면에서는 이번 위기가 중앙은행과 관련이 있다고 느낀다는 점이 아주 흥미로웠다. 현 재무부 장관인 가이드너(Timothy Geithner)는 공영방송(PBS)의 진행자 로즈(Charile Rose)와의 인터뷰에서 이렇게 말했다.

"그러나 저는 정책적인 측면에서 미국뿐만 아니라 전 세계적으로 세 가지 유형의 명백한 오류가 있었다고 생각합니다. 첫째, 전 세계적으로 통화정책이 너무 오랫동안 지나치게 팽창적이었다는 점입니다. 이것이 자산 가격에 거대한 거품을 만들었고 돈이 위험을 쫓는 상황을 만들어냈습니다. 사람들은 더 높은 수익을 얻으려고 하는 중이죠. 그 힘은 압도적으로 강력했습니다."

로즈가 구체적으로 물었다.

"통화정책이 너무 팽창적이라고요?"

가이트너가 답했다.

"그렇습니다. 통화정책이 너무 팽창적이었어요. 어떤 면에서는 미국에서 덜 팽창적이었지만, 전 세계적으로는 사실이었습니다. 실질금리가 오랫동안 매우 낮았습니다."[52]

   워싱턴에서 위기의 진짜 원인을 완전히 이해하고 숨김없이 말하는 경우는 거의 없다. 대부분의 사람들은 경기변동과 통화정책의 관계를 이해하지 못한다. 더욱이 통화 시스템이 어떻게 작동하는지를 이해하는 사람들조차도 그것이 어떻게 큰 정부, 큰 기업, 큰 은행의 이익에만 기여하게 되는지를 일반대중이 깨닫는 것을 바라지 않는다. 자유 시장경제에 정통한 사람들은 위기가 어떻게 야기되는지를 완벽하게 이해한다.

   자유 시장 오스트리아학파 경제학자들의 예측이 적중하고 다른 사람들이 완전히 틀렸기 때문에 위기의 원인과 해결책의 답도 그들로부터 찾아야 한다. 헨리 해즐릿 등 오스트리아학파 경제학자들이 1944년 브레튼우즈 협정이 제정되었을 때 그것이 지속될 수 없음을 알아차린 것처럼 그들은 1971년 4월 15일에 시작된 현재 통화 시스템이 실패할 것을 처음부터 알았다. 정확한 날짜는 알 수 없으나 그것이 몰락하는 것은 예측할 수 있었다.

   2007년 주택 모기지 시장의 붕괴로 시작된 현재의 위기는 지금 한창 진행 중이며 불환달러 준비금 통화 시스템의 종말을 의미한다. 연준에 의해 주도되는 국제통화 시스템을 이해하지 않고 현재의 위기를 이해할 수 없다. 지금 당면하고 있는 문제의 핵심은 2001년 연준이 저금리를 통해 경기침체를 막으려 했던 때로 거슬러 올라간다. 이자율이 역사적으로 평균적인 수

---

52) 〈가이드너의 폭로〉, 《월스트리트저널》(2009. 5. 12.)

준뿐만 아니라 연준이 따른다고 주장하는 통화정책준칙[53]에 의해 시사되는 수준보다 훨씬 더 낮았다. 그린스펀은 연방기금금리 목표를 2001년 1월 6.5%에서 2003년 6월 1%까지 큰 폭으로 인하했다. 그 후 1년 내내 1% 수준으로 유지한 다음 서서히 인상하여 2006년 6월 다시 5.25%까지 인상함으로써 그가 일찍이 만든 버블이 터지게 되었다.

연준이 이자율을 시장의 자연(균형) 이자율보다 낮은 수준으로 인하하면 투자수요를 지속 가능한 수준 이상으로 확대시키게 된다. 마치 이자율이 전달하는 신호를 뒷받침할 수 있을 만큼 소비자가 저축한 것처럼 기업이 투자하기 시작한다. 그러나 사실상 실물자원은 얻을 수 없다. 새로운 부가 없어 투자계획이 실행될 수 없다. 낮은 이자율은 새로운 자본을 창출하지 않고 단순히 차입자가 위험을 평가하기 위해 사용하는 신호를 왜곡시킬 뿐이다.[54]

최근의 정치적 상황도 고려해야 한다. 미국에 대한 테러 공격이 발생하여 미국 전체가 전쟁의 광란으로 빠져들고 있다. 당시 미국정부의 대응은 테러리스트들이 경제적으로나 정치적으로 승리하지 못하게 하자는 것이었는데 이는 좋은 자극이었지만 바보같이 어리석게도 보복을 통한 단기적인 의사결정으로 이어지는 조건이 되기도 했다. 연준이 테러 공격 이후 1년 동안 인플레이션을 조장한 이유는 미국이 어떤 식으로든 테러 공격에 피해를 입지 않

---

53) 테일러(John B. Taylor), 〈금융위기와 통화정책: 무엇이 잘못되었는지에 대한 실증분석〉, http://www.stanford.edu/~johntayl/FCPR.pdf.
54) 연준이 제한적인 역할밖에 하지 않는다는 주장에 대해 반박하여 연준의 역할을 상세히 설명하는 논문 시리즈는 경제학자 로버트 머피(Robert Murphy)의 자료실: http://mises.org/articles.aspx?AuthorId=380을 참고.

앉으며 경제가 그 어느 때보다 강력하다는 인상을 심어주기 위함이었다.

불행히도 그린스펀은 이러한 메시지를 전달하는 데 잘못된 방법을 썼다. 경기침체 위험을 감수하더라도 경제를 견고한 기반 위에 올려놓을 수 있는 좋은 기회였으나 그는 나중에 환상임이 드러날 인위적인 경기 부양책을 썼다. 그 당시 모든 사람들은 테러리스트에게 패배하지 않겠다는 열망에 사로잡혀 있었다. 그러나 연준은 미국 경제 구조의 기반을 약화시키는 데 일조했고, 결국 장기적으로는 9/11공격이 가져온 피해보다 더 큰 경제적 타격을 입혔다. 그린스펀은 테러리스트에게 총을 겨눴으나 실상은 미국 경제 발에 총을 쏜 셈이었다.

좀 더 자세히 살펴보자. 연준의 정책은 아주 잘못되었다. 그린스펀이 더 나은 통화정책을 만들 수 있었지만 큰 오류를 범했다. 그러나 이는 더 나은 정책, 더 엄격한 관리만이 또는 더 좋은 연준의 관리자가 해결책이 되는 것을 의미하지 않는다. 이처럼 똑같이 반복되는 패턴을 거의 백 년 동안 겪어왔으므로 이제는 우리가 진실을 알아차리고 무엇인가를 배울 때다. 정부와 은행 카르텔이 돈을 찍는 인쇄기를 가지면 옳은 일을 하기보다는 그것을 오용한다.

문제는 중앙은행에 의해 이루어지는 선택이 아니라 중앙은행이 어떤 선택이라도 할 수 있는 권한을 갖고 있다는 것이다. 또 다른 문제는 시장(대중)은 연준이 무엇을 할 것인지 끊임없이 계속 추측해야 한다는 것이다. 이처럼 대중이 연준의 의도를 계속 짐작해야 하므로 '체제의 불확실성'(regime uncertainty)이 야기된다.[55] 역사학자 로버트 힉스(Robert Higgs)는 이러한 체제의 불확실성이라는 개념을 통하여 시장이 잘못된 통화정책의 효과로부터 벗어나는 데 오랜 시간이 걸리는 이유를 설명한다. 시장의 힘은 개인이나 정부가 잘못한 것을 교정하기 위해 항상 작동하고 있다. 중앙은행의 인플레이션은 언제나 파괴적이므로 시장은 그것을 될 수 있는 대로 빨리 중지시키려고 한다. 그러나 이는 예측 가능한 일정대로 일어나는 것이 아니다.

후기 브레튼우즈 체제는 지난 30년 동안 여러 차례 도전을 받았다. 그러나 당국이 통화공급을 다시 확대해 경기부양을 도모함으로써 일반대중의 주의를 딴 데로 돌릴 뿐 아니라, 디플레이션을 방지하고 중앙은행의 경제계획에 내재적인 오류가 시정되는 것을 막을 수 있었다. 불안정은 주식 시장이 급락하여 큰 조정을 거친 1987년에 이미 명백해졌다. 연준이 다시 통화를 증가(인플레이션)시켜 붕괴한 시스템의 신뢰를 복구하였다. 1971년 이래 계속 진행되어온 인플레이션에 대해 어떤 궁극적인 대가도 치르지 않았다. 세계경제에서 달러의 불균형이 계속 호도되었다. 1989년 일본 시장의 붕괴는 글로벌 불균형으로 인해 달러 인플레이션이 부분적으로 미국에 피해를 입히기보다 일본으로 수출되는 것을 보여주었다. 최근에는 중국으로부터 과다한 수입이 이루어짐에 따라 달러 인플레이션이 다시 한 번 중국으로 수출되고 있다.

1980년대 저축대부조합의 위기는 시스템에 내재하는 오류를 시정하는 시

---

55) 로버트 힉스(Robert Higgs), 〈체제의 불확실성: 대공황이 오래 지속되고 전후에 번영이 다시 시작된 이유〉 (Independent Review, 제1권 4호, 1997. 봄), p. 561~590.

장의 또 다른 노력이었다. 채무가 어느 정도 청산되었으나 정책에 큰 변화가 없었기 때문에 정부와 연준이 과거의 방식으로 돌아가 이전보다 더 높은 인플레이션이 초래되었다.

일본 시장은 1990년대의 불황으로부터 결코 충분히 회복되지 않았다. 이는 일본 정부가 은행이 보유하는 악성채무가 청산되는 것을 막았기 때문이다. 미국에서 1990년대 내내 시장은 채무를 청산하고 악성투자를 제거할 것을 요구하였다. 그러나 미국 불황과 아시아 및 러시아 위기가 더 높은 인플레이션으로 호도되었다. 1999년 LTCM(Long-Term Capital Management)이 파산한 것도 경제위기를 경고하는 신호가 거의 되지 못했다.

2000년에는 불균형이 더 이상 지속될 수 없었다. Y2K—2000년 문제[Y는 연도, K는 1000을 뜻하는 킬로를 의미하는데, 연도의 마지막 두 자리만 사용한 컴퓨터 프로그램으로 2000년을 1900년으로 인식하는 컴퓨터 프로그램의 오류]—로 대규모 신용을 공급하여 2000년 침체의 충격을 완화하였으나 그때는 '큰 것'(BIG ONE)이 바로 앞에 다가온 것이 명백했다. 그린스펀은 아마도 그것을 알았을 것이다. 그는 이자율을 몇 년 더 인하하고 매우 낮은 수준으로 유지함으로써 이미 대규모가 된 주택 버블에 크게 기여하였다. 그 자신과 연준을 위해 시간을 벌었다.

현재의 위기는 모기지 위기가 분명해진 2007년에 시작되었다고 많은 사람이 추정하지만 2000년 주식 시장의 붕괴, 특히 나스닥(NASDAQ) 버블의 폭발이 그 시발점이다. 주식 시장의 상승세는 이미 오래전에 끝났다. 주택 시장으로 방향을 돌린 대규모 인플레이션은 사람들을 기분 좋게 만들도록 계획되었으며 인플레이션 기대심리에 의해 주택가격이 적어도 명목적으로 상승함에 따라 소비자들이 주택담보 대출을 통하여 지출의 향연을 계속 벌이도록 또다시 유인되었다. 통화정책은 항상 저축에 적대적이었다. 저축자들은 저금리로 기만당했다. 이 같은 문제에 관한 나의 우려에 대해 그린스펀은 "사실이지만 그것은 단지 불운(不運)이다."라고 응수했다.

번영은 결코 값싼 신용으로 이룩될 수 없다. 만약에 그렇게 된다면 아무도 생계를 유지하기 위해 열심히 일할 필요가 없을 것이다. 물가가 상승하면 사람들이 진정한 부가 창출되는 것으로 착각할 뿐이다. 그러나 얻기 쉬운 것은 잃기도 쉽다. 버블이 만들어져 많은 사람들이 자신들의 능력 이상으로 살 수 있을 때는 좋다. 하지만 과도한 지출의 대가를 치르기 위해 능력 이하로 살아야 할 때는 이야기가 다르다. 개인과 마찬가지로 국가도 부채-인플레이션 시스템에 의해 환상적인 부를 만들면 생활수준이 저하될 수밖에 없다.

연준이 금융 버블에 대해 주로 책임이 있지만 악성투자 및 과잉부채와 여타 정책도 시정되어야 하는 왜곡의 주요 원인이다.[56] 연준이 인위적으로 저금리를 유지함으로써 투자자, 저축자, 소비자가 경제상황을 잘못 판단하게 되었다. 많은 과오가 저질러졌다. 그런 환상적인 부와 저축에 기초한 외관상의 번영으로 오도(誤導)된 곳에 과다한 자본을 사용하게 되었다. 연준의 통화정책에 의해 만들어진 가짜 정보를 통하여 모든 것이 좋을 것이라고 잘

---

56) 보다 상세한 설명은 토마스 우즈(Thomas Woods), 《케인즈가 죽어야 경제가 산다》, (Washington, DC: Regnery, 2009).를 참고.

못 믿었다. 이러한 환상(미몽; 신화)을 모럴해저드(도덕적 해이)라고 부른다.

위험을 방지하는 것으로 보이는 어떤 것이 있으면 사람들은 주의를 덜 기울이고 행동하게 된다. 그들의 행태가 위험스럽더라도 다른 사람이 그 결과에 책임을 지게 되며 모럴해저드는 좋지 않은 경제행위를 유발할 것이다. 연준이 값싼 신용을 제공하기 때문에 은행과 차입자들은 은행으로부터 융자를 받기 위해 더 이상 저축할 필요가 없다는 것을 알아차리고 투기적 사업(business venture)에 도박(모험)하도록 유인되었다. 이러한 위험은 특히 호황기에 주식, 부동산, 주택 등 모든 자산의 명목가격이 상승할 때 감수하기 쉽다. 사실상 그들은 모럴해저드에 투자하고 있다. 즉, 장기적으로 모든 사람들에게 해를 끼칠 행동을 함으로써 단기적으로 보상을 받고 있다. 은행산업의 경쟁압력 때문에 대부분의 사람들이 쉽게 이익을 얻을 수 있는 기회를 놓칠 수 없다.

모럴해저드는 그 원천이 무엇이든지 간에 개인적인 행동에 대한 책임감을 없애기 때문에 해를 끼친다. 사회가 사회화(공동화)될수록 자신의 행동에 대한 개인적인 책임감이 결여되어 개인적 행동에 대한 책임이 집단적인 책임이 된다. 국가간섭주의는 기업가들로 하여금 시장의 이익을 누리게 하지만 불이익은 다른 사람들에게 전가하게 만든다. 이것이 오늘날 만연하고 있다. 여기서는 금융적인 의미에서의 모럴해저드를 언급하고 있으나, 사회안전망(social safety net)이라는 개념이 복지 또는 사회주의 국가에 스며들어 개인들의 부주의를 유발하고 현명치 못한 개인적 행동에 따른 문제를 정부에 의존하여 처리하게 조장한다. 정부는 개인의 자유를 희생시킴으로써만 최후의 보호자로서 이러한 역할을 수행할 수 있다.

코포라티즘,[57] 군국주의,[58] 권모술수가[59]를 반대하고 연준을 견제하는 측면에서 우리들과 연합하는 '진보주의자들'의 중대한 오류는 개인의 경제적 결정에 대해서는 예외로 간주하는 점이다. 그들은 우리의 사회 및 종교적 가치를 우리 자신이 스스로 결정할 수 있는 권리를 인정한다. 하지만 그런 권리가 우리의 돈을 어떻게 사용할지 결정하고 자발적으로 경제적 계약을 맺거나 우리가 원하는 대로 어떤 경제적 협력을 거부할 수 있는 권리와 동일하다는 것을 이해하지 못한다. 개인의 모든 사회적, 종교적, 지적 의사결정에 정부가 개입하지 않기를 강력히 바라지만, 어떤 이유로 보통시민은 우리의 모든 행동을 규제하는 중앙집권적인 경제계획이 없이는 존재할 수 없다고 생각하는 사람들을 보면 매우 당혹스럽다. 이러한 비일관성 때문에 연준과 같은 기관이 통화 및 신용과 경제전반을 지배하는 권한을 가질 수 있다.

---

[57] 코포라티즘(corporratism: 대규모 재계 이익단체가 국가운영에 개입하는 국가-기업조합주의 또는 정경유착경제)는 정통적인 자본주의와 달리 정부가 기업들의 자유로운 시장진입 및 퇴출에 제한을 가하고 자본 인력 등 자원배분에 대해서도 조정권을 행사한다. 정책결정 과정에서 사회적 합의를 유도하기 위해 정부가 이익집단 등 민간부문에 대해 강력한 주도권을 발휘하며 정부와 이익집단 간에 합의가 이루어지도록 하는 국가체제를 말한다. 다원주의적 이익대표 체제에 대한 대안적 체제로 정부가 자체 목적을 가지고 이익집단의 활동을 규정·포섭·억압하는 독립적 실체로 간주되며, 이익집단들은 강제적·비경쟁적·위계적으로 조직화되고 경쟁적이기보다는 협력적인 그룹으로 이해된다. 사회적 책임, 협의, 사회적 조화 등의 가치가 중시되어 이익집단은 준정부기구 또는 확장된 정부의 일부분으로 기능하게 된다.
[58] 군국주의(militarism)은 군사적 가치를 다른 사회적 가치보다 우선하여 정치·경제·문화·교육 등 일체를 군사적 목적에 따르게 하려는 주의 또는 정책을 의미한다. 스페인의 프랑코(Francisco Franco, 1892~1975) 독재체제나 독일의 나치독재, 이탈리아의 무솔리니 파쇼, 일본의 군국주의가 그 예다.
[59] 권모술수가(Machivellian)는 이탈리아 정치가 니콜로 마키아벨리(Niccolò Machiavelli, 1469~1527)에서 나온 용어다. 그는 《군주론》에서 지배자가 권력과 성공을 쟁취하기 위해서는 흔히 비도덕적인 방법을 동원할 필요가 있다고 역설하였다.

수십 년간 그래왔듯이 정부가 모든 시민을 그들 자신의 행동으로부터 보호하고 그들이 입은 손해를 보상해야 한다고 가정을 하게 되면 선제적 규제와 통제되지 않은 선제적 억압이 봇물같이 쏟아지는 길을 열게 된다. 아무도 종교나 지적인 활동을 워싱턴의 도덕 설계자들이 검열해야 한다고 주장하지 않는다(물론 실제로 일부 사람들은 이런 주장을 하고 있다.). 하지만 우리가 너무 행복하거나 현실에 안주하여 경제계획가들이 우리의 경제활동을 규제하는 것을 허락하지 않을 수 없으며 우리가 저지른 과오나 행동의 예상치 못한 결과에 대해 정부가 보살펴주기를 기대한다.

주택 버블이 터지기 전 수십 년 동안 정부 규제로 인해 촉발된 서브프라임 대출에 대해 많은 논의가 오갔지만 허공에서 창출된 신용을 통해 이루어진 모든 대출은 모두 서브프라임(불량)적인 요소가 있기 때문에 이는 현명한 자본 사용이 아니라는 주장을 할 수 있다. 이러한 이유로 경기 호황기에는 지나치게 낙관론이 팽배하고 경기 침체기에 들어서야 낙관이 지나쳤고 파괴적이었음을 알게 되는 것이다. 위험한 대출은 금융구조가 기반이 없을 때 만연한다. 따라서 붕괴하는 것이 확실하므로 예언자가 아니더라도 붕괴하는 것을 예상할 수 있다.

경제 붕괴가 다가오고 있는 것을 알지 못했으며 여전히 경제가 왜 붕괴하는지를 이해하지 못하는 사람들은 시장이 어떻게 작동하는지를 모른다. 그들은 연준의 통화정책이 잘못되었다는 것을 부인한다. 우리에게 대재앙을 초래한 바로 그 사람들과 그들의 철학으로 세계경제를 구제할 수 없다. 모럴해저드는 의존(종속)성, 태만, 자유의 희생, 잘못된 통화정책의 용인, 일하지 않고 부를 얻을 수 있다는 희망을 불러일으킨다. 유토피아적인 소망은 헛된 백일몽이 될 수밖에 없다. 지폐 옹호자들은 대중을 달래기 위해 온갖 약속을 하면서 자신들이 우월하다는 확신으로 스스로 부를 축적하지만, 정부가 국민의 이익을 위해 지상낙원을 이룩할 수 있다고 믿는다.

연준이 통화공급을 증가(인플레이션)시킴으로써 인위적으로 금리를 낮출 수 있다. 인위적인 저금리는 근검절약하는 사람들에게 불리하고 저축자들을 기만한다. 소비와 대출을 조장하고 저축과 투자를 저해한다. 금리를 조작하는 것은 비도덕적인 행위이며 경제를 파괴시킨다. 시장금리는 경제가 원활히 작동하기 위한 중요한 정보를 제공한다. 중앙은행이 금리를 결정하는 것은 가격을 고정시키는 것이며 일종의 중앙집권적인 경제계획이다. 가격을 고정시키는 것은 사회주의의 수단으로 생산을 저해한다. 중앙은행가, 정치인, 관료는 적정금리가 얼마인지를 알 수 없다. 그들은 지식이 부족하고 자신들의 권한이 강화 확대되는 것에 기만당한다.

통화공급과 금리를 조작(操作)하는 것은 자유 시장의 모든 원리를 부정하는 것이다. 그러므로 자유 시장이 현재의 위기를 야기했다고 말할 수 없다. 오늘날의 시장은 전혀 자유 시장이 아니며 조작되고 왜곡되었다. 역설적으로 자유 시장과 건전통화는 저금리를 가져온다. 이러한 저금리 정보는 연준에 의해 조절되는 인위적인 저금리와는 달리 저축자와 투자자에게 유익하다. 오직 연준만이 감시나 감독을 받지 않고 비밀리에 무에서 새로운 통화 및 신용을 만들어내어 통화를 증가(인플레이션)시킬 수 있다. 인플레이션은 재정적자, 불필요한 전쟁, 과도한 복지지출을 가능케 한다.

화폐의 가치를 떨어뜨리는 것은 화폐를 위조하는 일이다. 인플레이션은 사람들이 애써 벌거나 저축한 돈을 훔쳐가 그들을 더욱 가난하게 만든다. 인플레이션은 의심할 여지가 없는 확실한 근로자의 적이다. 인플레이션은 모든 종류의 세금 중에서도 가장 사악하고 퇴보적인 세금이다. 이는 부를 중산층에서 특권 부유층으로 이전시키기 때문이다. 중앙은행의 인플레이션 정책에 의해 야기되는 경제적 혼란은 필연적으로 정치적 불안정과 폭력으로 이어진다. 인플레이션은 모든 독재자들이 이용하는 아주 오래된 수단이다.

통화공급을 증가시키는 것은 자유를 사랑하는 사람들에게 결코 도움이 되지 않는다. 그것은 번영을 파괴하고 전쟁의 불길을 조장한다. 경기침체와 불황의 원인이기도 하다. 기만적이고 중독성이 있으며 부와 지식에 대한 과대망상증을 불러일으킨다. 불환통화를 만들면 부를 창출하는 것이 아니라 부를 파괴하고 특정 이익집단을 도와준다. 무엇보다도 중요한 점은 이는 단순한 실제가 아니라는 점이다.

경제성장을 도모하거나 불황을 역전시키기 위해 통화적인 기만에 의존하는 것은 복권에 의존하는 것보다 더욱 위험하다. 인플레이션은 고대 로마시대부터 모든 전쟁과 제국의 비용을 충당하기 위하여 사용되어 왔다. 그들은 모두 비참하게 끝났다. 인플레이션 정책과 코포라티즘(corporatism)은 보호무역주의와 무역 전쟁을 초래한다. 이러한 정책들은 그 결과로 나타나는 예측 가능한 사건과 고통의 원인을 외국인, 불법 이민자, 소수민족 심지어는 자유 그 자체를 지목하며 희생양으로 삼는다.

의회, 정부, 법원이 우리의 경제에 재앙을 야기하는 불건전한 통화 시스템을 받아들이고 그것을 더욱 악화시켜왔다. 1930년대에 시작된 여러 프로그램들은 대출 기관들이 서브프라임 대출을 하도록 조장하거나 때로는 강요하기도 했다. 시장이 완전하지는 않지만 불건전한 대출관행을 최소화한다. 차입자와 대부자는 모두 예금보험제도 및 중앙은행의 최종대부자 기능과 같은 금융안전망(financial safety net)에 의해 위험으로부터 보호되기보다 그들 자신이 직접 위험을 부담할 때 훨씬 더 신중하게 행동한다.

조직화된 복지-개입주의 국가에서는 아무도 자신의 행동에 대해 개인적으로 책임지지 않는다. 불이익은 희생자들에 의해 희석되고 감추어진다. 이익은 곧 드러나지만 비용은 시간을 두고 장기적으로 초래되기 때문에 인식하기 어렵다. 정치인들은 이러한 환경에서 번창한다. 적어도 고통스러운 조정이 이루어지는 과정에서 불편한 진실이 드러날 때까지는 그렇다. 버블이 형성될 때 개인들이 자신들의 행위에 책임을 지지 않으면 다른 사람들과 미래 세대가 그 책임을 지게 된다. 궁극적으로 납세자들이 비용을 부담해야 한다. 인플레이션 정책으로 인한 높은 물가는 모든 사람들에게 세금으로 작용하지만 빈곤층과 중산층을 가장 크게 해친다. 모든 구제는 무에서 새로운 신용을 창조하는 연준, 무엇보다도 혼란을 야기한 바로 그 정책에 달려있다.

1974년 평등신용기회법(Equal Credit Opportunity Act)과 1977년 지역사회재투자법(Community Reinvestment Act)은 대부기관으로 하여금 이들 법이 없었더라면 제공하지 않았을 대출을 특별히 제공하도록 강요함으로써 과잉 서브프라임 시장의 주요 원인이 되었다. 힘(강제)을 통한 경제적 평등이라는 문제가 있는 개념 즉, 사회주의적인 인식은 지역사회재투자법 같은 입법을 낳게 했다. 이는 금융부문에서 차별철폐조치(affirmative action)를 제도화하는 것이었다. 일시적으로 특혜를 얻거나(혹은 착취당하는) 차입자들의 수가 불균형을 이루는 소수였기 때문이다. 그나마 인정할 수 있는 점은 대출 시 차별을 금지하는 조치가 이 프로그램을 지지하는 많은 사람들의 선의에서 비롯되었다는 점이다. 하지만 모든 정부 정책들이 그렇듯, 의도하지 않은 결과와 새로운 문제들이 나타나게 된다.

문제는 정부의 경제계획과 차별철폐 대출이 단기적으로는 상당히 그럴듯하게 보이는 것이다. 더 많은 주택이 건설되고 더 많은 사람들이 그런 대출을 받지 않았더라면 살 수 없던 주택을 구입하게 된다. 주택 가격이 급등하고 상승한 가격을 담보로 대출을 받는 것은 정부와 규제에 의해 초래되는 현상이다. 주택 소유자들은 빌린 돈으로 그들의 능력 이상으로 지출을 한다. 이러한 상황은 건전통화를 가진 자유 시장에서는 발생하지 않는다.

이처럼 모든 사람이 환상적인 부를 갖고 주택을 소유한 결과는 논리적으로 예상할 수 있다. 서민 및 중산층은 주택을 차압당하고 많은 사람들이 길거리로 내몰릴 것이다. 더 많은 인플레이션(통화증가)과 정부 지원금으로 문제를 해결할 수 없다. 정부가 파산하고 모든 사람을 구제하려고 하기 때문에 건전한 경제정책으로 돌아가기가 더욱 어려워진다. 버블이 형성될 때 행복감(낙관)이 커지는 것처럼 버블이 터질 때 고통(비관)이 심각해진다. 이제 현실에 직면하고 사기 게임이 끝난다. 합리적인 분석이 중요하다. 그렇지 않으면 더 많은 것을 잃게 될 것이다.

가난한 사람들은 단 한 푼도 저축하지 않았더라도 정부의 힘(강제)을 통해 집을 가질 수 있다고 믿게 했지만, 이는 이루어지지 않았다. 그러나 주택 버블이 발생했을 때 많은 사람들이 성공하였다. 연방저당공사(Fannie Mae)와 연방주택대출저당공사(Freddie Mac)60) 경영자들은 막대한 수익을 챙겼으며 수백만 달러를 들고 "도망쳤다." 심지어 붕괴 후에도 많은 사람들이 여전히 납세자의 보조금으로 퇴직연금을 받을 수 있었다. 건설업자들은 주택을 건설하면서 대규모 이익을 벌어 이익을 숨기고 지속적인 가격상승을 누렸다. 판매가격은 공사가 시작할 때 예상했던 가격을 초과하는 경우가 많았다.

모기지 브로커, 은행, 보험회사, '플립퍼'61), 부동산 소유자, 개발업자들이 모두 가격상승으로부터 이익을 누리고 많은 사람들이 자신들을 보호할 수 있었다. 가난한 사람들은 그런 행운을 갖지 못했다. 손쉬운 부의 꿈이 만들어낸 불균형이 붕괴하면서 정치인이 달도 갖다줄 거라고 믿고 속았던 가난한 사람들은 이제 실직 상태에 놓였고 집도 없는 처지가 되었다. 이들을 구할 수 있을 것 같은 최후의 수단은 공공사업 프로그램일 것이다. 정부가 주택부문에 과도한 자본을 투입함으로써 인류 역사상 가장 큰 금융 버블을 촉발시킨 것이 완전히 잘못된 결정이라면, 향후 10년 동안 어떤 부문에 자본을 투입해야 할지 올바른 결정을 내릴 수 있을 것 같지가 않다.

---

60) 연방주택대출저당공사(Federal Home Loan Mortgage Corporation: FHLMC)의 별명이다. 연방저당공사(Federal National Mortgage Association)와 시장에서 경쟁시키기 위하여 1968년에 설립된 민간회사로 정부에 의해 지원과 보증을 받는다.
61) 단기 투기자(flipper)란 매우 신속한 거래를 통해 소규모 이익을 도모하는 투자자를 말한다. 신주발행 첫날과 같은 과열장세를 이용하여 당일거래(day trading)를 행하는 투자자 등이 이에 속한다.

지역사회재투자법(CRA)와 비슷한 많은 프로그램들이 낭비, 사기, 빚 그리고 과오투자의 불에 기름을 붓고 있다. 도덕적 해이를, 즉 잘못된 판단을 크게 부추긴 주체들로는 연방예금보험공사(FDIC), 증권거래위원회(SEC), 연방저당공사(Fannie Mae) 및 연방주택대출저당공사(Freddie Mac), 주택도시개발부(HUD)의 규칙과 규제, 법원명령(court orders), 국세청(IRS) 그리고 무제한 사용할 수 있다는 신용카드 사고방식이 있다.

패니메이(Federal National Mortgage Association) 및 프레디맥(Federal Home Loan Mortgage Corporation)과 같은 정부지원기관(Government Sponsored Enterprises: GSEs)은 어떤 문제가 발생하면 재무부와 연준이 항상 뒷받침하고 있다는 메시지를 대부기관과 투자자에게 심어준다. 외국 투자자는 패니메이 및 프레디맥이 미국 재무부에 언제나 이용할 수 있는 신용선(line of credit)을 갖고 있다는 것을 알고 유동화된 주택저당채권에 투자하는 경향이 훨씬 더 높았다. 이 자율이 연준의 정책으로 인해 이미 시장 이자율보다 낮았지만 재무부의 신용선으로 더 낮아져 더 많은 위험을 감수하도록 조장되었다. 보조금을 받는 모기지 보험으로 인해 그렇지 않았더라면 제공되지 않았을 서브프라임 대출을 제공할 인센티브가 높아졌다. 연준이 없었더라면 위험 감수자들은 모두 그들의 행동의 결과에 대하여 더욱 신중히 고려했을 것이다.

엔론(Enron)과 롱텀캐피탈매니저먼트(LTCM)가 파산한 후에 도입된 규제조치는 미국 기업에 막대한 새로운 비용을 부담시켰을 뿐, 현재의 위기를 방지하는 데 아무런 역할도 하지 못했다. 오늘날 우리의 문제는 기업과 은행에 대한 규제가 결여되어 야기된 것이 아니다. 하지만 그린스펀을 비롯한 많은 사람들이 '규제되지 않는 자본주의'를 규제할 수 있는 적절한 법이 결여된 것이 시스템의 주요 결점이라고 주장하고 있다. 그들은 '파생금융' 시장을 감시할 수만 있었다면 붕괴를 방지할 수 있었을 것이라고 주장한다.

절대로 그렇지 않다! 관료주의 규제로는 경제에 심각한 불균형을 야기하고 과오를 저지른 사람들이 큰 손실을 입지 않도록 영구적인 안전망을 제공하는 정부 프로그램과 연준 인플레이션 정책을 보완할 수 없다. 부족했던 유일한 규제는 대중과 헌법을 유린했던 정부 관료들에게 적용되었어야 했던 것들이다. 연준을 폐지하지는 못하더라도 연준이 무에서 통화와 신용을 만들어내고 금리를 결정하는 권한을 가지고 시스템을 독점적으로 지배하는 것이 금지되어야 한다. 이러한 권한은 규제되지 않으면 자유 및 건전한 경제정책과 아무런 관련이 없다.

재무부는 훨씬 더 신중하게 규제되어야 한다. 재무부의 권한으로 재무부가 할 수 있는 일은 의회에 의해 거의 감시되지 않거나 의회가 이해하지 못한다. 1934년 이래 수십억 달러의 외환안정기금^(ESF)을 비밀리에 사용하는 것은 예산에 계상되지 않고 재무부가 재량적으로 수십억 달러를 지출할 수 있다. 또한, 재무부는 금 시장에 개입할 수 있는 '법적' 권한을 갖고 있다. 재무부가 공식적으로 인정하지는 않지만 외환안정기금을 통하여 주식, 석유 및 곡물 등 주요 상품, 외환 등의 시장에도 개입하여 가격을 조작한다는 것은 잘 알려진 비밀이다. 그리고 재무부는 대통령의 금융시장 실무단^(폭락방지팀)의 일부로 연준, 증권거래위원회, 상품선물거래위원회와 함께 어떤 방식으로든지 시장을 계속 구제할 것이다. 불행히도 재무부의 권력은 대중^{(납세}

자)을 희생시켜 지배(기득권)층을 구제하는 데 이용될 것이다.

월스트리트는 반대하지 않는다. 경기침체로부터 보호해주기를 바라고 진정한 자유 시장에 대해서는 관심이 없다. 월스트리트는 배후에서 이루어지는 지원과 오늘날 유행병처럼 번지고 있는 더욱 투명한 구제(bailout)를 기대하고 환영한다. 대담한 계획으로 지배층의 이익을 위하여 무모하게 시장을 통제하려고 했지만 시장이 잘못된 이념을 가진 엘리트들보다 더욱 우월하다는 증거가 많다.

버블이 붕괴한 후의 구제금융 경제는 워싱턴에서 내가 지금까지 보아온 가장 무서운 모습의 하나가 되었다. 부시 대통령은 또 다른 후버(Hoover)로 보이지 않기 위해(사실 후버는 교과서에서 기록된 것과는 달리 끔찍한 개입주의자였다.) 무모한 프로그램을 시작했다. 그는 약 7,000억 달러의 구제금융 자금을 투입하기로 약속했다. 연준은 수조 달러의 구제금융을 결정했다. 잇달아 오바마 대통령은 훨씬 더 큰 규모의 경기부양 패키지를 추가했다.

이러한 지출행태는 단지 붕괴하고 있는 경제부문만을 진작시킬 것이다. 이는 어떤 물체를 공중에 던져 올려 지구의 중력을 없애려고 하는 것과 같다. 원인이 아니라 원인의 결과로 나타난 증상에 대응하는 것이다. 경제 회복에 사용할 수 있는 민간부문의 부를 빼앗는다. 공적채무의 축적은 민간부문의 대출을 구축한다[몰아낸다]. 주택소유에 대한 잘못된 생각을 영속시킨다. 미래를 무시한 채 과거에 보조금을 준다.

재정적자는 2009년 2조 달러에 달한다. 제안된 예산은 약 10조 달러를 새로운 위험에 투입할 것을 공약하고 있다. 경제학자 보스킨(Michael Boskin)의

추정에 따르면 이것은 인플레이션(통화팽창)으로 충당되지 않을 경우 미국 가구당 163,000달러의 새로운 세금 부과로 이어지게 될 것이다.[62] 노벨상 경제학자 스티글리츠(Joseph Stiglitz)조차도 미국인을 강탈하는 것이라고 표현하고 있다. 구제금융이 많을수록 정부가 제너럴모터사(GM)와 같은 민간회사를 운영하며 최고경영자(CEO)들을 임명하거나 해고하는 일에 더 많이 개입하게 된다. 정부가 민간회사의 CEO를 임명하거나 파면하는 일을 해야 한다고 어느 누가 생각하겠는가?

  미국의 국채는 천문학적인 규모로 12조 달러에 이르고 있다. 지금 연방정부 전체가 하나의 거대한 부실자산이라고 말할 수 있다. 연방정부는 민간부문의 운영에 개입하지 않는다. 연방정부의 금융상황은 민간부문의 모든 회사를 합친 것보다 더욱 나쁘다. 그러나 누군가는 정부의 돈을 얻고 있다. 그것은 대부분 시장에서 영향력이 있는 참가자, 즉 골드만삭스(Goldman Sachs)나 AIG보험 등 국민 복지에 매우 중요하다고 간주되는 기관들이다. 사실상 이들 기업도 리먼 브라더스(Lehman Brothers)가 파산하도록 내버려두었던 것처럼 일반 대중에게 아무런 피해를 주지 않고도 파산시킬 수 있었을 것이다. 물론 고통이 따르겠지만 적어도 그것은 일시적일 것이다. 현재 우리가 가고 있는 방향은 고통을 더 길고 크게 만들면서 화려한 옷을 입은 채 서서히 죽음을 초래하고 있다.

---

62) 〈경쟁기업연구소의 연구 프로젝트(The project of Competitive Enterprise Institute)〉, Bailout Watch: http://www.openmarket.org/category/bailout/

10부

왜 연준은 폐지되어야 하는가?

＊

　연준은 비도덕적이고 위험적이며 비실용적일 뿐 아니라, 자유를 해치고 나쁜 경제학을 조장하므로 폐지되어야 한다. 이러한 파괴적인 특성으로 인해 중앙은행은 폭압적인 정부의 수단으로 전락하고 있다. 연준으로부터 어떤 바람직한 것도 기대할 수 없다. 연준은 가장 큰 세금을 부과한다. 통화공급(달러)을 증가시킴으로써 통화의 가치를 떨어뜨리는 것은 서민 및 중산층에 대한 사악하고 나쁜 세금이다. 연준의 통화정책으로 인해 오늘날 우리가 직면하고 있는 비극적인 경제위기가 야기되었다. 달러가 아직 존속하지만 지난 38년 동안 형성된 국제금융 시스템이 시장의 힘에 의해 붕괴하여 왔다. 1971년 브레튼우즈 협정이 붕괴한 후에 전개된 불환달러 리저브 시스템이 종말을 고했다. 이것이 이번 경제위기의 중요한 의미다.

　현재의 위기를 야기한 것과 똑같은 인플레이션 정책을 계속 유지할 경우 현행 시스템을 회복하거나 1944년의 브레튼우즈 시스템을 다시 복구할 수 없다. 그런 정책은 종말을 고했으며 달러를 몰락시킬 수 있을 뿐이다. 불행하게도 주택 버블이 붕괴되어 통화시대의 종말을 알린 이후 의회와 연준이 해온 모든 조치는 달러의 위기를 조장하는 무대를 만들었다. 이는 매우 나쁜 소식이다. 왜냐하면 달러의 거부는 두려움과 대안 부재로 인해 국제금융 시스템의 붕괴보다 더 큰 위기를 초래할 것이기 때문이다.

연준이 경제위기에 대한 책임이 있으므로 폐지되어야 한다는 증거가 많다. 그럼에도 불구하고 지금까지 의회는 연준에 주요 중앙집권적인 경제계획가로서 더 많은 권한을 부여해왔을 뿐이다. 마르크스(Karl Marx) 공산당선언(Communist Manifesto)의 제5 강령은 '국가의 자본과 배타적 독점을 갖는 국립은행에 의한 신용의 중앙집권화'이다. 이는 강력한 중앙은행을 옹호하는 사람들이 공산주의자라는 것을 의미하지는 않는다. 어떤 사람이 독재적인 통치를 하려고 하면 중앙은행이 크게 도움이 된다는 것을 의미한다. 중앙은행은 본질적으로 상품본위 통화제도와 반대되는 것이다. 금본위제도는 그것을 운영할 기관을 필요로 하지 않는다. 금본위제도하에서 중앙은행이 존재한다면 그 목적은 대중의 반대편에서 정부를 확대하려는 사람들에게 가해지는 금본위제도의 제약을 회피하거나 제거하는 것이다. 금본위제도가 작동하기 위해 필요한 정부의 개입은 오로지 반(反)사기법과 계약을 집행하는 것뿐이다.

인플레이션과 화폐의 가치절하는 오랫동안 진행되어 왔다. 현대 중앙은행이 도입되기 전에 통화 시스템에 대한 독점적 권한을 가진 왕이나 정부 또는 독재자가 은밀히 전쟁비용을 충당하고 제국을 팽창시키기 위해 화폐의 가치를 떨어뜨릴 수 있었다. 역설적으로 화폐발행권을 사용하여 제국이 건설된 후에는 머지않아 바로 그 화폐의 가치절하 과정에서 제국이 스스로 초래한 경제위기로 인해 붕괴했다.

비잔틴 제국(Byzantine Empire)은 콘스탄티누스 대제부터 6세기 동안 금본위제도하에서 상업과 국제무역을 통해 번영하였다.[63] 비잔틴 제국은 정직한 돈에 대한 신념을 가졌을 뿐 아니라 자유무역을 옹호하고 중상주의를 배척하였다. 금화 비잔트(byzant)가 지중해 전역에서 사용되었으며 전 세계적으로 확산되었다. 600년 동안 비잔트는 그 가치가 유지되어 경제가 번창하고 물가 인플레이션이 억제되었다. 1071년 니케포루스 3세 보태니에이츠(Nicephorus III Botaniates) 황제가 당시 세계에서 가장 널리 사용되는 금화의 양을 줄였다. 오스만 터키(Oghuz Turks)와 전쟁을 치르는 것이 평가절하의 이유였다. 비잔틴 제국이 전쟁에서 패배하고 제국의 화폐를 잃었다. 금융혼란이 야기되어 비잔틴 제국이 종말을 고했다. 역사가들은 비잔틴 제국의 멸망을 "재정적인 비극" 때문이라고 평가했다.

오늘날 세계의 엘리트들은 강력하고 부유하며 중앙은행을 통제하고 있지만, 이들 역시 비잔틴 제국이 천 년 전에 그랬듯이 한계에 직면하게 될 것이다. 은행 엘리트들은 새로운 불환화폐를 통제하는 세계 중앙은행을 통해 세계 무역과 금융을 더 통제하려는 계획을 세우고 있을지 모르지만 경제원리는 그들이 한계를 넘어설 수 없다는 것을 증명할 것이다. 금이 화폐로서 지속성을 갖는 것이 2008년 12월 또다시 증명되었다. 고고학자들이 600년

---

63) 로마 황제 테오도시우스 1세의 사망 이후 동·서로 분열된 중세 로마제국 중의 동로마 제국(330~1453). 고대 로마제국은 게르만 민족의 대이동 결과 서방의 판도를 잃었으나, 콘스탄티누스 1세는 보스포루스 해협에 있는 그리스 식민지인 비잔티온(지금의 이스탄불)에 제2의 로마수도를 건설하였다. 로마 역사에서 비잔틴 제국 시기가 정확히 언제인가에 대한 학계의 합의는 아직 이루어지지 않았으나 많은 이들이 콘스탄티누스 1세(Constantinus I, 재위 AD 306~337) 황제가 최초의 비잔틴 제국의 황제라고 보고 있다. 그러나 일부에서는 제국의 시작점을 테오도시우스 1세(Theodosius I, 재위 379~395) 황제가 집권하고 기독교를 국교로 선포한 시점, 혹은 그가 사망한 뒤 로마제국이 동서로 나뉜 시점으로 보고 있다.

전으로 거슬러 올라가는 금화 300여 개를 발견했다. 이들 동전은 비잔틴 제국 황제가 발행한 것이다. 그것들은 1400년 이상 전이나 똑같이 귀중하고 가치가 있다. 연준의 지폐가 지금으로부터 100년, 50년, 심지어 1년 후에 어떤 곳에서 발견될 때 얼마나 가치가 있을 것인가? 진정한 가치가 계속 유지되는 돈이 없이는 지속적으로 번영하는 경제 시스템이 이룩될 수 없다.

왜 연준이 폐지되어야 하는지를 정확히 이해하려면 사회가 자유롭기 위해서는 화폐로 사용되는 상품이 요구된다는 것을 깨달아야 한다. 상품화폐를 필요로 하는 자유사회는 중앙은행을 반대하고 금본위제를 찬성한다. 자유사회에서 돈으로 사용될 특정 상품을 지정할 필요는 없지만, 지금까지 역사는 압도적으로 금과 은을 화폐(돈)로 선택하였다. 금은 6000년 이상 사람들이 교환 및 거래에 사용하기 위해 자연적으로 선택되었다. 기원전 4000년에 고대 이집트인들은 금괴에 파라오(왕)의 이름을 새겨 돈으로 사용했다. 최초의 진짜 주화는 기원전 750년경에 고대 소아시아 서부의 리디아인(Lydian)들에 의해 도입되었다.

금은 그 자체의 특성으로 인해 자연적으로 돈으로 채택되었다. 어떤 정부가 단순히 금을 돈으로 사용하기로 결정했기 때문에 돈이 된 것이 아니다. 어떤 물질이 돈으로 채택되기 위해서는 내재적인 가치를 지니고 쉽게 휴대할 수 있으며 쉽게 알아볼 수 있어야 한다. 또한, 돈은 쉽게 분할할 수 있으며 희소하고 바람직한 가치저장 수단으로 역할을 해야 한다. 화폐의 가장 중요한 기능은 교환수단으로서 거래를 촉진시키는 것이다. 대부분의 사람들은 모든 재화의 가격이 변동하며 자유 시장이 가격의 변동을 상당히 효율적으로 조절한다는 것을 안다. 그러나 일부 사람들은 금의 가치가 경직적이어서[변동하지 않아] 재화 및 서비스의 가격을 '안정시키게' 한다고 잘못 생각한다. 정부의 지폐발행 능력에 비해 금의 공급이 제한적이기 때문에 금이 훨씬 더 안정적인 가격을 제공해 준다. 그러나 금이나 은 또는 연준 지폐의 가치는 이들의 공급과 다른 상품들과의 관계에 의해 결정된다. 이것이 복본위제도, 즉 금의 은에 대한 비율을 고정시키는 것이 초기 역사에서 만족스럽지 못했던 이유다.

화폐는 초기 역사에서 물물교환에 따르는 불편함[예를 들어, 밀을 팔고 의자를 사려는 사람은 의자를 팔고 밀을 사려는 사람을 찾아야 하는 이중적 일치]을 피하고 거래를 촉진하기 위하여 발달되었다. 물물교환은 원시경제에서만 이루어질 수 있다. 오늘날처럼 복잡한 세계교역은 화폐가 없이는 이루어질 수 없다. 그러나 현대경제가 전쟁이나 금융위기가 일어난 후에는 종종 원시적인 물물교환 경제(barter economy)로 돌아간다. 우리가 주의하지 않으면 그런 상황이 다시 발생할 수 있다.

화폐의 중요성이 명백하고 금의 가치가 경직적이지는 않지만 금은 희소성과 거래상의 효율성 때문에 실용적이다. 모든 경제적 거래에서 재화 및 서비스가 거래되는 다른 한편에서는 화폐적인 회계(계산) 단위가 사용된다. 모든 거래가 화폐의 현재 인식되는 가치와 미래 예상되는 가치에 좌우되므로 화폐의 본질을 이해하는 것이 매우 중요하다. 화폐를 독점적으로 공급하는 권한을 가진 통화당국의 재량에 따라 빠르게 가치를 상실할 수 있는 지폐를 강제적으로 사용해야 하는 사회의 경제문제는 매우 다루기 어려운 과제다.

현대경제에서는 아무리 정교해 보이거나 오래된 시스템이라 할지라도 금과 같은 비정부적인 실체가 아니라 예측할 수 없는 불환통화가 기축 통화로 사용될수록 그 시스템은 더욱 취약해진다. 당국들이 수십 년간 견제를 받거나 대가를 치르지 않고 대중을 기만하여 환상을 불러일으킬 수 있기 때문에 불균형이 계속 누적되어 마침내 시스템을 붕괴시킬 것이다. 회계단위가 분명히 정의될수록 경제가 더욱 순조롭고 장기적으로 작동할 것이다. 지폐, 정치인, 중앙은행은 언제나 오랜 세월 동안 건재할 수 없다.

연준이 설립되었을 때 1913년의 연준법에 따르면 연준의 목적은 '화폐를 탄력적(신축적)으로 공급함으로써 상업어음을 재할인하는 수단을 제공하며 미국의 은행을 보다 효과적으로 감독하는 것' 등이었다. 이는 범위가 상당히 넓다. 연준이 설립된 95년 후에 안정이 전혀 이루어지지 않고 대규모 위기가 많이 야기되었다. 신축적인 화폐! 나는 항상 이 용어에 흥미진진해 한다. 정부와 통화당국이 어떤 이유로든지 화폐공급을 신축적으로 증가시킬 수 있는 방법이다. 그들은 이것을 근로자와 저축자를 보호하기 위해 연준이 최종대부자의 역할을 한다고 설명한다. 그러나 이것은 탄력적인 화폐를 갖는 주요 목적이 아니다.

진정한 의미에서 금이 탄력적이다. 금은 재화 및 서비스 가격과 통화의 가치에 영향을 미치는 모든 요인들을 신축적이며 효율적으로 다룰 수 있다. 금은 시장의 힘에 적응하고 규제되지 않으면 공급이 항상 적절히 이루어진다. 경상(무역)수지의 불균형을 불환화폐보다 훨씬 원만하게 잘 조절한다. 그린스펀과 버냉키는 항상 우리가 당면하고 있는 경상수지 불균형 및 해외적자(채무)가 심각한 문제라고 시인하지만, 그것이 불환달러 준비금 본위제도 때문이라는 것은 시인하지 않는다. 경상수지 불균형 및 외채문제가 금본위제도하에서는 발생하지 않는다는 사실을 결코 받아들이지 않을 것이다.

생산성이 증가함에 따라 물가가 하락할 때 금은 화폐적으로 조정되어 신축적으로 화폐의 역할을 수행할 수 있다. 금의 구매력이 증가하여 더 많은 거래를 가능케 한다. 금의 양이 부적절하다고 우려하지만 그럴 필요가 없다. 지폐가 악성채무를 증가시키고 구제한다는 점에서 '탄력적일' 수 있지만, 통화공급의 증가가 인플레이션과 디플레이션에 의해 원래 상태로 환원되기 때문에 부메랑처럼 작용한다.

통화를 올바른 관점에서 이해하는 것은 매우 중요하다. 통화는 부가 아니며 금만이 부도 아니다. 어떤 사람들은 화폐를 증가시키면 부를 제공한다고 생각하지만 사실은 현재 유통 중인 화폐의 가치만을 떨어뜨릴 뿐이다. 이는 마치 우유에 물을 섞어 우유의 질을 희석시키는 것과 같다. 유통 중인 금이나 화폐의 양을 두 배 증가시키더라도 생산성이 향상하거나 상업 및 거래가 개선되지 않는다. 만약 생산성이 향상되지 않으면 금 공급량을 두 배로 늘려도 금 화폐의 가격만 오를 뿐이다.

의회 청문회에서 저축의 정의에 대해 그린스펀과 논쟁이 벌어졌다. 나는 우리가 더 이상 저축을 하지 않고 빚을 내어 소비만 한다는 것이 나쁜 신호라고 생각했다(그리고 그 빚은 오직 인플레이션으로 인해 증가한 주택 자산의 가치 덕분에 대출이 가능했던 결과였다.). 그는 대부분 사람들의 주택가격이 상승하고 있었으므로 이러한 가치평가는 '저축'을 의미하는 것이라고 주장했다. 나는 그린스펀의 의견에 강력하게 반대했고 그가 빚⁽부채⁾을 저축으로 혼돈하고 있다고 주장했다. 그는 상승한 주택가격을 담보로 대출을 받아 소비하는 것이 아주 좋다고 생각했다.

주택의 가치가 인위적인 인플레이션에 기인하지 않고 생산성 향상에 따른 소득증가⁽저축⁾에 기인한다면 주택 버블이 발생하지 않을 것이다.

호황기에 주택가격이 상승하는 것으로부터 부가 창출될 수 없다. 어떤 개인이 단기 투기자로 운 좋게 제때 주택을 팔면 부유해질 수 있으나 국부가 증가하지는 않는다. 이러한 과정은 새로운 부를 창출하지 않고 단순히 판 사람에게 신속한 거래로 이익을 갖다 줄 뿐이다. 일부 사람들은 주택가격이 상승할 때 이익을 얻을 수 있지만 붐이 끝나 주택가격이 하락할 때는 더 많은 사람들이 손해를 보게 된다. 이는 진정한 저축을 대신할 수 없다. 그러므로 사람이 자기의 능력범위 내에서 살고 소득을 전부 소비하지 말아야 한다. 물론 우리 미국의 문제는 끝없는 소비 욕구를 충족하기 위해 소득뿐만 아니라 빌린 돈을 지출해왔다는 것이다.

11부

철학적인 이유

＊

　연준에 반대하는 도덕적인 주장은 간단해야만 하며 도덕 사회에서는 아주 단순할 것이다. 한번은 내가 어떤 이슈에 대한 하원에서의 토론은 도덕과 헌법 두 가지 측면에서 가장 취약하다고 지적했었다. 이는 오늘날에도 유효한 사실이다. 한 사회가 정말로 도덕적이라면 성문헌법이 거의 필요하지 않을 것이다. 건전통화를 보장하고 건전통화를 관리하기 위해 중앙은행을 필요로 하지 않는 도덕적 원리는 기만을 부정하고 약속을 지키는 정직이다. 계약은 보호되어야 하고 정부에 의해 훼손되어서는 안 된다.

　통화문제를 살펴보면 통화를 은밀히 인플레이션(증가)시킴으로써 이익을 얻는 사람들은 화폐 위조자로 볼 수 있다. 그러나 통화의 인플레이션 과정은 통화를 증가시키는 사람들이 통화를 관리함으로써 인플레이션이 대중의 이익에 기여하는 것처럼 보이게 만들어왔다. 오늘날 연준이 통화를 발행—윤전기로 인쇄—한다고 말한다. 그러나 통화의 발행은 이보다 훨씬 더 복잡하다. 대규모 위조 계획은 윤전기로 인쇄함으로써가 아니라 컴퓨터에 숫자를 기록함으로써 이루어진다. 연준이 독점적으로 통화 및 신용과 이자율을 관리한다. 법에 의해 연준은 재량적으로 신용을 창출하여 적절하다고 판단되는 곳에 배분할 수 있다.

　연준 의장은 공개 청문회에서 새로 창출된 신용이 어디로 가고 누가 이익을 보는지 공개하지 않을 것이라고 뻔뻔스럽게 노골적으로 말할 수 있다. 그런 질문을 받았을 때 연준 의장은 사실상 "그건 당신이 알 바가 아니다."라고 대꾸하며 질문을 "비생산적"이라고 할 것이다. 연준의 모든 운용은 비도덕적인 원칙에 기초한다. 의회가 어떤 진정한 감시 없이 그런 과정이 계속되도록 용인하는 것이 비도덕의 원인이다. 통화와 관련된 비도덕은 작위적(의도적)으로뿐만 아니라 부작위적으로 이루어진다.

의회 의원들은 이러한 기만 시스템에 대하여 그들이 얻는 이익 때문에 알고도 지지할 때 비도덕적인 행위를 작위적으로 저지른다. 연준의 조치나 미래의 채무부담을 통하여 무책임하게 지출을 충당해주는 것은 정치인들에게 즉각적으로 정치적인 이익을 갖다 준다. 하지만 의회는 국민을 대표한다. 문제가 도덕적인 문제로 간주되고 국민이 정부에 있는 그들의 대표자들에게 통화의 도덕성을 요구한다면 그런 과정은 끝장이 날 것이다. 그러나 국민들은 다른 방법으로는 얻을 수 없는 혜택을 정부에게 요구하고 기대하기 때문에 이 시스템을 지지한다.

정치인이 단지 조세와 차입만을 이용할 수 있다면 부의 이전은 제한된다. 그러므로 통화의 발행을 필요로 한다. 국민, 정치인, 연준(화폐 위조자)이 모두 공조하는 것은 비도덕적인 사기, 기만, 무지에 기반하고 있다. 14세기 프랑스 주교 오렘(Nicole Oresme)은 다음과 같이 기술하였다. "군주가 주화를 바꿀 수 있는 권력을 주장하는 핵심적이고 궁극적인 이유가 그가 얻을 수 있는 이익 때문이라고 생각한다. 그렇지 않다면 그렇게 많이 대대적으로 바꾸는 것은 헛된 일이 될 것이다… 게다가 군주의 이익은 반드시 사회에 손실을 줄 수밖에 없다."[64]

인플레이션 과정은 그 지속기간이 상황에 따라 다르지만 항상 끝이 나기 마련이다. 모든 비도덕적인 행위와 마찬가지로 많은 고통과 고뇌로 끝난다. 심각한 문제는 중앙은행의 인플레이션 과정을 비롯한 많은 비도덕적 행위가 상당 기간 많은 사람들을 만족시킬 수 있다는 것이다. 시절이 좋아 이익을 누릴 때는 누구도 파티를 깨뜨리거나 통화의 도덕성을 우려하는 일에 별로 관심이 없다. 연준은 개인의 빚이 무책임하게 축적되도록 부추긴다. 사람들은 팽창적인 통화정책에 힘입어 자신들의 능력 이상으로 생활을 한다. 그들은 현재와 미래를 바꾼다. 지금 더 많이 소비하기 위해 저축의 필요성을 무시한다. 이러한 측면에서 연준은 소비 지상주의, 즉 미래보다 현재를 위해 사는 것을 조장한다. 이는 단기적인 사고방식이 장기적인 계획보다 좋다는 심각한 문화적 왜곡이다.

그러나 파티는 항상 끝이 나며 단기적으로 만족을 누린 대가로 고통과 보복의 기간이 뒤따른다. 가정이 파멸되고 결혼생활이 깨진다. 사람들은 더 이상 자유롭게 이동하거나 직업을 바꿀 수 없다. 신용카드 대출, 대학 학자금 대출, 자동차 및 주택 대출 등의 노예가 된다. 이 같은 대부기관과 개인의 신용노예 상태는 연준이 설립되기 전에는 없었다. 이는 단순히 건전통화를 가진 자유사회를 이루는 요소가 될 수 없었기 때문이다. 당시 금본위

---

64) 귀도 휠스만(Jorg Guido Hulsmann), The Ethics of Money Production (Auburn, AL: Mises Institute, 2008), p. 104.

통화 시스템하에서 우리는 능력범위 내에서 생활을 영위하였다.

통화의 도덕성은 정치적 도덕성과 관련이 있다. 큰 정부는 부패를 낳는다. 정부가 팔 것이 없으면 뇌물은 쓸모가 없다. 오늘날에도 고귀한 인격을 지닌 사람들만이 정치인이나 관료의 역할을 한다면 뇌물을 주는 사람들은 시간을 낭비하고 있을 뿐이다. 정치인이나 관료는 쉽게 얻는 돈을 '그저 일을 하는 것'으로 편리하게 합리화하지만 그런 과정에 참가함으로써 유권자들의 이익에 기여하고 있다고 주장한다. 유권자들의 이익을 표와 바꾸는 것은 일상적인 일이다.

좋은 위원회에 배정받기 위해서는 [협동 작업을 잘하는] 팀 플레이어가 되어야 한다. 위원회 배정은 돈을 모금하기 위한 수단이다. 합의(거래)가 이루어진 후에 의회 의원으로서 투표하는 것보다 위원회 위원으로서 투표하는 것이 훨씬 더 가치가 있기 때문이다. 상원과 하원 간의 견해 차이를 해결하기 위한 회의에 참여하는 것은 그 과정에 영향력 미치려는 사람들에게 큰 주목을 받게 된다.

캠페인에 기부하는 것, 특히 어떤 주목할 만한 선거운동을 하지 않는 위원회 의장에게 기부하는 것이 거래가 이루어지는 방식이다. 이는 빠르게 이해관계를 맞교환(quid pro qup)하는 것인데 눈짓과 끄덕임으로 이루어지며 모두 합법적이다. 도덕성은 결코 고려하지 않는다. 대통령 선거 캠페인에서 버락 오바마는 7억5천만 달러 이상을 모금해 기록을 깼다. 이 후보자는 가난한 사람들과 소외된 사람들을 돌보는 서민적인 사람으로 여겨졌었다. 그는 한때 공적 자금을 받아들이는 방식으로 지출을 제한하겠다고 약속한 사람이다. 결국, 월스트리트, 은행, 국방·산업복합체, 의료·산업복합체 등이 모두 한 몫씩 챙겼다.

일찌감치 언론의 후보가 선택되었다는 소식이 알려지자마자 뒷거래가 시작되었고 뇌물 보따리가 열렸다. 경제 불황이 극심했지만 영향력을 돈으로 사는 매수행위는 전혀 줄어들지 않았다. 사실상 캠페인 모금액이 기록을 세웠다. GDP에서 정부가 차지하는 비중이 급증하고 앞으로 수년 동안 계속 확대될 것으로 예상되었기 때문이다. 경매에 내놓을 '물건'이 더 많다.

수많은 구제금융과 국유화가 이루어짐에 따라 권력자들에게 접근하는 것이 어느 때보다도 더욱 중요하다. 이러한 과정은 저절로 이루어진다. 인플레이션적인 버블이 확대되는 것과 같이 정부의 역할이 확대됨에 따라 정치권력은 피라미드 구조가 된다. 다시 말해, 시스템이 도덕적으로 부패한다. 그럼에도 불구하고 정치인은 부패의 유혹을 이겨내야 한다. 다른 사람들도 하니까, 시스템이 원래 그런 식으로 되어있다는 합리화는 용납할 수 없다. 슬프게도 발각되지 않는 것이 성공적인 정치인임을 보증하는 마크다.

정부의 권력을 통해서 부를 재분배하는 것이 얼마나 부도덕한 일인지 이해하거나 비난하는 사람은 거의 없다. 많은 사람들이 단순히 무능력자를 도와주고 경제적으로 '공정하고 평등한' 사회를 이룩하기를 바라는 사실과는 무관하다. 정치인이 특혜를 나누어 주거나 대가를 얻지 못하면 특혜를 주지 않을 것이라고 위협할 때 그런 행위를 알게 되는 모든 사람은 분노한다. 그러나 정치인들이 나누어주는 혜택들이 사회의 생산적인 구성원으로부터 빼앗은 것이라는 사실에는 분노하지 않는다. 법에 의해 보호되는 부를 이전하는 것은 훨씬 더 대중적인 물의를 빚는 부도덕하고 충격적인 일이지만 거의 논의되지 않는다.

가장 큰 부도덕성은 힘으로 부를 이전하는 정부 시스템이다. 누군가가 약탈품을 분배하는 것이 들킨다면 비도덕적인 것으로 간주될 것이다. 정부는 조세 시스템을 통하여 부를 어떤 한 그룹에서 다른 그룹으로 이전한다. 재분배주의자들은 불행한 사람을 돌보고 시스템을 공정하게 만든다고 주장함으로써 높은 도덕적 기반을 얻는다. 우리는 그런 재분배주의자들만이 도덕적이라고 생각하도록 길들여 왔다. 그들은 재분배 시스템이 없다면 경제적 고통이 매우 심하며 불공평하다고 주장한다. 물론 자유가 어떻게 최대다수의 사람들이 필요로 하는 것을 충족시켜 주는지 이해하면 그런 생각을 완전히 부정하게 된다.

통화가치의 평가절하 과정은 통화공급을 인플레이션시켜 부를 중산층에서 부유층으로 불공평하고 위험하게 재분배한다. 그것은 기만의 원리에 바탕을 두고 화폐를 위조하는 것과 같다. 그 목적은 몰래 은밀하게 이루어지므로 대중이 인식하기 어렵다. 대신에 많은 사람들은 값싼 신용, 화폐발행을 통한 채무상환, 무차별(평등) 대출 등이 좋은 경제정책이며 그 동기가 도덕적이라고 믿게 길들여 있다. 비극은 비도덕적이고 지속 불가능한 통화 인플레이션의 기만이 끝날 때 깨달을 뿐이다. 이것이 바로 오늘날 우리가 고통을 받고 있는 것이다.

건전한 통화를 주장할 때 케인지안들은 인플레이션의 '이점'을 잃게 된다고 크게 우려한다. 케인지안과 특별 이익집단—자신들의 특별한 이익을 위해 정부 등에 압력을 행사하는 단체—은 더 많은 인플레이션(통화증가)이 필요하다고 주장한다. 그들은 화폐의 도덕성 원칙에 대해서는 전혀 관심이 없고 그 이야기를 듣고 싶어 하지도 않는다. 시장과 작은 정부를 옹호하는 척하는 사람들은 지금은 자유 시장원리, 건전통화, 균형예산에 사로잡힌 이론가(공론가)의 길을 따를 시간이 아니라고 외친다. 그들은 지금은 비틀거리는 경제를 구제할 때라고 주장한다.

이처럼 이데올로기를 비난하는 그들 자신이 근본적으로 잘못된 이념의 포로라는 것을 인식하지 못한다. 실용주의, 긴급사태, 박애, 공정, 타협, 미래에 대한 공포 그리고 안전과 보안의 필요성은 국민들을 보호하고 구제하는 권위주의적인 접근 방식을 정당화하는 도덕적인 근거를 제공한다. 이러한 사고방식을 가진 사람들은 이 목표를 달성하기 위해 약간의 자유를 희생시키는 것이 도덕적으로 정당하고 필요한 것이라고 당당하게 주장한다.

중앙계획 경제를 옹호하는 사람들은 대부분 잘못된 개입주의 정책이 위기의 원인이라고 생각하지 않으며 똑같은 개입정책이 많을수록 위기를 더욱 악화시킨다는 사실을 인정하지 않는다. 일부는 오히려 혼란기에는 권위주의적인 정부가 이상적이라는 자신들의 오랜 신념을 확대할 기회로 여기기까지 한다. 또 다른 이들은 미래에 대한 두려움과 우리가 현재의 혼란에 빠진 원인을 이해하지 못한 탓에 제한된 정부와 자유시장을 촉진하려는 자신들의 목표를 나중으로 미룬다.

구제를 원하는 자들은 그들의 반대자(자유주의자)들을 완고하고 이기적인 이념가라고 비난한다. 당연하지만, 납세자들의 구제를 바라는 사람들이 이익을 얻게 될 때 그 수익은 자신의 것이며 자유시장 철학의 일환으로 가능한 한 많이 지킬 자격이 있다는 원리를 기꺼이 지지한다. 문제는 사람이 이념가인지가 아니라 어떤 이념을 고수하는가이다. 사실, 모든 사람은 어떤 이념을 갖지 않을 수 없다. 이념가라는 꼬리표는 도덕적으로 고상한 이념을 대립적이고 이기적으로 보이도록 만들기 위해 사용된다. 따라서 정부권력에 의존하는 비도덕적인 철학이 도덕적으로 우월한 것처럼 보이게 만든다. 이는 항상 약자를 배려하는 것으로 포장되지만 실제로는 특정 산업의 CEO 급여와 근로자 임금과 복지에 혜택을 주는 통화 인플레이션에 의해 인위적으로 부양되는 경제 시스템으로부터 부당하게 이익을 얻는 사람들을 구제하는 것일 뿐이다.

다시 말하면, 국민을 보호하지 않으며 감시를 받지 않고 은밀히 통화를 위조할 수 있는 독점적 통화 및 은행 시스템보다 더 비도덕적인 통화 시스템은 없다. 연준을 반대하는 도덕적 논거가 충분하므로 전문지식 및 정보에 밝은 사람들이 연준을 신속히 폐지할 수 있다.

화폐의 질을 변경시키는 것은 비도덕적인 행위라고 성경에서도 명백히 밝히고 있다. 우리들은 '공정한 중량과 척도(평가기준)'의 규칙을 따르라는 지시를 받았다. "너희는 재판할 때와 길이나 무게나 양을 잴 때에 불의를 행하지 말며, 공정한 저울과 공정한 추와 공정한 에바[65]와 공평한 힌[66]을 지닐

---

65) 에바(ephah)는 밀가루, 보리, 볶은 곡식 등 곡물의 양을 측정할 때 사용하는 측량 기구 혹은 단위로(민5:15; 사5:10)로 1에바는 약 22ℓ에 해당된다.
66) 고대 히브리의 액량(液量) 단위

지니라."[67] (레위기 19장 35~36절) "서로 다른 추는 주께 가증한 것이요, 거짓된 저울은 좋지 못하니라."(잠언 20장 23절) 일반적인 원칙은 "너는 도둑질하지 말라."(출애굽기 20장 15절)로 요약할 수 있다.[68]

성경은 돈은 귀중한 금속이며 정직한 무게와 측정이 이루어져야 한다고 상정했다. 예수님의 말씀 속에서 지속 불가능한 투자의 문제를 다루는 오스트리아학파 경기변동 이론의 씨앗도 포함이 되어있다. "너희 중에 누가 망대를 세우려 할 때에 먼저 앉아서 자기가 가진 것이 그것을 완성하기에 충분한지 그 비용을 계산하지 아니하겠느냐? 그리하지 아니하여 혹시 그가 기초만 놓은 채 그것을 완성할 수 없으면 그것을 보는 자가 그를 조롱하기 시작하며"(누가복음 14장 28~29장)[69]

---

67) 당시는 디지털 기기가 없었기 때문에 저울과 추를 사용하여 무게와 양을 재고 그것으로 가격을 책정하여 사람들이 상거래를 하던 시기다. 아무래도 사람이 손으로 하는 것이기 때문에 우리가 지금은 알 수 없으나 눈속임이나 추를 일부러 잘못 제작하는 등의 방식으로 사기를 칠 수도 있었을 것이다. 당시의 사회상을 반영하여 재판을 하거나 일상생활의 사소한 부분에서도 우리는 서로에게 공평하고 진실하여야 한다는 것이다. 문명이 발달한 지금은 그런 부분이 줄어든 것처럼 보일 것이지만 실질적으로 길이나 무게, 양을 재는 것은 도구의 발달로 인해 정확성을 높인 것은 사실이나 지식과 사회의 발달로 인해 사람들은 더욱 지능적으로 되어가고 사기를 치는 것이 영화의 소재로 사용되며 마치 어리석게 속는 사람이 바보이고 멋진 '기술'을 사용하여 사람을 속이는 것을 하나의 테크닉과 같이 여겨지는 사회가 되었다.
68) 노스(Gary North), 《정직한 돈: 통화 및 은행의 성경적 원리》(Fort Worth, TX: Dominion Press, 1986).
69) 망대(望臺: tower)는 포도원 지기가 포도원을 지키는 감시대다. 망대는 농부의 농기구를 보관하고, 포도원을 감시할 목적으로 세우는 것인데, 이 망대를 세우는 데는 많은 노동력과 공사비가 필요하다. 당연히 농부는 망대를 세우는데 드는 공사비가 얼마인지 계산하고, 그 공사비가 얼마든 충분히 지불할 여력이 있을 때 공사를 시작해야 한다. 짓다가 중간에 중단되면 공사비를 날리고 완공되지 않은 망대는 무용지물이 된다. 망대 건축이 중간에 중단된다면 보는 자들이 그 건축주를 비웃을 것이며, 동네 사람들에게는 신용을 잃게 될 것이다. 우리나라 전국 방방곡곡에 짓다가 중단된 아파트와 건축물들이 흉물로 남아 있는 모습을 쉽게 볼 수 있다.

어떤 사람들은 돈 그 자체를 좋아하는 것이 모든 악의 근원이라고 주장하지만, 정확하게는 역사상 정직하지 않은 돈이 악의 주요 원천이다. 아인 랜드(Ayn Rand)가 정직한 돈을 옹호하는 것은 지폐를 전적으로 거부한다는 것을 의미한다. 통화의 '객관적인 본위(기준)' 문제에 대하여 그녀는 거의 성서적이었다. 정직한 돈은 사회의 번영을 위해 요구된다. 그녀의 소설《신을 거부한 아틀라스: 사회의 책임을 떠맡은 지식인》(Atlas Shrugged)에서 프란시스코(Francisco)는 지폐 시스템이 붕괴할 날을 경고했다. 아인 랜드는 "사회가 언제 사라질지 알고 싶다면 돈을 보라."고 말했다. 사회의 파괴자들이 나타날 때마다 그들은 돈을 파괴하는 것으로부터 시작한다. 돈은 사람을 보호하고 도덕적 존재의 기반이기 때문이다. 파괴자들이 금을 몰수하고 금의 소유자에게 위조지폐 뭉치를 준다. 그녀에게 지폐는 '존재하지 않는 부를 저당 잡히는 것'이었다.[70]

어떤 위대한 종교도 정부의 통화 사기를 옹호하지 않는다. 모든 종교는 사람이 약속과 의무를 이행하며 타인의 인격과 재산을 존중하도록 가르친다. 연준을 비롯한 대부분의 중앙은행들은 기본적으로 모든 종교 및 민족 지도자들이 수천 년 동안 지켜온 이러한 원리를 고의적으로 마구 유린하였다. 권력자가 통화를 지배하기를 '좋아하는 것'이야말로 세상의 대악(大惡)의 원천이다. 정치, 경제, 돈의 도덕성이 명확하지 않기 때문에 자유 시장을 믿

---

70) Ayn Rand, 〈Francisco's Speech〉, Atlas Shrugged, (Estate of Ayn Rand, 1957), 《Capitalism Magazine》: http://www.capmag.com/article.asp?ID=1826.

는 사람들이 감언이설에 속아 정부와 협력하는 관계를 받아들이는 위험이 존재한다.

1976년에 보궐선거에서 처음으로 당선될 기회가 있었던 초창기의 정치 선거를 기억하고 있다. 나는 정말로 초심자였으며 아주 순진했다. 그러나 시간과 여건 덕택에 휴스턴 실업계에서 실제로 내가 이길 수 있다고 생각하였다. 당시 이것은 대단한 사건이었다. 텍사스의 전체 의원 24명 중에서 3명만이 공화당 의원이었다. 22 선거구의 의회 의석은 공화당이 차지한 적이 없었다. 더욱이 워터게이트 직후의 분위기로 인해 공화당원들에게 훨씬 더 불리했다. 내가 이길 가능성이 있다는 것이 알려지자, 휴스턴의 실업계 인사들과의 만남이 주선되었다. 그 당시 22선거구의 70%는 휴스턴이 위치한 해리스 카운티에 속해 있었고 나머지 아주 작은 비율은 내가 살고 있는 브라조리아 카운티에 있었다.

나는 브라운&루트의 회장인 브라운 씨(George R. Brown, 나중에 KBR로 알려짐)와 나눈 대화를 생생하게 기억하고 있다. 그는 민주당원이었고 존슨 대통령의 정치적 동맹으로 유명했다. 이 두 사람은 [선거] 기금을 모금했고 의회 당선 후에 자신들이 통제할 수 있는 의원을 지원하는 것으로 정치를 현대화했다. 브라운은 두 가지 이유로 나를 지지했다. 그는 나의 정치적 상대인 진보적인 주 상원 개미지(Bob Gammage)가 연합한 노동조합을 반대했을 뿐 아니라, 브라운&루트사는 그 지역구에서 상당히 큰 영향력을 갖고 있었다.

보궐선거에서 예상외로 내가 결선투표에 들어갔기 때문에 나에 대한 신뢰도가 그와 함께 아주 높아졌다. 리셉션은 정중했으며 많지는 않지만 얼마의 돈이 모금되었다. 나의 짧은 연설은 자유 시장을 옹호였는데, 당시나 지금이나 자유시장 정의는 같았다. 브라운 씨와 작별 대화에서 그는 "경제 시스템이 제대로 작동하려면 기업과 정부는 파트너가 되어야 한다는 점을 명심하십시오."라고 내게 강력하게 경고했다. 그는 파트너쉽에 중점을 두었던 것이다. 나는 아연실색을 하며 서둘러 문을 나섰다.

당선된 후 내 선거운동 매니저가 같은 도시의 지도자들과 다시 한번 기금 모금을 하자고 했다. 공식적인 목적은 '선거운동 빚을 갖기 위해' 그리고 지지자들에게 감사의 표시와 그들의 중요성을 인정하기 위해서였다. 사실 선거운동 빚은 없었다. 그 당시에도 선거운동 빚을 남기지 말자는 내 원칙이 확고했기 때문이다. 선거에서 지면 빚은 캠페인 것이 아니라 당신 것이 된다. 다시 한번 브라운 씨가 등장했고 우리가 떠나면서 그가 이렇게 묻는 소리를 들었다. "그래, 내 몫^(지분)은 얼마요, 내가 얼마나 내어야 하지?" 내게 그 소리는 나에게 투자했고 여느 훌륭한 '자본가'같이 자신의 정당한 몫을 지불하고 싶어 하는 것처럼 들렸다. 아마도 그도 똑같이 생각했을 것이다.

내가 공직에 나선 후 내 투표 기록과 정치적 입장이 드러나자 그 메시지는 분명해졌고, 그 이후로 그는 나에게 다시는 연락하지 않았다. 기업과 정부가 협력자라는 생각은 새로운 것이 아니며 브라운 씨가 그 말을 했을 때도 나쁘게 들리지 않았다. 아마도 그는 이런 협력 시스템이 꽤 괜찮은 방식이라고 생각했을 것이고, 브라운&루트사가 성공한 것은 이 철학의 부수적인 결과일 뿐, 협력 관계의 목적 때문은 아니라고 스스로 합리화했으리라 확신한다. 전 세계의 미국 정부 계약이 브라운 씨와 존슨 대통령이 절친한 사이여서 이루어진 것이 아니라고 말이다.

이러한 사고방식은 만연해 있다. 나는 수년 동안 많은 기업가들이 큰 정부를 옹호하며 시 당국과 기업이 반드시 협력해야 한다고 주장하는 것을 들어왔다. 이런 협력관계는 시, 주, 연방 그리고 국제(UN, 세계은행, IMF) 등 모든 수준에서 이루어진다. 이는 모두 자본주의라는 이름 아래에서 행해지며 부패하고 현실에 안주하는 연준의 돈 기계에 의해 그 비용이 충당된다. 주택건설업자, 고속도로건설업자, 교량건설업자 등은 모두 대규모 정부 프로젝트를 지지한다.

슬픈 점은 뇌물, 비리 그리고 금융위기가 발생했을 때 무엇이 비난을 받는가이다. 통상적으로 자유시장이 비난을 받는데, 문제는 자유시장을 망가트리면서 특별 이익단체를 위해 봉사하고 통화를 더욱 증가시키고 정부를 확대하는 구실로 이용하는 것이다. 기업가의 도덕성이 결여되고 경제학을 제대로 이해하지 못해 미국의 자유기업 시스템을 국유화하는 무대가 마련되었다. 자유기업을 국유화하는 것을 우리가 목격하고 있다.

1930년 이래 해마다 시장경제는 위축되었고 정부가 관리하거나 보조금을 주는 경제가 증가했다. 미국의 신용이 좋고 달러가 강한 것으로 인식되었기 때문에 거의 아무도 관심을 기울이지 않았다. 재정적자가 폭발적으로 증가할 때도 미국의 번영이 계속되었다. 이제는 상황이 변했다. 자유 시장과 건전한 돈을 옹호하는 도덕적 원칙이 상실되어 경제 시스템의 기초가 완전히 무너졌다. 경제가 파산하고 도덕적 기초가 상실되어 국유화의 장이 마련되었다.

자동차회사 경영자들이 자유—그들이 원하는 대로 고용계약을 하고 구조조정을 하는 자유, 그들이 만드는 자동차를 선택하는 자유, 이익을 얻고 지키는 자유, 실패할 수 있는 자유, 그들의 모든 활동을 규제하는 중앙 경제계획가로부터의 자유—를 요구하기 위해 워싱턴에 오는가? 국제무역 불균형을 시정할 수 있는 건전통화를 요구하는가?

아니다. 그들은 순진한 미국 납세자들이 그들을 구제해주고 보호할 가치가 없는 시스템을 보호하도록 요구하기 위해 워싱턴에 온다. 정부와 다시 계약할 것을 주장하기 위해 오지 정부로 하여금 자유로운 계약을 보장하도록 요구하기 위해 오지 않는다. 그들은 자동차 황제에 복종하기 위해 회사를 인수 합병 제휴하거나 국유화해주도록 요청하고 자신들에게 남아 있을지도 모르는 약간의 자존심마저도 저버린다.

우리가 이러한 상황에 처하게 된 데는 연준, 의회, 법정, 금융기관 등 비난할 대상이 많다. 그러나 가장 혐오스러운 것은 자유 시장을 지키지 못한 대기업들이다. 그들은 기꺼이 정부의 하수인 동반자가 되어 아무것도 팔지 않고 보다 좋은 날이 다가올 것이라고 믿는다. 그들이 구제를 받을 수만 있다면 또다시 확실히 부자가 되고 노동의 과실과 자유의 혜택을 누릴 것이라고 믿는다. 파시즘은 염려하지 않는다. 그들은 시장이 때로는 실패하기 때문에 정부로부터 약간의 도움을 받는 것은 정당하다고 합리화한다. 그것은 위기를 극복하기 위한 브릿지 론(bridge loan)—보다 유리한 장기융자가 결정되기 전의 단기융자—이라고 그럴듯하게 부른다. 그러나 그들의 이기적이고 편협한 탐욕과 자유사회에서 정부와 기업관계의 왜곡으로 인해 미국의 정치구조가 상전벽해처럼 변화하였다.

　의회에서 나는 정부와 기업 간의 이 같은 왜곡관계를 '찍소리 없이 복종하는 국가주의'라고 불렀는데 재계는 그것을 구걸하고 있다. 사유재산권이 명목적으로만 유지되는 산업의 국유화는 또 다른 파시즘이다. 오늘날 모든 사람이 부정직하다. 만약에 그렇지 않다면 더 잘 알아야 하는 사람들이 부인하는 것을 평가해볼 필요가 있다.

　트루먼 대통령은 한국전쟁 동안 행정명령을 발동해 철강 산업을 인수하려 했는데, 이는 국유화에 대한 자신의 계획을 훨씬 더 솔직하게 드러낸 것이었다. 다행히도 법정에서 그런 결정을 뒤집었다. 오늘날 재벌구제, 연준에 의한 수조 달러의 새로운 신용, 그리고 보험회사, 모기지, 의료혜택, 은행, 자동차산업 등의 인수에 대하여 원칙에 입각한 반대가 없다. 이러한 조치의 규모 및 금융수단과 어떤 정치 그룹이 경제권을 행사하게 되는지에 대해서만 논쟁이 있을 뿐이다. 미국이 경제적으로 지배하는 것에 대하여 도덕적으로 반대하는 주장이 없다면 우리의 삶을 철권통치하는 독재자에 대하여 저항하지도 않을 것이다. 물론 나는 모든 18세 이상 남성의 병역의무를 미국인이 애국적인 이유로 받아들일 것이라고 생각한다.

　오랫동안 나는 독일과 이탈리아의 실업계 지도자(재계 리더)들이 어떻게 파시스트 독재자들과 함께할 수 있었는지 궁금하게 여겼다. 그들은 파시스트 독재가 어떻게 종말을 고할지를 몰랐는가? 많은 사람들이 희망이 없어 보이는데도 낙관하고 정부와 협력하여 돈을 버는 것이 독재자와 그들 모두에게 받아들여질 수 있다는 철학적인 입장이었을 것으로 생각된다. 그들은 너무 순진하게 그들 자신의 운명을 계속 지배할 수 있을 것이라고 믿었다.

정부가 힘을 사용하여 경제를 운영하는 원칙을 받아들이면 정부가 모든 사람의 생활도 지배할 수 있다고 인정해야 한다. 파시즘이 우리에게 국유화를 갖다 준 정부와 기업의 동반자 관계로부터 통제 불가능한 군국주의로 발전하는 데는 오랜 시간이 걸리지 않았다. 자동차 황제라는 말도 경각심을 거의 불러일으키지 못한다. 정부와 기업의 동반자 관계가 19세기에 최초로 시작된 이래 시장에 반하는 기관들이 확산되어 왔다. 그 씨앗은 오래전에 제1차 세계대전을 계획하고 미국에서 파시즘이 만연했을 때 뿌려졌으며 위험한 경제 및 정치적 위기로 급속히 발전하고 있다. 우리가 바짝 경계하지 않으면 파시즘이 날뛰고 자유가 희생당하는 것을 목격하게 될 것이다.

루이스 브랜다이스(Louis Brandeis) 판사는 범죄는 전염성이 있으며 특히 정부가 저지를 때 그렇다고 우리에게 상기시켜 준다. 정부가 법률을 위반하고 헌법을 부정하면 사회가 훨씬 쉽게 법률을 위반하고 헌법을 부정할 수 있는 수 있는 여건을 만들어 준다. 정부와 정치인들이 법을 경시하면 대중도 그들과 똑같이 법을 경시할 수 있다. 개인이 헌법을 준수하고 정부 관료로 하여금 책임을 지도록 노력할 때 범법자가 되는 것은 매우 역설적이다. 이러한 상황이 고쳐지지 않는다면 폭력이 야기될 수밖에 없다. 나의 의회 책상 위에 있는 "도둑질하지 말라, 정부는 경쟁을 싫어한다."(Don't Steal, the Government Hates Competition)는 스티커는 모든 방문자들에게 우리가 직면하고 있는 도덕적 위기를 상기시켜 준다.

12부

헌법적인 이유

＊

　1787년 헌법회의에서 다룬 내용은 그 범위가 아주 제한적이었다. 13주의 각 대표로 구성된 연합회의는 미국연합규약(Articles of Confederation)을 수정하기로 하였다.[71] 주들 사이의 자유로운 통상과 건전한 통화의 필요성이 주요 의제였다. 일부는 인정하지 않았지만 원래 목표는 연합규약을 폐기하고 완전히 새로운 헌법을 제정하는 것이었다. 연방주의자들은 의회가 국내문제를 규제하고 국가적인 목적으로 세금을 징수할 수 있는 권한이 결여되어 있다고 불평하면서 보다 중앙집권적이고 강력한 정부를 원했다. 한편, 패트릭 헨리(Patrick Henry)와 같은 반연방주의자들은 중앙집권적인 정부를 허용하면 자유가 침해될 위험이 있다고 우려했다.

　각 주의 대표들이 필라델피아에 모였을 때 곧 주들 사이의 통상과 국가 통화 이외의 것을 변경하려는 계획이 알려졌다. 자유의 상실을 우려한 사람들은 연방정부가 주의 권한에 침해하는 것을 추가적으로 방지하는 권리장전을 부여받았다. 헌법의 본래 취지를 따랐더라면 우리가 지금과 같은 상황에 처하지 않았을 것이다. 중앙집권적인 정부를 방지하는 것은 헌법에 허점

---

71) 1777년 대륙회의에서 임명한 위원회에 의해 기초하고 미국 독립전쟁 중인 1781년에 개최된 대륙회의에서 채택된 미국 최초의 헌법이다. 이 헌법의 특징은 각 주의 주권이 강하고 중앙정부의 권한이 크게 제한되어 있다는 점이다. 각 주가 주권·자유·독립을 유지하고 각 주 대표로 구성되는 연합회의를 결성하도록 규정했다. 중앙정부인 연합회의의 권한이 국방·외교 등에 한정되고, 징세권·통상규제권·상비군 보유 등이 금지되었다.

이 너무 많았을 뿐 아니라, 오랫동안 정부 안팎에서 너무 많은 사람들이 정부는 자유보다도 안정을 보장해야 한다고 요구하였기 때문에 실패했다.

헌법 제정자들은 인플레이션의 위험과 상품화폐의 필요성을 잘 인식하였다. 콘티넨털 달러(Continental Dollar)[72]의 몰락을 생생하게 기억하고 있었다. 대륙 의회의 일지는 다음과 같이 기술하였다. "지폐가 좋은 정책의 준칙 이상으로 증가한다. 통화량이 상업의 매개수단으로 유용한 수준을 능가하면 통화의 상대적 가치가 비례적으로 하락한다는 사실보다 더 명백한 진실은 없다. 나아가 인플레이션은 도덕의 타락, 공적 선행의 쇠퇴, 위험한 전쟁, 공적 신뢰의 저하, 개인권리의 침해, 그리고 명예, 안전, 미국독립의 파괴를 초래하는 경향이 있다."[73]

헌법은 명백히 지폐를 허용하지 않는다. 금과 은만이 법정화폐가 될 수 있었다. 주들이 각각 자신들의 지폐를 발행했을 때 피해를 입었기 때문에 주들이 지폐를 발행하는 것도 금지되었다. 헌법 1장 10절에 "어떤 주도 금화 및 은화 이외의 것을 채무를 지불하는 법화로 만들 수 없다."고 규정되어 있다. 그러므로 결론은 명백하다. 지폐는 위헌적이다.

헌법은 또한 중앙은행의 문제를 언급하지 않고 있다. 그러나 헌법의 취지는 제10의 수정헌법에서 아주 분명하다. 권한이 '헌법에 의해 미합중국에 위임되어 있지' 않으면 권한은 없다. 권한이 부여되는 중앙은행에 관하여 어

---

72) 미국 독립전쟁 중에 전비를 충당하기 위해 발행한 불환지폐.
73) Edwin Viera, Jr. Pieces of Eight: The Monetary Powers and Disabilities of the United Constitution (Old Greenwich, CT, 1983), pp. 12~13.

떤 언급도 없다. 중앙은행이 허용되더라도 금화 및 은화만을 법화로 규정하는 명령을 법적으로 폐지할 수 없다.

중앙은행은 이론적으로 금본위제도하에서도 존재할 수 있다. 그러나 금본위제도는 금본위제도를 관리할 중앙은행을 필요로 하지 않는다. 중앙은행이 필요하지 않는데도 중앙은행을 갖는 동기에 대하여 의문을 제기해야 한다. 금본위제도하에서 중앙은행의 목적은 금본위제도를 폐지하는 것이라는 결론에 도달하는 것은 어렵지 않다. 신용화폐, 즉 태환가능 지폐를 발행하는 문제는 헌법회의에서 충분히 논의되고 기각되었다. 미합중국 정부나 주들은 지폐를 발행할 수 없으며 금 및 은화만이 법화가 될 수 있었다. 1780년대 콘티넨털 달러로 인해 하이퍼인플레이션이 초래되었을 뿐 아니라 국부(國父)들이 지폐를 경멸했기 때문에 남북전쟁 때까지 미합중국 정부에 의해 어떤 지폐도 공식적으로 발행되지 않았다.

지폐의 금지는 태환통화를 위한 것이었다. 지폐는 유혹이 너무 커 정부의 손에 맡길 수가 없었다. 불환통화는 너무나 기이한 발상이므로 국부들이 논의조차도 하지 않았다. 그들은 오늘날 우리가 무에서 수조 달러를 만들어내면서 돈을 인쇄하는 수고도 하지 않는 것에 대하여 어떻게 생각할까? 그것은 단지 컴퓨터상에 숫자를 기록함으로써만 이루어지며 의회의 감시를 조금도 받지 않는다.

중앙은행에 대한 논의는 일찍부터 시작되었다. 연방주의자들은 중앙은행을 지지하고 반(反)연방주의자들은 반대하였다. 이것은 해밀턴(Hamilton)과 제퍼슨(Jefferson) 논쟁의 또 다른 사례다. 해밀턴이 일찍이 논쟁에 이겨 1791년 미합중국의 제1은행이 설립되었다. 그러나 경화를 옹호했던 제퍼슨에 의해 1811년에 제1은행의 설립기한이 만료되었다. 1812년 전쟁으로 대규모 채무가 발생하고 낭비적인 지출이 이루어져 극심한 금융혼란과 재정적자로 다시 금융을 중앙집권화하거나 채무를 청산해야 하는 상황에 직면하였다. 정치인은 항상 쉬운 것, 즉 장기적으로 근본적인 해결책보다 단기적으로 대중적인 해결책을 선택한다.

1816년 매디슨(James Madison)[74]은 제2은행을 설립하였다. 제2은행의 설립에 대한 1819년의 헌법적 논거는 상당히 중요한 의미를 지닌다. 맥컬록 대 메릴랜드주 사건에서 중앙은행을 찬성하는 중대한 결정으로 건전통화가 크게 좌절되었을 뿐 아니라, 그 결정에 대한 대법원의 논거는 헌법에 회복할 수 없는 손상을 입혔다.[75] 한편에서는 제퍼슨처럼 헌법에서 중앙은행을 설립할 수 있는 구체적인 권한을 의회에 부여하지 않았다고 주장했다. 이 사건의 다수를 이루는 다른 한편에서는 놀랍게도 헌법에서 구체적으로 의회의 권한이 없다고 규정하는 것을 제외하고는 의회가 원하는 모든 권한을 갖는다고 주장했다. 헌법 제1조 8절과 수정 제10조의 모든 취지는 완전히 무시되었다. 이러한 해석이 옳다면 이들 조항을 헌법에 규정하는 목적이 전혀 없었을 것이다.

---

74) 미국의 제4대 대통령(재임 1809~1817)이자 정치학자. 헌법제정회의에서 헌법초안 기초를 맡아 '미국헌법의 아버지'로 불린다. 제퍼슨 행정부의 국무장관을 지낸 후 대통령이 되어 제퍼슨의 중립정책을 계승하였다.
75) 맥컬록 대 메릴랜드주(McCulloch v. Maryland) 사건은 연방정부가 설립한 은행에 대하여 주정부가 세금을 부과한 것에 대해 미연방 대법원이 연방정부의 은행설립 권한은 헌법에 명시되어 있지 않으나 헌법의 필요적절 조항에 따라 은행설립 권한을 가진다고 판결을 내린 사건이다. 따라서 의회의 은행설립에 관한 법률은 주법에 우선하므로 주 정부의 연방은행에 대한 조세부과는 위헌이라고 판결하였다.

헌법 제1조 8절의 "필요하고 적절한" 조항은 현재의 의회가 "필요하고 적절하다."고 생각하는 모든 법률을 허용하는 것으로 합의되었다. "필요적절" 조항이 구체적으로 부여된 권한들—헌법에서 명시적으로 부여된 권한들, 여기서는 헌법 제1조 8절에 규정된 것들—을 행사하기 위한 것이라는 사실은 무시되었다. 이처럼 맥컬록 대 메릴랜드주 사건으로 헌법이 완전히 왜곡되고 훼손됨에 따라 우리의 역사가 큰 해를 입어 오늘날과 같은 큰 정부를 갖게 되었다. 이에 따라 미합중국 제2은행의 문이 활짝 열렸을 뿐만 아니라 1913년 연준 설립의 법적 토대가 마련되었다. 대법원은 '암묵적 권한'라는 완전히 주관적인 개념의 원리를 확립했다. 이제는 더 이상 "사람을 신뢰하지 말고 헌법이라는 족쇄로 악행을 하지 못하도록 속박하라."는 제퍼슨의 훈계를 따를 가능성은 없어졌다.

실제로 헌법이 아무리 잘 만들어져 있더라도 정부의 권력을 우리가 바라는 대로 견제할 수가 없다. 정말로 중요한 것은 국민의 도덕성과 선출된 관료의 인격 및 지혜다. 그럼에도 불구하고 우리는 '[헌법]사슬'이 정부권력의 오남용을 반대하는 사람들을 속박하는 데 사용되지 않도록 법의 지배에 의해 '관료를 속박하여 나쁜 짓을 하지 못하도록' 최선을 다해야 한다. 암묵적 권한의 원리가 1819년에 분명히 확립됨에 따라 판도라 상자[76]가 열려 우리의 자유가 지속적으로 침해되기 시작했다. 특히 지난 세기에 이런 현상이 두드러졌다.

---

76) 판도라 상자(Pandora's box)를 연다는 것은 뜻하지 않은 재앙을 초래한다(긁어 부스럼을 만든다거나 문제를 더욱 악화시킨다)는 의미로 사용된다. 그리스 신 Prometheus가 불을 훔쳤기 때문에 인류를 벌하기 위해 Zeus가 지상에 보낸 최초의 여자인 판도라가 금기를 어기고 궤를 열자 안에서 재앙과 죄악이 튀어나와 온 누리에 퍼지고 궤 속에 희망만 남았다는 신화에서 유래되었다.

우리는 맥컬록 대 메릴랜드 사건에서 두 번이나 패소하였고 그 두 번의 패소로 인해 계속 고통을 받고 있다. 이 판결로 1913년의 연준법의 토대가 마련되었고 '필요적절'의 개념이 다시 정의되었다. 대법원은 건전통화의 옹호자가 아니며 헌법의 보호자가 아니었다. 맥컬록와 메릴랜드주 사건에서 대법원장 존 마샬(John Marshall)이 사용한 논거와 똑같은 논거로 대법원이 남북전쟁 기간 중 그린백 달러[77]를 법화로 만드는 것을 지지했다. 법원은 언제나 의회가 원하면 어떤 것이라도 법화로 정의했다. 금 및 은화만을 법화로 사용해야 한다는 헌법의 명백한 규정을 따르지 않고 '신용증서의 발행'을 금지하는 것을 무시하였다. 나는 법원이 우리가 헌법적인 통화를 복구하고 연준을 폐지하는 데 도움이 될지 의심스럽다.

1869년 헵번 대 그리스올드 사건[78]에서 대법원은 현명한 판결을 내렸고 법정화폐법(Legal Tender Act)이 헌법에 위배된다고 판시했다. 대법원은 다음과 같이 판결했다. "논의에서 주장된 바도 없고, 헌법에 정통한 사람이라면 누구도 어떤 형태의 신용화폐를 채무 상환에 사용될 법정화폐로 만드는 입법권

---

77) 미국 달러 지폐는 색상이 모두 녹색(앞면은 검은색에 가까운 녹색, 뒷면은 보통 녹색)이므로 '그린백'(green back)이라는 별칭을 갖고 있다. 본래 그린백(green back)은 미국의 연방정부가 남북전쟁 중인 1862년에 발행한 지폐로 뒷면이 녹색으로 인쇄되어 있어 그렇게 부르고 연방정부가 인정한 최초의 지폐였다.
78) 헵번 대 그리스올드(Hepburn v. Griswold) 사건은 대법원장 체이스(Salmon P. Chase)가 일부의 법화가 위헌적이라고 선언한 판결이다. 그린백 달러의 발행은 위헌적인데 체이스가 재무부 장관으로 재임할 때 그린백 달러 발행정책을 동의하지 않았지만 감시할 책임이 있었다. 이 사건은 헵번이 그리스올드에게 채무를 약속어음(이 소송으로 이의가 제기된 미합중국 화폐가 발행되기 5일 전에 만들어진)으로 지급하려고 한 것으로부터 비롯되었다. 1심 루이즈빌 법원에서 그리스올드는 그의 청구권에 대해미합중국의 화폐(법화)를 거절했다. 헵번이 약속어음을 법원에 제출하고 법원은 그녀의 채무가 지급되었다고 판결했다. 2심 켄터키 법원에서 1심의 판결을 뒤집었다. 헵번이 상고하고 대법원에서 2심의 판결을 확정하였다.

이 헌법에 명시적으로 부여되어있다고 생각하지 않을 것이다.", "이미 체결된 채무 지불을 달러 법정화폐로 지불하겠다고 약속하는 행위는 의회에 부여된 명시적인 권한을 이행하기에 적절한 수단이 아니고, 명백히 부적합하고, 정말로 헌법정신에 부합하지도 않은 것이며 헌법에 의해 금지된 것이다."

그러나 이 판결은 유지되지 못했고, 1년 후인 1870년 녹스 대 리(Knox v. Lee) 사건에서 대법원이 이를 뒤집었다. 다수의 의견을 낸 대법원은 헌법의 실제 의미를 명백히 무시하며 다음과 같이 판시했다. "이 위대한 국가가 스스로의 존재를 보호하는 데 필요한 권한을 박탈당한다면, 그것은 정말로 통탄할 일이 될 것이다."[79] 그러나 섬너(William G. Sumner)의 지적이 정확히 옳았다. "법정화폐의 판결은 드레드 스콧의 판결"[80]만큼이나 큰 잘못을 저질렀다. 그리고 드레드 스콧 사례는, 대법원이 판결을 내린 후에도 헌법적인 문제를 논의하는 것이 결코 무의미하지 않음을 보여준다. 법정화폐법의 원칙을 뒤집는 데 전쟁이 필요하지는 않을 수도 있지만 아마도 국가 파산이 필요할지

---

79) 녹스 대 리(Knox v. Lee) 사건은 미국 대법원이 헵번 대 그리스올드 사건을 뒤집은 것으로 화폐법에 의해 발행된 지폐는 미국 헌법 제1조와 상충되지 않는다고 결정한 판결이다.
80) 드레드 스콧의 판결(Dred Scott Decision)은 1857년 3월 6일 미합중국 대법원이 흑인 노예였던 드레드 스콧의 자유를 인정할 수 없다고 판결한 것이다. 스콧은 1857년 2월 그의 주인이었던 육군 군의관과 함께 자유주(自由州)인 일리노이주와 미네소타주에 살았음을 근거로 자기와 그 가족들이 자유 신분임을 인정해 줄 것을 연방재판소에 제소하였다. 그러나 대법원장 태니(Roger B. Taney)는 북위 36° 30' 이북의 준주(準州)에서 노예 제도를 인정할 수 없다는 미주리협정은 위헌이라고 판결하고, 합중국헌법은 흑인을 시민으로 인정하지 않으므로 노예는 시민권을 가질 수 없으며, 비록 자유주에 거주하였더라도 흑인은 자유를 인정받을 수 없으므로 노예는 재판소에 소송을 제기할 권리가 없다고 판결하였다. 이 판결로 노예제도를 포함한 인종문제의 논쟁이 격화되었고, 당시 심각했던 남북대립은 더욱 악화되어 남북전쟁 발발에 큰 영향을 주었다. 이 판결은 1867년 수정헌법 제14조로 사실상 무효가 되었다.

도 모른다."[81] 1933년 대법원은 금 몰수의 문제를 다루고 모든 금 계약의 취소를 옹호함으로써 대단히 파괴적인 결과를 가져왔다. 정부 및 민간의 금 채권 발행자들이 더 이상 금으로 지불할 필요가 없었다. 특히 돈과 관련하여 정부가 계약을 지키고 이행해야 한다는 개념이 사라져버렸다. 19세기에도 헌법에 대한 존중이 결여되어 1913년 연준법의 기반이 마련되었다. 두려움, 그릇된 정보, 무지로 인해 정부가 미국 국민에게 나쁜 정책들을 강요할 수 있었다. 이는 대통령에게 전쟁을 선포하거나 경제위기에 가장 도움을 받을 자격이 없는 사람들을 구제할 수 있는 권한을 주는 것과 같다. 국가의 이익이 국민의 이익과 권리를 대신한다고 합리화하는 것이 국민이 상품화폐를 반대하고 중앙은행을 찬성하는 사람들과 동조해야 한다는 주장에 내포되어 있다.

연준은 대중과 은행의 요구에 따라 탄력적인 통화를 도입하기 위해 설립되었으며, 탄력적인 통화란 화폐 관리자가 재량에 따라 임의적으로 통화량을 조정할 수 있음에 지나지 않는다. 때로는 중앙은행, 의회, 민간은행 중 누가 이런 권한을 가지게 될 것인지에 대해 논쟁이 벌어지기도 한다. 화폐와 신용의 공급을 늘리는 것이야말로 인플레이션의 정확한 정의이며, 결국 탄력적인 통화 요구가 있을 때는 모두 특정 이익집단의 필요에 따라 화폐를 팽창시킬 법적인 권리를 얻으려는 것에 불과했다. 인플레이션을 정당화하기 위해 항상 고상한 의도를 내세우지만 진짜 이유는 훨씬 더 사악하다. 인플

---

81) William G. Sumner, A History of American Currency (New York: Henry Holt and Co. 1874), pp 58~59.

레이션으로부터 이익을 얻는 사람은 일반대중이 아니라 통화를 지배하는 사람들이다.

케인즈(John Maynard Keynes)가 인플레이션 옹호자가 되기 전에 인플레이션의 중대한 위험에 대하여 정확히 기술하였다. 그린스펀과 마찬가지로 세월이 흐름에 따라 케인즈도 그의 견해를 바꾸었다. 그는《평화의 경제적 귀결》[82]에서 다음과 같이 피력했다.

> 레닌(Lenin)은 자본주의 시스템을 파괴시키는 가장 좋은 방법은 화폐를 타락시키는 것이라고 선언한다. 정부는 계속되는 인플레이션 과정에 의해 시민들 재산의 중요한 부분을 남의 눈에 띄지 않고 은밀히 몰수할 수 있다. 기존의 사회기반을 전복시키는 데 화폐를 타락시키는 것보다 더 절묘하고 확실한 방법은 없다. 그 과정은 모든 숨겨져 있는 경제법칙의 힘으로 파괴하는 데 백만 명 중에서 한 사람도 알아차릴 수 없게 이루어진다.

그의 견해는 또한《통화개혁에 관한 소고》[83]에서 명백하다.

> 정부는 지폐를 발행함으로써 장기적으로 생존할 수 없다. 즉, 정부는 이러한 수단[통화 인플레이션]에 의해 실질적인 재원(財源)—조세에 의해

---

[82] John Maynard Keynes, The Economic Consequences of the Peace (New York: Harcourt, Brace, 1920), pp. 235~236.
[83] John Maynard Keynes, A Tract on Monetary Reform (London: Macmillan, 1923), 2장 1절.

얻어지는 만큼—을 확보할 수 있다. 정부는 어떤 다른 수단에 의해 생존할 수 없을 때 이러한 수단에 의해 생존할 수 있다. 그것은 일종의 세금으로 대중이 거의 피할 수 없으며 가장 취약한 정부조차도 그 밖의 다른 어떤 수단을 집행할 수 없을 때 집행할 수 있는 것이다.

마르크스의 공산당선언 제5 강령은 강력한 중앙은행 독점을 규정하고 있다. 이것은 전체 경제를 지배하고 자본주의가 확대되는 것을 막기 위해 필요한 것으로 여겨졌다. 연준은 1913년 연준법에 의해 부여된 위헌적인 권한으로 지금 완전히 탄력적이고 쉽게 타락되는 화폐를 감독하기 위해 설립되었다. 연준이 허공에서 돈을 만들어낼 뿐 아니라, 은행들은 부분지급준비금제도를 통하여 그 과정에 참가하고 이익을 얻고 있다.

불행하게도 의도적으로 연준과 의회 사이에 장벽이 쳐졌다. 의회는 시스템을 만들거나 폐지할 수 있다. 혹자는 민간은행이 최대의 악이며 문제가 거기에 있다고 주장한다. 이러한 주장이 옳다면 모든 다른 민간회사에 적용되는 법을 연준에 적용하면 된다. 나는 연준이 민간기관인 것보다는 훨씬 낫다고 생각한다. 연준은 정부에 의해 인가되고 보호되며 완전히 비밀의 특권을 누린다. 연준이 의회와 청문회에 보고하는 것은 일반대중에게 알리기 위해서이다. 진짜 정보는 대중이나 의회, 금융위원회, 국내통화정책 소위원회, 또는 이들 3기관의 위원인 내가 얻을 수 없다. 연방공개시장위원회(Federal Open Market Committee: FOMC) 회의에서 모든 중요한 결정이 이루어지는데 내가 그 회의에 참석하는 것은 결코 허용되지 않을 것이다. 그 회의는 출입이 엄격히 통제된다.

연준의 비밀 특권은 법에 의해 보호된다. 어떤 기관이 합헌적인 권한 없이 존재할 수 있다면 다른 정부기관들이 받아야 하는 모든 감시를 피할 수 있다. 의회도 여전히 어둠 속에 있는 것이 확실하지만 중앙정보국(CIA)조차 의회에서 선정된 소수 의원들에게 CIA의 활동에 대하여 보고할 많은 책임이 있다. 연방회계감사원(GAO)[84]은 모든 정부기관을 감사할 책임을 갖고 있다. 회계원법 통화금융에 관한 장의 7절 31조에 '연준이사회, 연방준비은행, 연방예금보험공사, 통화감독청[85]'을 포함한 모든 금융기관을 감사할 권한과 책임을 규정하고 있다.

이는 상당히 포괄적이며 명확한 것처럼 보인다. 그러나 단서조항을 두고 있다. 연준이사회 및 연방준비은행에 대한 감사에서 다음 사항들은 제외될 수 있다.

(1) 외국 정부 및 중앙은행과 비민간 국제금융기구 관련 거래
(2) 재할인조작, 회원은행의 준비금, 증권신용, 예금이자, 공개 시장조

---

84) 미국 연방회계감사원(Government Accountability Office: GAO)은 미국 의회 산하의 회계, 평가, 수사기관이다. 처음에는 1921년 예산회계법(Budget and Accounting Act)에 의해 설치된 General Accounting Office였다. 현재의 명칭은 그 설치근거 법령이 GAO Human Capital Reform Act이다. 몇 년 전 미국의 국가기관 중 가장 영향력이 막강한 곳을 묻는 여론 조사에서 국방부, CIA, FBI, 국세청 등을 제치고 의회, 백악관, 연방대법원에 이어 4위에 올랐다. GAO는 의회조사국(CRS), 의회예산처, 기술평가원과 함께 미국 의회의 4대 입법보조기관 중 하나이다.
85) 통화감독청(Office of the Comptroller of the Currency: OCC)은 1863년 국가화폐법(National Currency Act)에 의해 설립되어 FRB, FDIC와 함께 미국의 3대 은행감독기관을 구성하고 있다. 통화감독관은 국법은행과 미국 소재 외국은행을 인가·규제·감독한다.

작을 포함한 통화정책적인 사항들에 대한 검토, 결정, 조치

(3) 연방 공개 시장 위원회(FOMC)의 지휘하에 이루어진 거래

위 (1)~(3)항과 관련하여 연준 이사와 연준 직원 간에 이루어진 논의 및 커뮤니케이션의 일부.

따라서 버냉키가 최근 구제금융 과정에서 수조 달러의 신용을 제공한 것에 대한 정보 공개를 재빠르게 거부하며 "비생산적이다."라고 한 것은 사실상 "당신이 알 바가 아니요."라고 말하는 것이다. 그는 법의 보호를 받고 있을지도 모르지만 헌법을 위반하고 있다. 오늘날과 같은 상황에서 법원은 의회나 대중이 요구하는 정보를 연준 의장이 공개해야 한다는 결정을 결코 내릴 수 없을 것이다. 워싱턴에서 완전히 엉망진창인 투명성을 높이라는 요구가 날마다 커지고 있다. 대중들은 의회가 돈을 어떻게 쓸지 모르는 상태에서 재무부 장관에게 주어지는 수천억 달러의 문제 자산 구제프로그램(Troubled Asset Relief Prom: TARP)[86] 기금에 아주 신물이 나 있다.

수십 년 동안 맥파덴(Louis McFadden), 패트만(Wright Patman), 곤잘레스(Henry Gonzales)와 같은 의원들은 연준의 모든 자료가 회계감사원(GAO)의 감사를 통하여 의회 조사에 공개되어야 한다고 요구해왔다. 연준은 연방공개시장위원회(FOMC) 회의 3주 후 의사록을 공개하고 일부 회계자료를 보고하는 등 다소 양보했지만 연준의 핵심적인 거래는 여전히 의회의 조사를 받지 않는다.

내가 이러한 문제를 연구하면서 연준이 더 많은 권한을 가질수록 더 많

---

86) 7,000억 달러에 달하는 2008년 연방정부 구제금융 계획의 최대 부분.

은 비밀을 요구한다는 사실을 알게 되었다. 오늘날까지 연준은 M3 통화공급과 같이 상당히 단순한 통화 총량도 보고하지 않고 있다. 이는 단순히 자신들이 찍어내는 돈의 양을 세어보면 될 문제이다(이 돈의 양은 여러 가지 방식으로 측정할 수 있다.). 연준은 M3 통계를 제공하지 않는다는 이유로 M3를 집계하지 않음으로써 비용을 절약한다는 말 같지 않은 변명을 둘러댄다. 아마도 M3 통계를 보고하지 않음으로써 연준이 통화를 얼마만큼 발행하고 있는지 아무도 알아차리지 못한다고 생각할 것이다.

현재, 연준이 수조 달러의 대출 및 보증을 은밀히 취급하여 연준의 대차대조표가 천문학적으로 증가했음에도 우리는 은행 및 업계에서 어떤 '친구들'이 다른 사람들보다 더욱 '공정하게' 다루어졌는지, 외국 중앙은행과 이루어진 거래와 어떤 국가 및 통화가 구제를 받았는지 아무것도 모른다. 투명성이 현재 의회에서 뜨거운 이슈인데 대중들이 깨어나 메시지를 보냈기 때문이다. 이것이 전국에 걸쳐 자생적으로 조직된 티파티운동[87]에 관한 모든 것이다. 이는 보수와 진보 또는 공화당과 민주당의 이슈가 아니다. 이념이나 소속 정당을 떠나 정치영역 전반에 확산되었다.

연준의 감사에 관한 법안인 연준투명법(Federal Reserve Transparency Act, HR 1207)을 내가 하원에 제출했으며 버몬트 주 상원의원인 진보/사회주의자 버

---

87) 티파티운동(Tea Party Movements)은 2009년 미국에서 일어난 대중의 저항운동으로 "세금은 이미 높다!"(Tax Enough Already: TEA)고 외치며 연방정부의 경기부양정책(공식적으로 미국재건재투자법(American Recovery and Reinvestment Act of 2009)으로 알려진)을 반대한다. 역사적으로 1773년 12월 16일 영국의 지나친 세금징수에 반발한 미국의 식민지 주민들이 인디언으로 위장하여 보스턴 항에 정박한 배에 실려 있던 차(茶) 상자를 바다에 버린 보스턴 차사건(Boston Tea Party)을 연상시킨다. 보스턴 차사건은 미국 독립전쟁을 촉발한 계기로 알려져 있다.

니 샌더스(Bernie Sanders)는 그것을 상원에 제출했다. 이 법안을 하원에서 정직한 투표를 한다면 반대하는 사람이 거의 없을 것이다. 이는 미국 대중의 관심사와 의회 의원들이 어떻게 메시지를 깨닫기 시작하고 있는지를 나타낸다. 의회가 국민을 무시하는 것 같이 보이지만 국민들이 충분히 크고 명확히 목소리를 내면 워싱턴의 정치적인 동물들은 반응을 한다.

1913년 연준이 설립된 이래 항상 적어도 몇몇 의원들은 연준이 끼친 해악을 폭로하는 노력을 기울여왔다. 일반적으로 연준에 대한 감사를 반대하는 주장은 연준의 어떤 부분은 비밀이 요구될 뿐 아니라 대중이 연준에 대하여 그렇게 많이 알 필요가 없다는 것이다. 1978년 이전에는 GAO가 연준의 재무제표를 조사할 수 있는 명시적인 감사권한이 없었는데 이것이 연준이 감사를 받지 않는 구실로 이용되었다. 의회에 요청이 들어와 마침내 1978년에 연준에 대한 감사권한을 GAO에 부여하는 법률이 통과되었을 때 감사권한이 엄격히 제한되어 모든 중요한 문제들이 감사과정에서 명시적으로 제외되었다.

연준은 그것을 부인할 것이지만 통화공급과 이자율을 관리함으로써 막강한 권한을 행사하기 때문에 연준의 모든 활동에 비밀을 유지하는 것은 당연한 일이다. 이는 1913년 연준 설립 초기부터 알려져 소수의원들이 연준에게 설명할 책임(accountability)를 지속적으로 요구해왔다. 1964년 하원 은행위원회 위원장이었던 패트만 의원은 매우 강력한 뉴욕 연준 은행 총재였던 헤이즈(Alfred Hayes)를 위원회에 소환했다. 투명성 논의 중 짜증이 난 패트만은 헤이즈에게 다음과 같이 말했다. "당신은 대통령이 하는 모든 일에 절대적으로 비토권⁽거부⁾을 행사할 수 있다. 의회가 하려는 일에도 비토권을 행사할 수 있는 권한을 갖고 있으며 실제로도 그렇게 해왔다. 당신은 선을 넘고 있다."

실제로 이것은 아주 절제된 표현이라고 생각된다. 연준은 지난해 긴급 구제 과정에서 믿기 어려울 정도로 많은 권한을 얻어 대통령이나 의회보다 훨씬 더 많은 영향력을 전 세계적으로 미치게 되었다. 패트만은 연준이 너무 비밀스럽고 독립적이며 월스트리트 은행가들의 꼭두각시라고 비난하였다. 그의 비난은 옳았지만 그의 해결책은 금본위제도를 요구하지 않았다. 그는 의회가 통화 및 금리를 관리하는 권한을 가져야 한다고 주장하면서 가난한 사람, 중소기업가, 농부에게 혜택을 주고자 하였다. [대중의 견해와 바람을 대변한다고 주장하는] 포퓰리스트들은 예나 지금이나 항상 통화 및 신용에 대한 책임을 의회에 돌려주기를 원한다. 그러한 의도는 감탄할 만하지만 의회가 통화 및 신용에 대한 책임을 갖는 것은 통화의 지속적인 평가절하 문제에 대한 해결책이 될 수 없다. 금만이 그 문제를 해결할 수 있다.

그럼에도 불구하고 패트만은 그의 경력 내내⁽¹⁹²⁹~¹⁹⁷⁶⁾ 연준의 과도한 권한의 위험을 계속 경고하며 연준의 모든 활동에 대하여 감사할 것을 일관되게 요구하였다. 1976년 4월에 내가 처음 의회에 입문했지만 우리들의 길이 서로 겹치지 않았다. 그가 의회에 재직한 마지막 해에 그의 건강이 좋지 않았다. 그러나 1979년~1984년 사이에 나는 곤잘레스 의원과 여러 가지 이슈, 특히 IMF와 은행문제에 대해 잘 알고 긴밀히 협력하며 일했다. 그는 1989~1995년 하원 은행위원회 의장이었으며 30년 이상⁽¹⁹⁶¹~¹⁹⁹⁹⁾ 포퓰리스트

파벌을 이끌면서 연준의 권한을 감사하고 축소할 것을 요구하였다. 패트만이 은행위원회 의장을 맡기 오래전에 펜실바니아 주 맥파덴 의원이 연준과 은행 시스템을 지배하는 소수의 손에 과다한 권한이 있는 위험을 대중에게 경고하기 위하여 똑같은 노력을 했다.

비록 과거와 현재의 포퓰리스트들이 경화를 주창하지 않지만 그들은 진정한 개혁을 위해 투명성이 매우 중요하다는 우리들의 신념을 항상 공유한다. 오늘날 많은 정치인들은 진보와 보수를 막론하고 포퓰리스트들의 통화팽창 및 저금리정책을 지지하지만 우리들은 다 함께 연준의 비밀주의가 종식되어야 한다고 요구할 수 있다. 개혁이 이루어질 것이며 우리들은 합헌적인 건전통화를 주장할 것이다.

지금의 여건은 연준에 대한 감사에 다소 실질적인 진전을 보이고 있는데 1913년 연준이 설립된 이래 어느 때보다도 우호적이라고 생각된다. 그때가 도래하면 헌법에 입각하여 그 결과들을 신중하게 평가하기를 바란다.

13부

경제적인 이유

*

　연준을 반대하는 논거는 도덕적 또는 헌법적 이유만으로도 충분하다고 생각할 수 있다. 그러나 의회와 대중은 그러한 도덕적 또는 헌법적인 논거에 거의 반응하지 않는다. 중앙은행과 불환화폐의 옹호자들은 경제적인 문제에 대한 공포심을 크게 불러일으킴으로써 대중들로 하여금 그들이 약속하는 만병통치약을 받아들이게 한다. 그렇게 많은 사람들을 설득하기 위해서는 명백한 거짓말은 아니지만 경제학에 관한 수많은 기만을 제시해야 할 것이다.

　산업혁명 이래 물리학, 화학, 컴퓨터, 제약, 전자기술, 우주항공 산업의 눈부신 발전을 통하여 사회가 기술적으로 진전되어온 것은 매우 놀랍다. 자유 시장이 어떻게 작동하는지를 부분적으로만 이해하는 국가들도 과학기술의 발달에 따른 풍요로움으로부터 큰 혜택을 누려왔다. 하지만 이러한 모든 지식에도 불구하고 통화에 대해서는 가장 단순한 경제적 진실을 조금이라도 이해하는 사람이 거의 없다. 수 세대 동안 우리는 탄력적인 통화를 제공하는 중앙은행이 필요하다고 세뇌를 받아왔다. 우리는 오히려 이상한 발상을 거의 의심하지 않고 쉽게 받아들인다. 돈이 필요하다면 늘리면 된다. 즉, 단지 돈을 더 찍어내면 된다는 식이다.

　이는 마치 돈이 나무에서 자랄 수 있다고 믿는 것과 같다. 그러나 만약 돈이 나무에서 자란다면 가을에 낙엽처럼 가치가 떨어져 퇴비로 쓰이거나 쓰레기봉투에 담겨 매립지로 버려질 것이라는 점을 깨닫지 못하는 것이다. 다시 말해, 아무런 가치가 없게 된다는 뜻이다. 문명사회에서 현명한 사람들이 어떻게 단순히 통화공급을 증가시킴으로써 부가 증가될 것이라고 믿을 수 있는지 당혹스러울 뿐이다. 불환통화와 중앙은행을 옹호하는 사람들은 건전한 경제이론보다 권력과 탐욕 때문에 그렇게 믿을 것이다. 다른 사람들은 대부분 현실에 안주하고 사람을 신뢰하는 경향이 있으며 통화의 문제를 그다지 진지하게 생각하지 않는다.

통화의 문제는 12살 어린이에게 나이가 더 많은 사람보다 훨씬 쉽게 이해시킬 수 있다고 나는 확신한다. 젊은 사람들이 새로운 아이디어에 더욱 개방적이며 노인들은 자신들의 사고방식에 너무 자주 사로잡힌다. 1971년에 우리가 물려받은 시스템이 완전히 실패한 것은 건전통화를 신뢰하고 오늘의 위기를 예상한 오스트리아학파 이론이 옳다는 것을 확인시켜 주었고 모든 젊은 세대들에게 통화 이슈에 대한 인식을 일깨워주었다. 그들은 자신들이 물려받고 있는 혼란이 매우 심각함을 알고 그것이 어떻게 불환통화 및 연준과 관련이 있는지를 쉽게 이해한다. 과거 수십 년 동안 연준 통화정책의 비극적인 결과에도 불구하고 앞으로 건전통화에 대한 진지한 청문회가 열릴 것이라고 믿을 수밖에 없는 이유가 있다.

미제스(Ludwig von Mises)는 오래전, 구소련을 비롯한 모든 사회주의 경제가 몰락할 것이라고 정확한 이유를 들어 예상했다. 자유 시장의 가격결정 시스템이 없이는 재화 및 서비스의 수요와 공급을 올바르게 결정할 방법이 없다. 사회주의하에서는 정부가 가격을 결정하고 생산을 계획하기 때문에 자유 시장을 통하여 선택할 수 없다. 정부 관료는 시장만이 결정할 수 있는 것을 알 수 없다. 성공을 보상하고 실패를 처벌하는 손익 메커니즘이 의사 결정 과정에 매우 중요한데, 정부가 생산수단을 소유하기 때문에 기업 경영자가 잘못된 결정으로 실패해도 벌을 받지 않는다. 오늘날 우리가 처한 사회주의 및 국가개입주의하에서는 성공한 사람이 실패한 사람을 구제하는 것으로 벌을 받는다.

미국의 시장은 아직 사회주의적이지 않다. 정부가 임금과 물가를 통제할 때 시장경제가 불안정해지고 붕괴하지만, 과거에 일반적으로 정부의 임금과 물가 통제가 철폐되고 나면 경제가 회복되었다. 우리가 사회주의를 갖고 있는 것은 통화 및 신용을 공급하고 이자율을 결정하는 부문이다. 특히 1971년 브레튼우즈 협정이 종식되고 달러의 금과의 연계성이 단절된 이후로 이러한 경향이 뚜렷해졌다.

연준이 통화공급을 조작하고 금리를 결정함으로써 비밀리에 경제를 계획하여 왔다. 연준은 근본적으로 금리를 자유 시장에서 결정되는 금리보다 낮은 수준으로 유지한다. 자유 시장에서 저금리는 적절한 저축이 이루어지는 것을 의미하고 기업가에게 자본 프로젝트에 투자할 때라고 신호를 보낸다. 그러나 연준이 조작하는 시스템은, 금리가 자유 시장에 의해 결정되는 시스템과 비교할 때, 저축의욕을 좌절시키고 무에서 창출되는 신용에 의해 가계 및 기업으로 하여금 과다하게 차입하여 지출하고 투자하도록 유도한다.

이것은 중요한 문제를 야기한다. 호황이 초래되고 악성(과잉)투자가 이루어져 버블이 야기된다. 불황이나 경기침체는 어떤 외생적인 이유로 초래되지 않는다. 그것은 연준이 인위적으로 조작한 과잉신용과 저금리에 따른 예상할 수 있는 결과다. 좋은 시절(호황)이 길수록 그런 불균형이 조정되는 불황이 더욱 심각해진다. 현재의 호황은 몇 번의 작은 침체를 제외하고는 1971년부터 지속되어 왔다. 내 생각에 호황은 2000년에 끝이 난 것 같다. 그 후에 연준이 주택 버블을 만들어냈지만 이는 최후의 발악에 불과했다. 오늘날 우리는 이 매우 어리석은 정책의 결과를 목도하고 있다.

　대부분의 경제학자와 정치인들은 인플레이션을 물가수준이 상승하는 것으로 정의한다. 물가수준의 상승은 통화 인플레이션의 결과이며 해로운 것이다. 미제스는 인플레이션의 정의에 대한 이 같은 혼동이 고의적이며 유해하다고 역설하였다. 인플레이션이 단지 물가의 문제라면 기업가의 부당이득, 투기꾼, 노동조합, 중동국가(석유회사), 바가지요금 등[가뭄 및 홍수의 기후변화 등 사람이 생각할 수 있는 모든 것]의 탓으로 돌릴 수 있다. 이는 대중의 관심을 문제의 근본원인인 불환화폐와 연준에 쏠리지 않게 만드는 것이다. 따라서 대중들은 소비자와 생산자의 가격상승이 이러한 외부적인 이유로 발생하고 있다고 믿고 있기 때문에 인플레이션에 대한 연준의 역할은 간과되고 임금과 가격 통제가 약방의 감초처럼 자주 도입된다.

　이처럼 인플레이션을 어리석게 잘못 이해하면 물가상승을 경제성장의 탓으로 돌리기도 한다. 자유 시장에서 경제성장은 물가를 상승시키지 않고 하락시킨다. 휴대폰이나 컴퓨터 시장이 탄탄하게 성장할 때는 인플레이션 시기에도 가격이 하락할 것이다. 그런데도 연준의 통화정책은 물가를 낮추기 위하여 의도적으로 수요를 둔화시켜 많은 고통을 따르게 한다. 이러한 접근방식은 연준에 의해 관리되는 불환통화 시스템의 결점을 드러낸다.

연준이 호황과 불황의 경기변동에 책임이 있다. 연준이 물가 인플레이션, 경기침체, 불황, 과잉채무의 원인이다. 중앙은행은 오랫동안 경제를 잘못 운영하면서도 그 책임을 피할 수 있지만, 중앙은행의 정책은 항상 파괴적이다. 견제를 받지 않는 중앙은행의 정책이 금융혼란을 초래하는데 지금 우리가 직면하고 있는 위기가 바로 그것이다.

연준이 정치인들의 요구에 부응하기 때문에 연준의 권한에 도전하는 사람은 거의 없다. 공공지출로 유권자들의 표가 달려 있는 매력적인 것들을 제공함으로써 의원들이 다시 당선될 수 있다. 국민들이 부담할 수 있는 세금과 정부가 금리에 상승압력을 미치지 않고 빌릴 수 있는 차입규모에는 한계가 있다. 연준이 쉽게 통화를 발행함으로써 국채를 인수할 경우 경기침체와 높은 물가로 우리가 고통을 당하는 날이 올 때까지는 많은 사람들이 만족할 수 있다.

높은 물가는 달러의 가치가 떨어지는 것을 의미하고 대중으로부터 세금을 징수하는 것이다. 그 세금은 중산층과 서민들이 부담하고 수혜자는 새로 발행된 돈(신용)을 제일 먼저 사용하는 정부, 은행, 대기업 등이다. 이는 기만적이고 불공정한 부패 시스템이다. 부를 중산층에서 부유층으로 이전할 뿐 아니라 국채를 발행하는 경우와 마찬가지로 부담을 미래세대로 전가하게 된다. 지난 20~30년 전에 발행된 채권의 만기가 도래하고 있다. 지금 대규모 국채를 상환하거나 청산해야 한다. 주식이나 주택의 가치가 하락하는 것을 쉽게 이해할 수 있지만 이는 연준 정책의 결과로 시스템이 매우 혼란해진 것을 반영한다.

국가나 국민들의 과도한 채무가 어떤 한계점에 달하면 지불할 수 없고 청산되어야 한다. 그런 한계점은 상황이나 국가에 따라 다를 것이므로 정확히 예측할 수는 없다. 한 가지 확실한 것은 미국뿐만 아니라 많은 국가들이 그런 한계점에 달했다는 사실이다. 개인과 기업들이 파산할 수 있으며 채무가 청산되어야 한다. 채무청산이 요구될 때 채무청산은 긍정적으로 작용한다. 지금 시장은 이러한 청산을 필요로 한다. 징치인들과 연준이 청산을 방지하기 위해 생각할 수 있는 모든 조치를 취하고 있으나 단지 고통을 연장하고 있을 뿐이다.

정부는 통상적인 방식으로 파산하지 않는다. 인플레이션을 통하여 화폐가치를 하락시킴으로써 파산한다. 통화의 가치가 50% 떨어지면 정부의 실질채무도 50% 감소한다. 정부, 은행, 대기업 등을 구제하기 위한 대규모 국채발행과 인플레이션은 경기를 부양하는 척하면서 채무를 청산하게 된다. 이는 결코 정부가 의도하는 대로 진행되지 않는다. 케인즈는 조정과정에서 실질임금이 하락해야 한다는 것을 알고 있었다. 따라서 근로자들의 명목임금을 하락시키지 않고 실질임금을 하락시키는 인플레이션을 지지하였다.[88]

---

88) 이 같은 케인즈의 주장에 대해 철저히 반박하는 것은 헨리 해즐릿(Henry Hazlitt), The failure of the 'New Economics' (Auburn, AL: Mises Intitue, 2008, 1959).

중앙계획가들조차도 예상치 못한 의도하지 않은 경제적 결과가 야기된다. 최악은 경제적 혼란이 중산층 및 서민층뿐만 아니라 부유층의 기득권자들도 위협하는 정치적 혼란으로 이어지는 것이다. 파시스트 이탈리아와 독일에서 부유한 기업가들은 1930년대와 1940년대의 비극적인 결과에서 살아남지 못했다.

연준의 인플레이션적인 정책의 영향은 끝없이 계속 이어진다. 손쉽게 얻을 수 있는 신용으로 인해 주택가격이 합리적인 수준 이상으로 상승한다. 가격이 상승한 주택을 담보로 대출을 받아 소비를 증가시키는 것은 정확히 통화당국이 장려한 것이다. 당연히 버블이 생기고 마침내 버블이 터진다. 지금 연준, 재무부, 의회는 주택부문을 진작시키고 주택가격을 다시 상승시키기 위해 수조 달러를 지출한다. 주택이 너무 많이 지어져 시장에서 보다 적은 주택을 요구하고 있는 것과 반대되는 조치를 취하고 있다.

중앙계획가들은 가격을 고정시켜 왔다. 이는 상승하는 물가 인플레이션을 억제하기 위해 임금 및 물가를 통제하는 것이다. 한편으로는 물가하락을 방지하려고 노력하고 다른 한편으로는 물가상승을 방지하려고 노력한다. 이렇게 물가하락이나 물가상승을 방지함으로써 수요와 공급을 조절하여 시장이 활기를 되찾기 위해 요구되는 가장 중요한 메커니즘을 없애고 있다. 이것은 중대한 위험을 나타낸다. 개입주의자들이 자유 시장의 가격결정에 지나치게 간섭하면 우리가 이미 20세기에 작동할 수 없다고 증명된 사회주의 시스템으로 되돌아가게 된다.

메이도프 사기사건은 많은 관심을 받았는데 당연히 그럴만했다.[89] 적절한 반(反)사기법이 이미 존재하며 사기는 모든 주(州)에서 다룰 수 있는 문제다. 예를 들어 엔론(Enron)스캔들과 연루된 사기사건은 텍사스 주법에 따라 기소되었다.[90] 그럼에도 불구하고 이런 부패사건들을 통제하는 증권거래위원회(SEC)의 규제가 충분하지 않다는 공감대가 형성되었고, 사기 사건의 문제를 처음 발견한 사람은 규제자가 아니라 거래에 활발하게 참여하던 투자자들이었음에도 불구하고, 의회는 이를 수용하여 신속하게 사베인스-옥슬리법(Sarbanes-Oxley Act)를 통과시켰다. 1930년대 증권거래위원회의 규제들로 인해 공황이 악화되고 장기화되었던 것처럼 2000년에 시작된 주식시장의 약세는 사베인스-옥슬리법으로 더욱 악화되고 장기화되었다.

메이도프의 500억 달러 폰지 사기가 폭로된 후에 SEC 직원이 모자란다는 항의가 터져 나와 훨씬 더 많은 SEC 감독자들을 요구하게 되었다. SEC에 3,500명의 관료들이 있었지만 충분치 않다고 주장했다. 물론 그것은 충

---

89) 메이도프(Bernard Lawrence 'Bernie' Madoff)는 주식 브로커, 투자 컨설턴트, NASDAQ 주식시장의 결정권이 없는 비상임 의장이며 역사상 가장 큰 폰지(피라미드) 사기의 운용자였다. 2009년 3월 11개의 중죄에 대해 유죄를 인정하고 그의 자산관리 기업을 수천 명의 투자자에게 수십억 달러를 속인 대규모 폰지 사기로 바꾼 것을 인정했다. 그는 1990년대 초에 폰지 사기를 시작했다고 말했으나 연방 조사당국자들은 1980년대에 사기가 시작되고 투자운용이 합법적으로 이루어지지 않았다고 믿는다.

90) 엔론(Enron Corporation)은 2001년 말 파산하기 전에는 휴스턴에 본사를 둔 세계 최대 에너지회사 중의 하나로 포춘지(Fortune)에서 6년 연속 미국에서 가장 혁신적인 기업으로 뽑혔다. 2001년 말 엔론의 공개된 재무상태는 제도화되고 체계적이며 '엔론 스캔들'로 알려진 새롭고도 교묘히 계획된 회계부정으로 이루어졌음이 드러났다. 그 후 엔론은 고의적인 기업사기 및 부정을 나타내는 대명사가 되었다. 이 스캔들로 인해 미국의 많은 기업들의 회계 관례에 의문이 제기되었으며 2002년 사반스-악스리법(Sarbanes-Oxley Act)을 제정하게 되었을 뿐 아니라, 아더 앤더슨(Arthur Andersen) 회계회사가 해체되어 업계에 큰 영향을 미쳤다.

분한 인원이다. SEC 관료들이 모든 기업의 거래를 감시할 수 없으며 사기가 이루어지는 것을 방지하지 못하기 때문에 20,000명의 SEC 감독자들도 충분치 않을 것이지만 말이다. 이 나라의 모든 집 앞에 경찰관을 배치해 절도를 막을 수 있다고 생각하지 않는 것과 같은 이치다.

SEC와 더 많은 금융규제법에 의해 시장에서 비행을 저지르는 사람들로부터 우리를 보호할 수 있다는 생각은 결코 유익할 수 없다. 그런 생각은 모럴해저드(도덕적 해이)의 주요 원인이다. 정부가 보호해줄 것이라고 믿으며 더 많은 위험(악)을 감수하고 주의를 덜 기울일 것이기 때문이다.

연준에 의해 쉽게 제공되는 신용은 정직하거나 부정직하게 도를 넘는 행위를 조장하는 장을 마련해준다. 예금보험공사(FDIC) 및 모기지 보험과 같은 정부보험이 존재함에 따라 금융기관이나 우리들로 하여금 모든 것이 안전하고 우리가 보호될 것이라고 안심하게 만든다. 또한 끝없이 구제하는 현행 프로그램은 그런 프로그램이 없다면 대부분의 사람들이 취하지 않을 위험을 감수하게 만드는 인센티브를 제공해 준다.

정부가 예금자들의 은행예금을 25만 달러까지 보장할 수 있지만 금융버블 붕괴와 통화의 평가절하로 인한 대규모 손실에 대해서는 보호해줄 수 없다. 금융 버블의 붕괴와 생활비 상승은 악당인 연준만이 우리에게 가져다줄 수 있는 문제다. 경제에 대한 이 세상의 모든 규제는 도움이 되지 않을 것이다. 앞으로 규제는 연준, 재무부, FDIC, SEC, 외환안정기금(ESF) 등 많은 공격을 받을 수 있는 표적으로 향해야 한다.

불환통화와 부분지급준비제도 시스템은 슈퍼 폰지(피라미드방식) 사기─상환할 수 없다면 그냥 더 많이 발행하자!―와 비슷하며 우리가 당면하는 문제의 원천이다. 정부가 폰지 사기를 운영할 수 있다면 일부 사람들이 똑같은 폰지 사기를 운영하면서 도덕적으로 정당하다고 여기는 것을 왜 당연한 것으로 여기지 않아야 하는가? 정부는 원하는 것을 도덕적으로 제약을 받지 않고 할 수 있지만, 국민은 다른 기준에 의해 살아야 한다는 관념을 우리가 언제부터 받아들였는가? 물론 정부도 도덕적인 국민이 따를 것으로 기대되는 동일한 규칙을 따라야 한다.

금융버블이 터져 문제가 발생할 때 야기되는 큰 위험의 하나는 보호주의를 요구하는 것이다. 1930년 스무트-홀리 관세법(Smoot-Hawley Tariff Act)은 대공황을 악화시키고 지연시킨 보호관세로 잘 알려져 있다. 오늘날 보호관세가 나쁘다는 데 의견이 일치하며 아무도 1928년에 후버 대통령이 그랬던 것처럼 관세를 밀어붙인다는 공약을 내걸고 선거유세를 하지 않는다. 이는 철강, 자동차, 섬유, 농업 등의 부문에서 보호를 요구하지 않는 것을 의미하지는 않지만 높은 관세를 고려하지 않고 있음을 의미한다.

무역 불균형의 문제도 또한 연준 정책의 결과다. 미국의 무역적자 문제는 매우 심각한데 세계의 기축통화를 발행하는 특권에 의해 더욱 악화되었다. 달러가 세계의 기축통화이므로 우리는 달러가 마치 금인 것처럼 달러를 증가(인플레이션)시켜 수출할 수 있다. 이와 더불어 과도한 세금, 과도한 규제, 과도한 임금으로 인해 우리의 일자리가 외국으로 수출(이전)된다. 관세는 무역 문제를 해결할 수 없으며 상황을 더욱 악화시킨다. 연준이 통화를 관리하고 경제를 지배하는 문제를 다루지 않고서는 무역 불균형의 문제를 해결

수 없다.

관세의 개념을 이해할 수 있는 가장 단순한 방법은 자유국가에서 국민들이 그들의 돈을 자신들이 원하는 대로 쓸 수 있는 권리를 갖고 있는지 살펴보는 것이다. 중국제 테니스화를 사는 것이 가난한 사람들에게 유리하다면 그들이 그렇게 할 수 있는 권리를 가져야 한다.

관세는 헌법상 합법적이다. 우리가 헌법에 부합하는 규모의 정부를 갖고 국방 및 복지지출을 하지 않는다면 비용을 충당할 수 있는 일률적인 관세가 소득세나 부가세보다 세수를 확보하는 데 더 좋은 방법이 될 것이다. 과다한 관리자 급여 및 임금, 과도한 세금 및 규제 또는 나쁜 의사결정에 시달리는 기업 등을 보호하는 관세는 단지 비효율성을 조장할 뿐이다. 비효율성의 원인이 되는 문제들은 모두 없애야 한다. 많은 문제로 엉망[진창]인 상황에서 또 다른 문제와 또 다른 세금을 추가하지 말아야 한다. 관세는 세금이다.

오늘날 높은 관세를 부과할 것 같지는 않지만 수출업자의 경쟁력을 확보하기 위해 통화의 평가절하가 경쟁적으로 이루어지는 경향이 있다. 건전통화가 있고 중앙은행이 없으면 이러한 문제가 초래되지 않기 때문에 보호주의의 필요성이 감소할 것이다.

완전한 불환통화 시스템을 운영하는 중앙은행에 의해 여러 가지 복잡한 문제들이 파생된다. 중앙 계획경제를 운영하는 권한이 너무 커 통화관리자들이 [그 유혹에] 저항할 수가 없으며 연준 의장의 오만은 해악을 조장할 뿐이다. 의회가 연준의 도움으로 지출 재원을 쉽게 충당할 수 있기 때문에 필연적으로 대규모 재정적자가 초래된다. 통화를 발행(인플레이션)하는 것이 돈을 빌리는 것보다 단기적으로 값이 싸고 지출을 충당하기 위해 직접적으로 세금을 징수하는 것보다 훨씬 더 선호된다. 어떤 국가가 통화를 인플레이션시킬 수 없거나 돈을 빌릴 수 없다면 그 정부는 규모가 훨씬 작고 국가는 더욱 번영하고 안전할 것이다. 불필요한 전쟁을 하지 않을 뿐만 아니라 할 수 없을 것이다.

정부의 낭비적인 지출을 충당할 수 있는 매력적인 방법은 장기적으로 나쁜 결과를 초래한다. 그것은 결코 비용이 싸지 않고 실질비용은 훨씬 더 비싸다. 단기적으로 통화발행을 통하여 비용을 충당하는 것은 교묘한 마술과 같으며 정치적으로 보다 쉽게 선택할 수 있다. 그러나 인플레이션적인 버블과 버블붕괴에 따른 경제적 재앙을 우려하는 모든 사람들에게 초래되는 비용은 아무도 예상할 수 없을 만큼 크다. 공짜(free lunch)가 아니라 실질비용은 불황의 모든 참상이 나타날 때 매우 높다.

예상할 수 있는 경기침체나 불황이 닥칠 때 모든 사람들은 경제적으로 어려운 시기임을 깨닫는다. 그러나 문제는 대부분의 대중들이 잘못된 경제학에 세뇌되어 불황의 원인과 경제를 회복시키기 위해 진짜로 필요한 정책을 모르는 것이다. 정치인, 중앙은행가, 대중은 항상 과거와 똑같은 것을 더 많이—더 많은 지출, 더 많은 재정적자, 더 많은 규제, 그리고 무엇보다도 특히 더 많은 통화 인플레이션—요구한다. 이들은 도움이 되지 않고 문제를 더욱 악화시킬 뿐이다.

사람들은 연준이 없다면 도대체 어떤 일이 일어날지 걱정한다. 나의 답은 우리가 불황, 버블, 인플레이션, 지속 불가능한 무역 불균형, 그리고 연준이 조장하는 정부의 폭발적인 확대 없이 현대 경제생활의 모든 혜택을 누릴 수 있다는 것이다. 또한, 공공정책의 수행에 지나친 영향력을 행사하는 통화관리자들로부터 비밀스러운 카르텔의 권력을 무력화시킬 수 있다. 연준이 없다면 크게 해를 끼친 케인지안 방식의 거시경제 계획이 더 이상 없을 것이다.(이와 관련해서는 마지막 장에서 보다 자세히 논의한다).

이러한 결과는 모두 유익하다. 그러나 사람들은 여전히 은행업이 어떻게 작동할 것인지를 걱정한다. 은행업은 여타 사기업 시스템과 똑같이 작동할 것이다. 월마트가 은행업에 진입하려고 했지만 금지된 적이 있던 것처럼, 월마트가 시장에 들어올 수도 있다. 은행업은 어떤 기업가도 참가할 수 있는 진짜로 경쟁적인 시스템이 될 것이다. 그러나 19세기부터 흔히 비난받아온 일종의 '와일드캣 은행'(wildcat banking)[91]이 될 것인가? 우리가 '와일드캣 레스토랑'이나 '와일드캣 신발회사'를 갖고 있지 않는 것처럼 와일드캣 은행을 갖지 않을 것이다. 시장은 소비자의 수요에 의해 자율적으로 조절된다. 이는 은행업에서도 똑같이 적용될 것이다.

하여튼 19세기의 은행업에 관한 이야기는 대부분 사실이 아니다. 19세기의 통화와 은행 시스템의 문제들은 정부에 의해 야기된 것들이다. 간헐적인 지급중지, 인플레이션적인 전쟁, 복본위제도하에서 비정상적으로 가격

---

91) 와일드캣 은행(wildcat bank)은 미국에서 1863년 은행법이 제정되기 전 1811~1863년 각 주의 법에 의하여 설립되어 은행 지폐를 남발했던 은행을 일컫는다. 미시간 주에서 살쾡이(wildcat)가 서식하고 사람들이 거의 살지 않은 곳에 신용 없는 소규모 은행들이 설립되어 어지러운 은행경영을 한데서 유래된 용어이다. 이러한 은행들이 파산하여 많은 고객이 손해를 입은 것으로 알려짐에 따라 연준 설립의 한 계기가 되었다.

을 고정시키는 준칙, 그리고 공채 등 채권발행에 의한 자금조달이 이루어졌다. 이들은 정부의 문제였지 시장의 문제가 아니었다. 자유 시장 시스템이 잘 작동하였다. 미니에폴리스 연준의 연구에 따르면 1830~1860년대의 은행 시스템이 매우 안정적이며 사기가 만연하지 않고 안전했다. 은행 파산은 사람들이 믿는 것보다 훨씬 적었으며 한 은행의 파산이 다른 은행으로 파급되는 이른바 '전염효과'(contagion effect)가 없었다.[92]

이러한 사실은 완전히 예상되지 않았던 것은 아니다. 19세기 미국 은행업에 대한 나쁜 평판은, 당시 세계 역사상 가장 폭발적인 번영의 증가를 경험했던 시기의 은행 시스템임에도 불구하고, 연준의 설립을 주장하기 위해 20세기 초에 과장되거나 왜곡된 선전으로부터 비롯되었다. 우리는 사실을 직시할 필요가 있다. 그리고 이러한 사실들은 우리가 자유시장에서의 화폐와 은행 시스템이 다른 정상적인 사업과 마찬가지로 이윤과 손실의 법칙에 따라 움직이며, 소비자의 행동에 따라 시장에서 보상을 받거나 처벌받게 된다는 점을 고려하면 놀랍지 않다. 우리는 연준이 없는 시대의 은행 시스템을 걱정할 필요가 없다. 마치 우리가 식료품, 신발, 또는 소프트웨어를 걱정하지 않는 것처럼 말이다. 이는 시장에 의해 제공되는 것이다. 그리고 이를 제대로 운영할 지식도, 인센티브도 갖추고 있지 않은 시장과 동떨어진 중앙계획기구가 담당하는 것이 아니다. 경제적 및 정치적 재앙으로부터 우리 자

---

92) 이러한 결과의 증명은 Larry J. Sechrest, Free Banking: Theory, Histrory, and a Laissez-Faire Model (Auburn, AL: Mises Institue, 2008, 1993), pp. 95~142.를 참고.

신들을 구하기 위해서는 경제정책에 대한 지도자들의 통념이 크게 변화하는 것이 매우 중요하다. 다행스럽게도 우리들과 뜻을 같이하는 동지들이 크게 늘고 있을 뿐 아니라 그 어느 때보다 많은 사람, 특히 젊은이들이 연준으로부터 우리가 직면하는 위협을 인식하고 건전통화의 중요성을 이해하고 있다.

14부

자유주의적인 이유

*

앞에서 살펴본 바와 같이 연준의 존재에 대해 더 이상 헌법적으로나 경제적으로 정당화하기 어렵다. 정직이 승리하면 연준을 반대하는 경제적 주장만이 있을 뿐이다. 연준의 존재는 특혜를 받을 자격이 없는 이익단체를 제외하면 도움이 되지 않는다. 연준을 반대하는 주장을 무시하면 반드시 정부가 커진다. 정부의 팽창은 자유를 지키려는 사람은 누구도 용인할 수 없는 가장 부정적인 측면이다. 항상 상충관계가 존재한다. 정부가 커지면 자유가 작아진다. 이러한 상충관계는 재원이 소요되는 정부 프로그램에 어떤 정당성이 주어지더라도 발생한다.

사회주의, 파시즘, 개입주의, 코포라티즘(corporatism)을 (아마 무의식적으로) 추구하는 사람들은 항상 중앙은행을 옹호한다. 어떤 사람들은 자유 시장의 결점이라고 여겨지는 것을 보완하는 경제계획의 수단으로서 중앙은행을 진지하게 추구한다. 중앙은행을 옹호하는 사람들은 정부의 팽창이 그들의 목표가 아니라고 주장하지만 결과는 그렇지 않다. 이것은 불변의 진리다.

연준을 운영하는 사람들은 다른 사람들과 마찬가지로 결점이 있는 그저 보통사람이다. 한 가지 다른 점은 그들이 문명을 파괴할 수 있는 막대한 권한을 갖고 있다는 것이다. 문명을 파괴할 수 있는 기관은 본질적으로 압제적이며 특별히 헌법에서 방지하려고 하는 것이다. 화폐를 발행할 수 있는 권한은 합법적인 위조지폐에 신뢰성을 부여한다. 화폐발행 권한을 지지하는 사람들은 통화관리자들이 인도주의적인 목적이 아닌 어떤 다른 이유로 통화를 발행하는 것은 규제되어야 하고 규제될 것이라고 믿는다. 하지만 이러한 자율적인 규제의 기대는 결코 실현되지 않는다.

앞에서 계속 살펴본 바와 같이 중앙은행가들은 큰 자만심을 갖고 그들이 행사할 수 있는 권한에 재빨리 적응한다. 또한, 정치인을 성공하게 만드는 재정적자에 부응(협조)해야 할 정치적 압력을 받는다. 모럴해저드를 생각해 보자. 직접적인 세금을 피하고 비용을 지불하는 부정직한 방법은 큰 정부를 조장하고 자유와 자립을 소중히 여기지 않는 시스템을 제도화하는 결과를 가져올 뿐이다.

인플레이션적인 버블의 초기에는 연준의 통화정책에 따른 이익이 비용을 능가한다. 비용을 지불해야 할 때 희생자들을 식별하기 어렵다. 인플레이션에 시달리고 직업을 잃는 대부분의 사람들은 연준의 통화정책과 이렇게 나쁜 방법으로 큰 정부의 재원을 조달함으로써 겪게 되는 고통이 어떤 관계가 있는지 모른다.

통화 시스템은 부자와 가난한 사람들의 복지비용을 충당할 뿐 아니라 대중의 지지를 받지 못하는 전쟁에 참여하기 위해 이용된다. 대중들이 복지-전쟁국가의 실제 비용을 알게 된다면 반란을 일으킬 것이다. 하지만 경기변동의 호황기에는 인위적으로 상승하는 주식 및 주택가격으로 인해 실질비용이 없는 것처럼 보인다. 그다음에 버블이 터지고 번영이 허구였다는 진실이 드러난다.

정부는 그때까지 경제와 우리의 생활을 지배하며 이루어질 수 없는 약속을 한다. 국내적으로나 국제적인 약속이 터무니없다. 우리는 더 이상 복지비용을 지불하거나 해외의 제국을 유지할 수 없다. 우리가 펀더멘탈(기초경제여건)을 바꾸기 전에 이런 상황이 발생하는 것을 얼마나 많이 겪어야 하는가?

이러한 과정에서 새로운 복지 프로그램이 도입되거나 새로운 전쟁에 참여할 때마다 우리의 자유가 위태로워진다. 정책의 결과로 위험이 발생하면 정책당국의 권위주의자들은 반드시 경제와 대중에 대한 그들의 지배를 강화하기 위해 그들 자신이 초래한 문제들을 다시 이용한다.

테러리즘은 심각한 문제이다. 그러나 테러행위를 우리의 현명치 못한 외국개입에 의해 부메랑이 되어 돌아온 것으로 간주하지 않는다면 유일한 해결책은 정부가 우리의 생활을 더 많이 통제하는 것이다. 우리가 대외정책을 변경하지 않고 개인의 프라이버시를 보호하는 제4의 수정헌법을 포기함에 따라 죄 없는 미국인들을 규제할 뿐이다. 더욱 큰 정부를 원했던 사람들이 9/11 테러공격과 같은 문제를 편리하게 이용하여 대중들의 공포감을 조성함으로써 실제로 대중들이 정부에 대해 그들을 피해로부터 보호해 달라고 요구한다.

이러한 상황은 경제문제에 있어서도 아주 비슷하다. 과다한 재정지출 및 연준의 통화공급에 따른 경기변동이 시정되는 과정에서 모든 경제문제들이 초래된다. 위기를 야기한 정부에 대해 훨씬 더 큰 정부[재정지출 및 통화공급]로 위기를 구제하도록 또다시 요구한다. 그 결과 자유가 더 많이 희생된다.

악순환(vicious circle; doom loop)은 계속된다. 처음에는 개인의 자유가 조금씩 침해되지만 겉으로는 번영이 지속된다. 그 후에 위기가 악화될수록 우리의 생활과 경제를 완전히 지배하는 압제적인 정부의 위협이 더 커진다. 이러한 사고방식은 2008년 12월 16일 부시 대통령이 CNN에서 "나는 자유 시장체제를 구하기 위하여 자유 시장원리를 포기했다."고 자랑스럽게 의견을 밝혔던 것에서 가장 잘 나타나고 있다. 얼마나 경악스럽고 모순적인가!

불행하게도 대부분의 미국인들이 그의 의견에 동의한다. 9/11 후에 우리의 안전과 생존을 지키기 위하여 헌법상의 프라이버시 보호를 포기해야 한다고 동의하였다. 그들은 "그게 아니면 어떻게 자유를 누릴 수 있는가요?"라고 물었다. 그들은 어떻게 부시 대통령의 성명이 모순적임을 알 수 없었는가? 부시 대통령의 변명은 베트남 전쟁에서 군사행동에 따른 민간인들의 피해를 개의치 않고 마을에 불을 질러 민간인을 대량 학살한 것에 대해 둘러댄 변명과 아주 비슷하다. 그들은 "마을을 구하기 위하여 마을 파괴해야만 했다."고 주장하였다.

여기에 있는 기본원리는 자유를 구하기 위하여 자유를 파괴하는 정부의 조치를 우리가 의심할 여지 없이 받아들여야 한다는 것이다. 이러한 맥락에서 달러를 구하기 위하여 달러를 파괴하는 것을 받아들이도록 강요한다. 사실상 모든 과정은 독점적 당국에 의해 관리되는 유혹적인 지폐 시스템이 없이는 불가능하다. 정권을 장악하는 독재자는 항상 폭력을 사용하지만 정권을 계속 유지하기 위해 재빨리 통화 시스템을 지배한다. 사회가 비교적 자유로울 때 권력의 강화는 적자, 세금, 공포, 불환통화 등을 통하여 이루어진다. 독재자는 권력을 장악하기 위하여 중앙은행을 필요로 한다.

정부의 세금징수 계략과 통화 시스템의 위헌성을 원칙에 입각하여 도덕적 견지에서 반대해온 사람들은 그들에 대한 형벌이 강간범이나 살인범보다 훨씬 더 가혹할 수 있음을 깨닫는다. 철권통치가 강화되고 시장에서 보이지 않는 손의 영향력이 감소할 때 인간의 자유에 대한 대실험이 끝나고 완전히 탈바꿈한 미국을 목격할 것이다.

의회, 행정부, 그리고 경제를 운영하는 연준의 모든 대책은 공공재를 도모하는 것을 목적으로 하지만, 결과는 재앙이다. 현재 진행되고 있는 어떤 구제 프로그램도 연준이 없다면 존재할 수 없다. 이러한 과정은 철권통치를 의미한다. 자유 시장의 보이지 않는 손을 작동시켜 불균형을 교정케 하고 정부가 개입하지 않는 것이 보다 타당한 접근방식이다.

통화를 증가(인플레이션)시킬 수 없다면 어떤 전쟁도 일어나지 않았을 것이다. 인플레이션이 절대로 금지된 통화 시스템을 고안할 수 있다면 전쟁의 위험성이 크게 낮아질 것이다. 우리 정부의 외국개입에 따른 비용을 즉시에 지불해야 한다면 국민들이 더 높은 세금으로 그 비용을 지불하는 것을 용인하지 않을 것이다. 외국의 내정에 개입함으로써 무력충돌의 여건이 조성된다. 처음부터 외국개입의 비용을 충당해주지 않는다면 우리가 전혀 불필요한 이길 수 없는 전쟁에 훨씬 덜 개입하게 될 것이다.

정부와 의회가 공모하여 외국개입의 자금을 연준의 신용으로 충당하는 것을 우리가 부주의하게 용인함으로써 의회가 명시적으로 선포하지 않은 전쟁을 회피할 의회의 책임을 쉽게 무시할 수 있다. 불법적인 전쟁에 참여하거나 불환통화로 그 비용을 충당하거나 상관없이 헌법을 경시하고 의회의 책임감이 결여되어 오늘날의 위기를 직면하게 되었다.

현재의 시스템은 특히 경기변동이 호황국면에 있을 때 강력히 지지된다. 그 수혜자들이 수없이 많으며 워싱턴에서 잘 드러난다. 국방비 지출이 우리의 안전을 지키기 위해 필요하다고 한다. 결과는 군산(軍産)복합체가 번창하고 우리는 훨씬 위험해지고 더욱 가난해졌다. 주택프로그램 지출과 연준의 저금리정책은 보다 많은 사람들로 하여금 자신들의 주택을 소유하도록 돕기 위한 것이다. 결과는 정부관리 및 정치인들이 이득을 얻는다. 건설업, 은행, 모기지회사, 보험회사 등이 번창하며 버블이 터질 때 프로그램이 목표로 하는 가난한 사람들은 그들의 주택과 직업을 잃는다.

이것은 의료, 금융, 교육, 농업을 포함한 모든 정부보조 프로그램에 적용된다. 불환통화가 만병통치약인 것처럼 보인다. 결과는 비극적이다. 궁극적으로 빈곤과 혼란이 초래되며 유력한 특별 이익그룹이 희생자들에게 구제를 요구한다. 우리가 크게 경계하지 않으면 종이(빚) 더미로 만들어진 사상누각(house of cards)이 무너질 때 분노가 봇물처럼 터져 나올 것이다.

미국의 주택 시장은 마술같이 사실을 왜곡시키는 금융구조에 기반하고 있다. 이것은 매우 위험하다. 현재의 부가 감소하고 호황기에 이익을 본 사람들이 여전히 모든 일을 맡고 있으며 그들의 유일한 목표는 부와 권력을 유지하여 출세하는 것이기 때문이다. 특별 이익그룹은 이익을 얻고 비용을 부담시킬 희생자를 찾을 필요가 있다. 워싱턴에서 이루어지는 모든 대책은 승자들이 사태를 수습하여 정상을 되찾고 그 비용은 아무런 잘못이 없는 무고한 대중들에게 전가시키는 방식으로 계획된다. 이러한 과정은 원만히 진행되지 않는다. 희생자들이 어떤 사람들은 다른 사람들보다 더 평등하다고 곧 깨달을 것이다.

경제가 악화될수록 의회는 연준에 더 많은 권한을 부여하려고 한다. 아무도 이렇게 되리라고 믿지 않았다. 수조 달러가 어떤 감시도 받지 않고 연준에 의해 만들어져 배분되었다. 국유화가 의회나 국민의 거의 아무런 반대도 없이 진행되고 있다. 기업 자산 매입은 연준의 인플레이션 정책을 통해 조달되며, 바로 이 과정이 우리 경제를 무너트린 주범이다.

시스템을 개선하는 방법으로 구 케인지안의 세계통화가 다시 언급되고 있다. 나는 그것이 실현되리라고 생각하지 않는다. 이는 민족주의자들의 압력으로 항상 좌절되어 왔으며 앞으로도 좌절될 것이다. 유럽의 새로운 복합통화[유로]를 만드는 것은 다른 문제다. 유로화도 완전히 안정적이지 않다. 그러나 세계의 엘리트들이 세계를 위해 똑같이 하는 방식으로 협력하지 않을 것이다.

이것은 다행이다. 세계통화에 의해 효율성이 크게 제고될 수 있음은 사실이다. 고전적인 금본위제도는 명칭이 다른 국가통화들이 존재함에도 일종의 세계통화로 역할을 하였다. 이것이 내가 복구되기를 바라는 이상적인 통화 시스템이다. 그러나 불환통화의 세계통화는 현행 시스템보다도 인플레이션 압력에 훨씬 더 취약할 것이다. 현행 시스템에 남아 있는 인플레이션적인 재원조달을 최종적으로 억제하는 것은 한 통화의 가치가 다른 통화에 비해 떨어질 것이라고 예상하는 것이다. 새로운 불환 세계통화는 아무리 효율적이라 하더라도 이러한 인플레이션 억제장치를 없앨 것이다.

앞으로 현재의 위기가 진행되면서 가능성이 더 크고 공포심까지 생기게 하는 다른 상황이 있다. 우리가 직면할 것으로 예상되는 큰 위협은 정책당국자들이 1941년 전쟁과 함께 종식되었다고 주장하는 '불황'을 종식시키려는 정책당국의 의지일 것이다. 대공황이 제2차 세계대전 후에야 끝났다고 주장하는 우스꽝스러운 이야기를 항상 듣고 있다. 수백만의 사람들을 죽이고 모든 소비재를 포기하는 것이 경제에 도움이 된다고 주장하는 것처럼 말이다. 우리의 해외정책은 대단히 위험하다. 우리는 잘못된 경제이론을 따르고 있다. 사람들에게는 기분전환(오락)이 필요하다고 말한다. 흔히 전쟁이 그런 오락이다. 이것 말고 훨씬 더 좋은 대안이 있다.

15부

오늘날 이 도시가 가장 건전한 시민들을 어떻게 대하는지
내가 느끼는 바를 여러분에게 말하겠다.
공교롭게도 그것이 우리가 우리의 돈을 대하는 방식과 똑같아
이상하다기보다는 오히려 슬프다.

우리가 자랑스럽게 여긴 고귀한 은화 드라크마와
진짜이고 왕의 인장이 정확히 찍혀 있으며 전 세계적으로 무게만큼
가치가 있는
금화는 사라졌다.

그 대신 아테네 쇼핑객들의 지갑은 부정직한 은도금 구리로 가득하다.
국가가 시민들을 필요로 하는 바로 그때
가장 건전한 시민들은 사라졌다.
- 기원전 400년경 아리스토파네스의 《개구리들》[93]에서

---

[93] 《개구리들(Frogs)》은 고대 그리스 극작가 아리스토파네스가 쓴 희극으로 아테네의 비극작가들을 절망시키고 아르기누사이 해전(Battle of Arginusae)의 재앙으로부터 회복한다는 디오니소스신의 이야기다. BC 405년 디오니소스(Dionysus)신의 페스티벌 레나이아(Lenaia)에서 공연되어 일등을 차지하였다.

기원전 400년에도 아리스토파네스가 설명하고 구약성서에도 기록되어 있던 것처럼 고대 이집트에서 건전한 화폐 시스템을 유지하지 못하는 부정직함은 도덕적인 지도자의 부재와 과도한 대외 군사침략과 맞물려있었다. 우리의 돈이 타락하고 금융 시스템이 엉망이다. 권력의 남용과 돈의 남용은 국가의 몰락을 가져온다.

연준이 오늘날 우리가 처한 위기에 책임이 있으며 연준이 폐지되어야 한다는 것을 점점 더 많은 사람들이 깨닫고 있다. 미국의 총 채무는 현재 GDP 대비 350%를 능가하여 역사상 최고 수준을 기록하고 있다. 이전의 최고 수준은 1933년 대공황 시기에 GDP 대비 300%였다. 브레튼우즈 체제가 종식된 1971년에는 GDP 대비 150%에 지나지 않았다. 1971년 이래 새로운 불환달러본위 시스템에 의해 연준이 아무런 제약 없이 허공에서 새로운 돈을 만들어낼 수 있게 됨에 따라 예상했던 대로 채무가 기하급수적으로 증가하였다. 이제 성장이 급속히 둔화되는 가운데 국채는 매년 수조 달러씩 증가함에 따라 GDP 대비 총 채무 및 국채비율은 급격히 높아질 것이다.

오늘날 우리 지도자들이 올바른 방향으로 나아가는 모습을 거의 볼 수 없을 것이다. 그저 과거와 똑같이 더 큰 정부, 더 큰 폭의 달러절하, 더 많은 정부 및 연준의 권한에 기초한 수많은 새로운 프로그램들이 채택되어 왔다. 이들 새로운 프로그램은 프라이머리 딜러신용제도(Primary Dealer Credit Facility)[94],

---

94) 프라이머리 딜러신용제도(PDCF)는 2008년 3월 17일 서버프라임모기지 위기 및 베어 스튼스(Bear Stearns) 파산에 대응해 금융 시장의 기능을 촉진하기 위하여 연준이 프라이머리 딜러에게 적격 담보를 기초로 자금을 제공하는 익일(1일) 대출제도이다. 이 새로운 제도는 종전과는 달리 프라이머리 딜러가 연준으로부터 직접 차입할 수 있기 때문에 연준 정책의 근본적인 변화를 나타내는 것이다. 대출 적격자는 프라이머리 딜러로 등록된 모든 금융기관이 포함되며 대출방식은 브로커-딜러가 연준의 재할인창구(discount window)를 통한 대출자금과 교환하여 증권을 매각하는 환매조건부 대출(repurchase agreement; repo)이다. 문제의 증권은 담보의 역할을 하며 연준의 프라이머리 신용 금리와 동일한 금리가 적용된다. PDCF는 브로커-딜러가 은행들이 법정지급준비금(reserve requirements)을 충족하기 위해 이용하는 단기(overnight) 대출 시장인 연방기금 시장(federal funds market)에서 유동성을 확보할 수 있는 능력을 개선하기 위한 것이었다. PDCF의 도입으로 연준이 역사상 처음으로 투자은행에 직접적으로 대출하게 되는데 이는 연준 의장 벤 버냉키가 현재의 금융위기를 얼마나 심각하게 받아들이는지를 반영한다. 투자은행과 같은 비은행 금융기관은 연준의 감독을 받지 않는다. PDCF가 도입된 첫 3일 동안에 매일 평균 133억 달러의 대출이 이루어지고 대출 잔액은 288억 달러였다. 2008년 10월 첫 주에 매일 평균 1,500억 달러의 대출이 이루어지며 PDCF의 대출이 최고 수준에 달했다. 2008년 7월 30일 연준은 PDCF를 2009년 1월 30일까지 연장하는 것을 비롯해 유동성을 더욱 증가시키기 위한 조치들을 발표했다. 2008년 9월 14일 리먼 브라더스(Lehman Brothers) 파산을 뒤이어 주요 결제은행들과의 제3자 레포에 적절한 모든 담보를 포함시키기 위하여 PDCF의 적격 담보를 확대하는 계획을 발표했다. 당초에는 투자등급 채무증권만이 PDCF의 담보로 인정되었다. 2008년 12월 2일 연준은 PDCF를 2009년 4월 30일까지 더 연장하기로 발표했다. PDCF를 포함한 연주의 조치들로 인해 연준의 대차대조표가 주로 안전한 국채로 이루어진 8,000억 달러의 규모에서 주로 더욱 위험한 채무 및 모기지저당증권으로 이루어진 2조 달러 이상의 규모로 확대되었다. 그뿐만 아니라 적격 담보를 확대함으로써 연준의 대차대조표가 더욱 취약해지고 연준이 SEC 및 FDIC 등과 같은 여타 금융감독당국보다 더욱 강력한 권한을 갖게 되었다. 많은 사람들이 더욱 엄격하게 규제되는 (은행)금융기관과 동일한 조건으로 투자은행에 대출하는 PDCF를 비판한다. 그들은 연준이 이제 투자은행들에 직접 대출하므로 이들 기관이 사모펀드전문회사(private-equity firms) 및 헤지펀드와 함께 보다 광범위한 규제를 받아야 한다고 주장한다. 2009년 1월 13일 하원 금융위원회의 청문회에서 그레이슨(Alan Grayson) 의원은 연준 부의장 콘(Donald Kohn)에게 어떤 회사들이 연준 자금을 얼마나 받았는지 상세한 내역을 공개하도록 압력을 가했다. 현재 PDCF 대출 잔액은 총액만 보고되며 어떤 기관이 얼마만큼 대출을 받았는지는 공개하지 않는다.

기한부경매제도(Term Auction Facility)[95], 단기국채대여제도(Term Securities Lending Facility)[96], 자산저당 상업어음 단기금융시장 뮤츄얼펀드 유동성제도(Asset-Backed Commercial Paper Money Market Mutual Fund Liquidity Facility)[97] 등을 포함한다. 이들은 새로운 통화를 계속 공급하기 위하여 일상적인 연준의 낮은 이자율 및 지급준비율정책 이외에 새로 추가된 정책수단들이다. 이는 매우 슬픈 일이다. 우리의 미래가 매우 불확실하며 우리가 어떻게 하느냐에 따라 미래가 좌우되기 때문이다.

의회는 2008년 1,000억 달러가 넘는 첫 번째의 경기부양 패키지를 통과시켰다. 2008년 10월 7,000억 달러의 부실자산구제 프로그램(TARP)이 법으로 도입되었다. 새로운 행정부는 2009년 수조 달러 규모의 또 다른 경기부양 패키지를 통과시키기로 약속하였다. 사실상 은행 시스템을 국유화하는 모든 교묘한 금융기법을 동원하고 있다. 유익한 결과가 없는 사실에도 불구하

---

[95] 기한부경매제도(TAF)는 단기 금융 시장의 높아진 압력문제를 다루기 위한 연준의 한시적인 프로그램이다. 동 프로그램에 따라 연준은 28일과 84일 기한부 담보대출을 일반적으로 금융상황이 건전하고 TAF대출로 유지될 수 있을 것으로 기대되는 예금금융기관들에 경매한다. 적격담보는 재할창구의 적격 담보와 동일하며 광범위한 금융자산을 포함한다. 2007년 12월 서브프라임모기지 위기관련 문제에 대응하여 은행이 위험을 회피함에 따라 은행 간 대출에서 1일 금리와 1일 이상의 기한부 금리 간의 스프레드가 커지는 문제를 다루기 위하여 도입되었다. 이 조치는 캐나다, 영국, 유럽, 스위스 중앙은행들도 동시에 비슷한 조치로 협동하여 이루어졌다.
[96] 단기국채대여제도(TSLF)는 기존에 시중은행이 중앙은행에서 자금을 차입할 때 담보로 제공하는 MBS(주택저당증권)를 민간부문에서 발행한 채권도 인정해주는 제도다. 이 제도는 2008년 3월 11일에 발표되었으며, 이 제도가 끝날 무렵 2조 3천억 달러 상당의 미국 재무부 채권을 월스트리트은행 18개에 대출하였다. 연준은 학생대출, 자동차대출, 주택담보대출, 신용카드부채 등 받아들일 수 있는 적격담보의 종류를 확대할 수 있도록 조치를 취했다.
[97] 자산저당 상업어음 단기금융시장 뮤츄얼펀드 유동성제도(ABCPMMMFLF) 모든 예금금융기관, 은행지주회사(모회사 및 브로커-딜러 자회사), 외국은행지점 및 사무소 등이 일정 요건을 갖춘 적격담보를 기초로 연준의 재량에 따라 차입할 수 있는 제도.

고 경제가 악화될수록 똑같은 것을 더 많이 요구한다. 2009년 말 총 투입액이 9조 달러를 초과할 것이다.

다른 길이 있는데 방향을 완전히 바꾸어야 한다. 연준의 통화발행 윤전기를 없애는 정치적 의지만이 요구된다. 많은 사람들이 제일 먼저 생각하는 것과는 달리 이는 우리가 알고 있는 금융 시스템의 종말을 뜻하지 않는다. 연준이 없더라도 여전히 달러, 은행, ATMs, 온라인 거래, 웹기반 시스템을 이용한 자금이전 등이 존재할 것이다. 여러 가지 종류의 다른 통화로 거래하고 계약하며 새롭고 더욱 건전한 투자기회를 가질 수 있는 등 현재 이용할 수 없는 금융 옵션(선택권)이 훨씬 더 많이 금융 시스템에 추가될 것이다.

연준이 폐지되면 달러가 장기적인 절하추세를 멈추고 금융업은 더 이상 주사위(요행) 게임이 되지 않으며 금융 권력이 소수의 정부 관련 내부자(인사이더)에게 집중되지 않을 것이다. 전반적으로 은행 산업은 건전한 은행이 번영하고 불건전한 은행은 작년의 투자은행처럼 퇴출되는 등 대격변을 겪게 될 것이다. 연준의 복지(보조금)에 의존하는 금융기관들은 그들의 나쁜 습관에서 벗어나거나 폐업해야 한다. 예금자들은 신중하게 어떤 은행이 건전하고 어떤 은행이 불건전한지 알아차릴 것이다.

다시 이 책의 주제로 돌아오면, 연준만이 무에서 새로운 돈을 창조하는 것을 조장하고 지원할 수 있는 특별한 권력을 갖는다. 누가 그것을 필요로 하는가? 정부, 은행, 금융재벌 등이 그것을 좋아한다. 그러나 대중들은 이익을 얻지 못하고 손해만 볼 뿐이다. 한 사회에 적정(이상적인) 통화공급이 존재하지 않는다는 고전 경제학자들의 가르침이 옳다. 통화의 질이 건전하다면 어떤 양의 통화도 괜찮다. 물가는 존재하는 통화량에 따라 조정된다. 사회에 새로 유입되는 통화량은 사회적인 이익을 갖다 주지 않는다. 생산이 증가하고 통화공급이 일정하다면 통화의 구매력이 증가할 것이다. 한편 생산이 감소하고 통화공급이 일정하다면 통화의 구매력이 감소할 것이다.

우리는 돈을 본래의 그 모습, 즉 거래에서 비롯된 시장 창조물에 불과하다고 생각해야 한다. 사회에서 가장 가치 있는 상품, 즉 다른 모든 상품들과 교환될 수 있어 복잡한 교환을 가능하게 하는 상품이 돈으로 자리 잡게 된다. 그것이 구슬이든, 동물 가죽이든, 보석이든, 귀금속이든 말이다. 금은 좋은 돈이 되기 위한 모든 조건[휴대하기 편리하고 쉽게 분리할 수 있으며 내재적인 가치가 높아 가치저장 수단이 되는 등의 속성]을 지니고 있기 때문에 돈이 되었다. 정부와 아무런 관련이 없다.

이상적인 세계에서 연준이 곧 폐지되고 통화량은 고정될 것이다. 이는 더 이상 신용이 존재하지 않는다는 것을 의미하지 않는다. 신용은 만들어진 돈이 아니라 저축된 돈에 근거할 것이다. 의회는 연준법을 폐지하고 대통령은 연준 의장을 지명하지 않는다. 연준 빌딩은 다른 목적으로 사용될 수 있으며 정상적으로 영업하는 민간은행이 살 수도 있다. 동시에 달러는 개혁되어 다시 금으로 태환할 수 있을 것이다. 연방정부가 비축하고 있는 금이 이러한 달러의 태환성을 국내외적으로 보증하는 데 이용될 수 있다. 통화와 관련한 모든 권한은 재무부로 이전할 수 있으나 그 권한으로 정부가 할 수 있는 것을 견제해야 할 것이다.

연준이 없는 금본위제도는 규율을 부과할 것이다. 워싱턴에서 새로운 문화가 재빨리 출현할 것이다. 전쟁과 정부 프로그램의 비용이 명백히 드러날 것이다. 곤경에 처한 가계의 예산과 마찬가지로 법을 만드는 의원이나 관료들이 원하는 모든 것을 다 할 수 없다는 것을 인식할 것이다. 그들은 선택을 해야만 한다. 그들은 예산을 축소해야 한다. 가계나 기업 등 비정부 부문과 마찬가지로 정부 프로그램이 회계원칙에 의해 억제될 것이다. 나아가 정직하게 말하고 말한 것을 실제로 행하는 새로운 세대의 정치 리더들이 등장할 것이다.

금본위제도는 더없이 훌륭한 변화일 것이지만 연준을 폐지할 때까지 기다려서는 안 된다. 달러가 세계경제에서 지배적인 역할을 하고 있다. 이는 오랜 역사를 통해 [불환지폐가 아니라] 경화(hard money)로써 이점을 누린 것이다. 연준이 폐지된 이후에도 변하지 않을 것이다. 달러는 현재와 같이 계속 유지될 수 있으며 시장에서 통화공급이 고정될 것이라고 확신할 때 그 가치가 상승하기 시작할 것이다.

연방정부는 현재의 주정부와 마찬가지로 운영비용을 충당할 것이다. 주정부는 중앙은행 없이도 잘 운영될 수 있다. 주정부가 지출하는 돈은 세금을 징수하거나 채권을 발행함으로써 조달된다. 주의 의원과 관료들은 모든 면에서 제약을 받는다. 그들은 실질적인 요인들을 토대로 지출을 늘리거나 줄여야 한다. 또한, 주 및 지역사회가 발행하는 채권은 시장에서 평가되고 그 가격이 결정된다. 채권의 가격은 주 및 지역사회의 건전성에 기초한 디폴트 프리미엄을 포함한다.

이와 마찬가지로 연준이 없을 경우 연방정부 채권의 가격이 더욱 현실적으로 결정될 것이다. 현재 시스템에서는 기본적으로 디폴트 프리미엄이 없어 사람들이 돈에 이자를 안전하게 받을 수 있는 100% 확실한 방법이 있다고 착각하게 만든다. 연준이 폐지되면 연방정부 채권(국채)의 가격이 현재 거래되는 가격보다 크게 떨어질 것이다. 그러나 이는 진실을 반영하는 것으로 아주 바람직한 현상이다. 국채의 가치가 정부정책에 대한 시장의 평가에 따라 변동할 것이다. 새로운 값비싼 전쟁이나 국가 복지프로그램은 국채 가격을 하락시킬 것이다. 이는 전쟁이나 복지프로그램이 감소하게 될 것을 뜻한다.

  연준의 발권력을 철폐하고 나머지 금융 감독권을 재무부로 이전하는 것은 옳은 방향으로 가는 훌륭한 조치가 될 것이다. 그러나 이러한 아이디어를 좀 더 확대하여 정부의 통화독점 문제를 다시 고려해 보자. 건국의 아버지들은 결코 단일 국가통화 시스템을 계획하지 않았다. 통화와 금융은 주들이 직접 금 및 은만을 법화로 만들 수 있다는 단서를 달고 주에 맡겨졌다. 동시에 민간 주조업자들과 민간(자유)은행에 대하여 어떤 제한도 없었다. 법정통화법을 폐지하고 누구든지 화폐를 만들 수 있는 이러한 시스템을 다시 채택해야 한다. 이는 연방정부의 달러와 직접 경쟁하기 위해 장기적으로 최선의 통화가 출현할 경쟁시장을 만들 것이다.

  이러한 시스템은 디지털 트레이딩 및 커뮤니케이션 시대에 훨씬 더 실용적이다. 모든 사람이 인터넷으로 연결되어 손가락 끝으로 접근할 수 있는 세계금융 시스템을 갖는다. 사람들은 더 이상 특정 화폐를 강제로 사용해야 할 이유가 없다. 모든 화폐 수단은 누구에게나 개방되어야 한다. 어떤 돈이 최선인지 선택하는 것은 자유 시장의 힘을 이용할 필요가 있다.

대안적인 통화 및 지급시스템에 대한 많은 법적 제약에도 불구하고 오늘날 많은 금화뿐만 아니라 '페이팔'(PayPal)⁹⁸⁾과 같은 복잡한 민간 지급시스템이 인터넷상에 번창하고 있다는 사실은 매우 놀랍다. 시장은 모든 재화 및 서비스부문에서와 마찬가지로 통화기업부문에도 많은 혜택을 제공해 줄 것이다. 금융부문에도 똑같다. 은행들은 더 이상 예금을 기초로 가능한 한 더 많이 더 오래 대출함으로써 보상을 받을 수 없다. 건전성과 안전성이 성공적인 은행의 보증마크이며 이익의 토대가 된다.

연준의 종식은 단 한 번의 과감한 조치를 필요로 하지는 않는다. 우리가 목표를 향해 점진적으로 이행할 수 있다. 건전통화의 방향으로 취할 수 있는 많은 작은 조치들이 있다. 통화공급을 증가시키고 공개 시장을 조작하는 연준의 권한을 제한할 수 있다. 연준의 국채매입을 법률로 금지하며 연준이 중앙집권적으로 경제를 계획하는 것도 금지할 수 있다.

연준이 월스트리트의 친구들을 구제하는 것을 중지시킬 수 있다. 연준에 대해 진짜로 회계감사를 하고 연준의 모든 조치와 외국 중앙은행과의 협동적인 계획에 대한 투명성을 요구할 수 있다. 의회의 연준에 대한 규제권한은 금융시장에 대한 규제권한으로 변경되어야 한다. 새로운 은행의 설립을 제한하지 말아야 한다. 그리고 대안적인 화폐를 허용할 수 있다. 현재의 통

---

98) 페이팔(PayPal)은 인터넷을 통하여 다양한 지급결제(이체) 서비스를 제공하는 시스템이다. 수표 및 우편환(money order)과 같은 전통적인 종이방식에 대한 전자방식의 대안이며 많은 신용사기 소송에 연루되어 왔다. 페이팔 계정은 은행예금이나 신용카드로 전자이체를 할 수 있으며 페이팔 이체를 받는 사람들은 페이팔에 있는 그들의 예금계정으로부터 수표를 요구하거나 그들의 은행계정으로의 이체를 요구할 수 있다. 페이팔은 세계적인 e-commerce를 촉진시키는 지급중개기관의 예다.

화 시스템 밖에 있고 싶어 하는[대안적인 통화나 금융을 이용하고자 하는] 사람들은 법에 의해 보호되어야 한다. 돈으로 사용되는 금과 은으로부터 매매 및 자본이득세를 포함한 모든 세금을 없애야 한다.

이러한 변화는 오직 대중들이 명확히 주장함으로써만 가져올 수 있다. 항의(반대)의 효과는 정말로 크다. 공직에 출마하거나 고등학교 및 대학교 등에서 진실을 가르치는 것도 도움이 된다. 세미나, 저널 기사, 광고, 토크쇼 등의 활동도 정치적인 변화를 가져오는 데 중요한 역할을 한다. 무엇보다 여러분 자신이 진실을 아는 것이 첫걸음이다. 이 책의 끝에 제시되어 있는 도서목록을 참고하기 바란다.

건전통화로 원활하게 이행하기 위해 의회, 법원, 행정부가 조만간에 책임 있게 행동하고 협동하리라고 기대할 수 있을까? 결코 기대할 수 없을 것이다. 그러나 금본위제도를 남북전쟁 동안 중지한 후에 비슷한 상황 하에서 1875년 정화지불재개법(Specie Payment Resumption Act)에 의해 금본위제도를 다시 채택하였다. 금본위제도로의 복귀는 본질적으로 전혀 예상치 못한 사건이 아니었다.

오늘날 상황은 다르다. 세금이나 차입으로도 감당할 수 없는 수준의 정부보조금을 요구하는 기업 복지-전쟁 지지층들이 있다. 그들의 사고방식은 정부의 역할이라는 거창한 관념을 포기할 수 없다는 것이다. 구제라는 정신병이 만연하여 근본적으로 잘못된 현행 시스템에서 점진적으로 전환하는 것을 저해한다. 대부분의 사람들, 특히 워싱턴에 있는 사람들은 여전히 현재의 시스템이 구조될 수 있다고 믿는다. 그들은 잘못 알고 있으며 위험하게 잘못 생각하고 있다.

우리는 헌법을 엄격히 준수하는 개혁과 진실의 경제학을 위하여 노력해야 한다. 그러나 이러한 변화가 없으면 스태그플레이션, 하이퍼인플레이션, 수많은 빈곤, 길거리 폭력에 준비해야 할 것이다. 문제가 악화될수록 전쟁이 일어날 가능성이 크며 특히 세계적으로 보호주의 정서가 만연할 때 더욱 그렇다. 이들은 모두 불환통화 및 중앙은행 시스템 때문에 치르는 대가다.

개인의 안전과 경제적 보장은 우리 자신들의 개인적인 책임이다. 우리는 단지 시민들이 자신들의 가족과 재산을 보호하기 위해 노력하는 데 정부가 개입하지 않기를 바랄 뿐이다. 나는 뜻을 함께하는 사람들을 모으기 위하여 '자유운동'(Campaign for Liberty)이라는 조직을 설립했다. 비관주의가 팽배함에도 불구하고 정부와 정치인들에게 긍정적인 변화의 압력을 주기 위한 노력을 계속 경주해야 한다. 경제적 자유를 가르치는 '합리적 경제학과 교육을 위한 재단'(Foundation for Rational Economics and Education)도 출범시켰다. 또한 나는 매일 아침 LewRockwell.com과 내가 특별 고문으로 있는 루트비히 폰 미제스 연구소의 웹사이트인 Mises.org의 글들을 열심히 읽고 있다.[99]

논쟁이 많은 이슈들을 올바르게 이해하고 자유 시장이 어떻게 우리 인간의 후생문제에 대해 진정한 답을 제시하는지를 이해하는 것이 매우 중요하다. 큰 정부를 지지하는 사람들은 사악한 것이 아니라 오도되어 있다. 신뢰성을 얻기 위해 자유의 원리를 교육적이며 자애롭게 설명할 필요가 있다.

---

99) 한국에서도 미국 미제스 연구소의 에세이들을 번역한 와이어나 시론들을 다룬 글들을 서비스하고 있다. 한국 미제스 연구소 miseskorea.org를 방문해보길 권한다. 유튜브에서도 미제스 연구소를 검색하면 경제학 관련 영상들을 접할 수 있을 것이다.

그러나 무엇보다 먼저 우리 자신들이 왜 자유가 필요한지를 배워야 한다. 그것은 전적으로 우리 자신들의 손에 달려 있다.

가장 고무적인 것은 진실은 자유의 편에 있다는 점이다. 번영과 사회복지는 결코 정부가 경제를 운영하고 개인의 행동을 규제하는 결과로 이루어지지 않는다. 우리의 목적은 성, 인종, 신조와 관계없이 늙거나 젊거나, 부유하거나 가난하거나 모든 인간의 권리를 존중하고 평등하게 보호하는 사회에서 달성될 수 있을 뿐이다. 개인이나 정부의 폭력행사는 도덕적으로 혐오스러운 것으로 거부해야 한다.

연준을 폐지하기 위해 다양한 정치 및 교육단체가 연대할 수 있다. 2008년 대통령 캠페인 중 나는 워싱턴에서 기자회견을 가졌다. 4명의 후보자들이 다음과 같은 선언에 동의했다.

> 우리들은 연준 시스템 및 연준과 은행, 기업, 금융기관 간의 비밀스러운 관계를 철저히 조사, 평가, 감사해야 한다고 주장한다. 특별 이익단체를 위하여 은밀히 허공에서 통화 및 신용을 만들어내는 임의적인 권한이 종식되어야 한다. 기업을 구제하지 말고 기업의 보조금을 철폐해야 한다. 기업의 사기혐의에 대해서는 적극적으로 기소해야 한다.

이렇게 다양한 그룹이 연준을 강력히 반대하는 선언과 위의 네 가지 사항에 의견을 같이한다는 사실은 상당히 중요한 의미를 지닌다. 원칙을 존중하고 합리적인 사람들은 그들이 진보적이거나 보수적이거나 관계없이 어떤 그룹에 속하더라도 연준의 권한에 강력히 도전하는 경향이 있다. 여기에는 리버럴⁽좌파⁾, 보수주의자, 자유주의자, 진보주의자 그리고 포퓰리스트가 포함이 된다. 이렇게 광범위한 그룹은 변화를 가져오게 하는 영향력을 발휘할 수 있다. 금융 시스템이 매우 혼란스러울 때 사람들은 개혁을 순순히 받아들일 수 있다. 우리는 연준을 교육적으로나 정치적으로 강력히 반대하는 캠페인의 기회를 얻는다.

연준을 거부하는 모든 이유는 도덕적인 이유만으로도 충분하다. 그것은 사기고, 세금이며, 화폐위조다. 많은 대중을 희생시켜 소수의 기득권층에게 혜택을 준다. 계약의 원칙을 깨뜨린다. 아무런 잘못이 없는 순진한 사람들에게 고통과 벌을 가한다. 강자로 하여금 세계 전쟁을 일으키거나 막대한 수익⁽보복⁾을 취할 수 있게 한다.

우리가 무엇을 할 수 있는가? 미래는 암울해 보인다. 권력을 가진 엘리트들이 비판에 복지부동하고 있으며 워싱턴에서 아무도 통화문제와 연준의 권한에 대하여 관심을 갖고 귀를 기울이며 이해하는 것 같지 않다. 이는 우리가 [패배주의에 빠져] 그저 지금 당장 살아가는 문제에만 몰두할 수밖에 없다는 것을 의미하는가? 나는 그렇게 생각하지 않는다. 우리의 심장이 고동치며 분노가 치솟는다. 그 분노를 긍정적이고 건설적인 에너지로 바꾸면 우리가 상상할 수 있는 이상의 유익한 결과를 얻을 수 있다. 지금은 당면한 비극적인 혼란에 좌절하지 말고 활력을 되찾을 때다.

우리는 생명, 자유, 노동의 과실에 대한 천부적⁽자연적⁾인 권리를 갖는다. 이들 천부인권을 보호하는 것이 자유사회에서 정부가 해야 하는 유일한 역할이다. 정부로 하여금 그 이상의 역할을 하지 않도록 견제하기 위해서는 도덕적으로 단호한 사람들이 기꺼이 자기 자신들이 책임을 지고 정부의 힘에 기대어 경제 및 사회나 개인의 행태에 영향을 미치는 것을 거부해야 한다. 지난 2년처럼 자유운동이 계속 확대되면 충분히 낙관할 수 있을 것이다. 자유와 중앙은행은 양립할 수 없다. 우리가 추구하는 것은 자유다. 이 고귀한 목적이 달성될 때 "연준을 폐지하라!"는 캠페인이 실현될 것이다.

읽어볼 만한 것들

입문자용[100]

Greaves, Percy. Understanding the Dollar Crisis (Auburn, AL:Mises Institute, 2008, 1973).

Paul, Ron, and Lewis Lehrman. The Case for Gold (Auburn, AL:Mises Institute, 2007, 1983).

Rothbard, Murray N. The Case Against the Fed (Auburn, AL:Mises Institute, 1994).

머레이 N. 라스바드,《정부는 우리 화폐에 무슨 일을 해왔는가?》, 전용덕 역, 지식을 만드는 지식[2012].

White, Andrew Dickson. Fiat Money Inflation in France (Auburn, AL:Mises Institute, 2008, 1896).

---

100) 국내에 번역되어 출판된 책은 국내 저서 제목으로 제시하였다.

중급사용

Mises, Ludwig von. The causes of the economic crisis (Auburn, AL:Mises Institute, 2006).

Rothbard, Murray N. America's Great Depression (Auburn, AL:Mises Institute, 2009, 1963).

Rothbard, Murray N. The Mystery of Banking (Auburn, AL:Mises Institute, 2008, 1983).

Sennholz, Hans F. The Age of Inflation (Belmont, MA: Western Islands, 1979)

Sumner, William Graham. A History of American Currency (Auburn, AL:Mises Institute, 2008, 1874).

고급자용

Hayek, Friedrich A. Choice in Currency (Auburn, AL:Mises Institute, and London: Institute of Eco-nomic Affairs, 2009, 1976).

Hulsmann, Jorg Guido. The Ethics of Money Produc-tion (Auburn, AL:Mises Institute, 2008).

루트비히 폰 미제스, 《화폐와 신용이론》, 김이석 역, 한국경제연구원(2011)

The Gold Standard: An Austrian Perspective, Rockwell, Jr. Llewellyn H. (ed.) (Auburn, AL:Mises Institute, 1992).

Soto, Jesus Huerta de. Money, Bank Credit, and Economic Cycles (Auburn, AL:Mises Institute, 2008, 2006)

더 읽어볼 만한 것들

로버트 머피, 《대공황과 뉴딜정책 바로 알기》, 류광현 역, 비봉출판사(2016)

토마스 우즈 주니어, 《케인스가 죽어야 경제가 산다》, 이건식 역, 리더스북(2009)

연준 및 화폐에 관한 책들과 기타 관련 서적을 찾아보고 싶다면, 미제스 연구소에 무료 도서 카탈로그를 참고하라.
the Ludwig von Mises Institute, 518 West Magnolia Avenue, Auburn, AL 36832 (334-321-21 00; info@mises.org, www.Mises.org).

〈본문에 있는 성경 내용은 킹제임스 흠정역 성경에서 발췌했음.〉

우리는 왜
매번 경제위기를
겪어야 하는가?

개정판 1쇄 발행   2025. 4. 3.
　　 2쇄 발행   2025. 10. 10.

지은이　론 폴
옮긴이　서병한, 전계운
펴낸이　김병호
펴낸곳　주식회사 바른북스

책임편집　주식회사 바른북스 편집부

등록　2019년 4월 3일 제2019-000040호
주소　서울시 성동구 연무장5길 9-16, 301호 (성수동2가, 블루스톤타워)
대표전화　070-7857-9719 | **경영지원**　02-3409-9719 | **팩스**　070-7610-9820

•바른북스는 여러분의 다양한 아이디어와 원고 투고를 설레는 마음으로 기다리고 있습니다.

이메일　barunbooks21@naver.com | **원고투고**　barunbooks21@naver.com
홈페이지　www.barunbooks.com | **공식 블로그**　blog.naver.com/barunbooks7
공식 포스트　post.naver.com/barunbooks7 | **페이스북**　facebook.com/barunbooks7

Copyright ⓒ 2009 by The Foundation for Rational Economics and Education, Inc. (FREE) All rights reserved. Except as permitted under the U.S. Copyright Act of 1976, no part of this publication may be reproduced, distributed, or transmitted in any form or by any means, or stored in a database or retrieval system, without the prior written permission of the publisher.

Copyright ⓒ 2009 Ron Paul Institute
ISBN 979-11-7263-295-3 03320

•파본이나 잘못된 책은 구입하신 곳에서 교환해드립니다.
•이 책은 저작권법에 따라 보호를 받는 저작물이므로 무단전재 및 복제를 금지하며,
　이 책 내용의 전부 및 일부를 이용하려면 반드시 저작권자와 도서출판 바른북스의 서면동의를 받아야 합니다.